Hopfgartner

Freiwild

Das Buch

Die Frauen in den deutschen Ostgebieten und in Berlin waren 1945, als die Rote Armee zum Endsieg über Hitlers Drittes Reich antrat, Freiwild der russischen Soldaten. Hunderttausende wurden in sowjetische Arbeitslager verschleppt. Mehr als hunderttausend Frauen und Mädchen wurden allein in Berlin vergewaltigt, insgesamt waren es annähernd zwei Millionen. Viele starben an den ihnen zugefügten Qualen, andere begingen Selbstmord. Die, die überlebten, gingen durch die Hölle, waren traumatisiert und stigmatisiert. Sie wurden gemieden, von ihren Männern verlassen, ihre Kinder galten als »Russenbälger«. Das Schicksal dieser Frauen wurde zu einem der großen Tabus der deutschen Nachkriegsgesellschaft – in Ost und West. Erst der 2003 erschienene Bestseller *Eine Frau in Berlin*, der ergreifende Erlebnis-Bericht einer Berliner Journalistin aus dem Jahre 1945, brachte es an die Öffentlichkeit. Jetzt waren viele Frauen zum ersten Mal bereit zu erzählen, was ihnen am Kriegsende widerfahren war. Das Buch von Ingeborg Jacobs stützt sich maßgeblich auf die zahlreichen Interviews, die die Autorin mit betroffenen Frauen geführt hat und die sie mit Sensibilität und erzählerischer Kraft in das zeitgeschichtliche Umfeld einbettet. So entsteht erstmals ein Gesamtbild jenes schrecklichen Geschehens, das die Deutschen angesichts der Last ihrer Kriegsschuld tief verdrängt haben.

Die Autorin

Ingeborg Jacobs, geboren 1957 in Solingen. 1989 bis 1992 Aufenthalt in der Sowjetunion. Seit 1995 freie Autorin beim ZDF. Zahlreiche Dokumentarfilme, überwiegend zu zeitgeschichtlichen Themen. Sie wurden mehrfach ausgezeichnet, u. a. mit dem Deutschen Wirtschaftsfilmpreis und dem Bayerischen Fernsehpreis. Mitarbeit an mehreren Büchern von Guido Knopp, darunter *Die große Flucht*.

Ingeborg Jacobs

FREIWILD

Das Schicksal deutscher Frauen 1945

List Taschenbuch

Besuchen Sie uns im Internet:
www.list-taschenbuch.de

Dieses Taschenbuch wurde auf FSC-zertifiziertem Papier gedruckt.
FSC (Forest Stewardship Council) ist eine nichtstaatliche, gemeinnützige
Organisation, die sich für eine ökologische und sozialverantwortliche
Nutzung der Wälder unserer Erde einsetzt.

Ungekürzte Ausgabe im List Taschenbuch
List ist ein Verlag der Ullstein Buchverlage GmbH, Berlin.
1. Auflage Oktober 2009
© Ullstein Buchverlage GmbH, Berlin 2008/Propyläen Verlag
Konzeption: semper smile Werbeagentur GmbH, München
Umschlaggestaltung: bürosüd° GmbH, München (unter Verwendung
einer Vorlage von Morian & Bayer-Eynck, Coesfeld)
Titelabbildung: akg-images
Lektorat: Karin Schneider
Satz: LVD GmbH, Berlin
Gesetzt aus der Janson
Papier: Munkenprint von Arctic Paper Munkedals AB, Schweden
Druck und Bindearbeiten: CPI – Clausen & Bosse, Leck
Printed in Germany
ISBN 978-3-548-60926-3

Inhalt

Vorwort 7

1. Schlesien
»Ich war weder zu jung noch zu erwachsen« 15

2. Ostpreussen
»Wenn du's nicht aushältst, dann geh in die Alle« 53

3. Pommern
»Ich habe immer nur nach vorne gesehen« 83

4. Königsberg
»In mir brach eine Welt zusammen, als es hieß
›sieben Jahre‹« 113

5. Berlin
»Nein, wir nehmen uns nicht das Leben,
wir wollen leben!« 153

6. Mecklenburg
»Was nach dem Krieg passierte, müssen Sie
vergessen« 203

Anmerkungen 224
Literatur 228
Bildnachweis 231

Vorwort

»Die Leute sollen aufhören, über die Paula herzuziehen, die wissen doch gar nicht, was sie alles an Unglück erlebt hat!« Noch heute höre ich die Worte meiner Mutter, wenn sie »Paula aus Sibirien« vor der tuschelnden Nachbarschaft in Schutz nahm. Das Leben hatte Paula übel mitgespielt, sie war am Kriegsende in die Sowjetunion verschleppt worden und hatte erst 1975 in die Bundesrepublik ausreisen dürfen. Ich bereitete mich damals auf das Abitur vor und interessierte mich nicht für die Frau, die im Sommer vor ihrer Haustür auf dém Hof saß, manchmal zu viel trank und in meinen Augen uralt war.

Dann kamen Michail Gorbatschow und die Perestroika. Der Eiserne Vorhang wurde löchrig, und ich fuhr nach Osten. Mit dem Zug nach Wolgograd, das einstige Stalingrad. Ich war neugierig auf die Sowjetunion, vor allem aber auf diese für Westdeutsche lange Jahre unzugängliche Stadt. Und auf ihre Menschen. Überraschend häufig kamen in Wolgograd alte Frauen auf mich zu, an der Brille erkannten sie mich als Ausländerin. Sobald sie erfuhren, dass ich Deutsche war, fragten sie stets, ob mein Vater hier gekämpft habe. Wenn ich wahrheitsgemäß verneinte, luden mich einige zum Tee in ihr Zimmerchen oder in die kleine Wohnung und erzählten mir von ihrem Leben und Überleben als Zivilistinnen während der Schlacht um Stalingrad.

Bis zu diesen Gesprächen hatte ich angenommen, dass weder Frauen noch Kinder in der umkämpften Stadt zurückgeblieben waren. Ich erfuhr auch, wie viele sowjetische Mädchen und Frauen zur Zwangsarbeit nach Deutschland verschleppt worden waren. Mehrere dieser Frauen lernte ich kennen. Eine von ihnen erwähnte, dass ebenso deutsche Zivilistinnen in der Sowjetunion hatten arbeiten müssen. Das hörte ich damals zum ersten Mal. Frauen wie »Paula aus Sibirien«.

In dieser Zeit sprach ich auch mit sowjetischen Veteranen, Männern, die mir vom »Großen Vaterländischen Krieg« berichteten, an dem sie zumeist in sehr jungen Jahren teilgenommen hatten. Diese Gespräche waren ganz anders als die offenen, ungemein warm-, ja großherzigen Begegnungen mit den russischen Frauen. Den Männern ging es meist um Zahlen, Fakten, strategische Fragen. Auch waren sie – im Gegensatz zu den Frauen, die oft zum ersten Mal einer fremden Person ihre Kriegserlebnisse berichteten – im Reden geübt. Das merkte man an den heroisierenden, oft stereotypen Wendungen, an ihren Sätzen, denen das Persönliche, das »ich« fehlte.

Dabei schien es manchmal, als wollten die alten Herren mich mit ihrer Frage »Kommen Sie aus Berlin?« in ihre Gespräche einbeziehen. Doch meist begannen sie, ohne eine Antwort abzuwarten, mit stolzgeschwellter, ordengeschmückter Brust zu erzählen. Davon, dass sie nach der erfolgreichen Verteidigung Stalingrads nur zwei Ziele kannten: die Befreiung des Vaterlandes von den deutschen Faschisten und die Eroberung der Reichshauptstadt. Denn dort war das »Nest des Faschismus«. Das hatte ihnen die sowjetische Propaganda auf Plakaten und Flugblättern, in Zeitungen, Wochenschauen und Spielfilmen eingeschärft.

Die russischen Männer sprachen bei ihren Veteranentreffen von erbitterten Kämpfen, aber auch von dem schier überwältigenden Reichtum, der sich ihnen darbot, als sie die Reichsgrenzen überschritten hatten. Und mir – der deutschen Frau – erzählten sie einmal auch von den Mädchen, die sie in Deutschland gehabt hatten. Als ich verwundert nachfragte, ob die Frauen das denn gewollt hätten, prahlte einer von ihnen: »Die haben sich nicht lange gewehrt!«, und ein anderer fügte lachend hinzu: »Die haben sogar die Röcke hochgehoben.« Mir war die Situation peinlich. Ich wagte damals nicht zu fragen, ob es sich um Vergewaltigungen gehandelt habe. Zwar hatte ich gelesen, was sich 1945 beim Einmarsch der Roten Armee überall im Reichsgebiet ereignet hatte. Auch kannte ich die Schilderungen von vergewaltigten, gekreuzigten und an Scheunentore genagelten Frauen, wie sie in der Literatur der Heimatvertriebenen immer wieder auftauchten. Doch Frauen, denen solches widerfahren war, hatte ich damals, vor achtzehn Jahren, noch nicht getroffen.

Als ich 1992 nach drei Jahren aus Russland zurückkehrte, hätte ich »Paula aus Sibirien« gerne über ihr Leben befragt. Doch sie war 1982 gestorben, im Alter von nur sechsundfünfzig Jahren. Erst vor Kurzem erfuhr ich Näheres über ihr Schicksal: Paula war nach vergeblicher Flucht vor der Roten Armee mit ihrer ganzen Familie aus dem Kreis Schlawe in Pommern nach Kasachstan verschleppt worden. Drei Jahre musste sie auf einer einsamen Kolchose in der Steppe arbeiten, hörte die Wölfe nicht nur heulen, sondern sah die Tiere um die Hütte schleichen und zum Fenster hereinschauen. Dann erst durfte sie zu ihrer Familie in die Stadt Karaganda.

1992 schwiegen die meisten deutschen Kriegsopfer noch. Rundfunk, Fernsehen und die Printmedien boten ihnen keine große Plattform, sie legten den Fokus auf die Darstellung deutscher Verbrechen vor und während des Zweiten Weltkrieges. Über die Leiden der deutschen Opfer zu sprechen war selbst zum fünfzigsten Jahrestag des Kriegsendes noch verfrüht. Beim ZDF erregte ich unterschwellige Empörung, als ich 1994 vorschlug, einen Film über ein deutsches »Wolfskind« zu produzieren, eine ostpreußische Kriegswaise, die als Siebenjährige in Litauen überlebte.

Sie war fünfundfünfzig Jahre alt, als ich sie kennenlernte. Liesabeth Otto hatte all das erlebt, wovon dieses Buch handelt: die Flucht vor der Roten Armee, Vergewaltigungen, Verschleppung, Hunger, den allgegenwärtigen Tod und die gewaltigen Kraftanstrengungen der Frauen. Ich begegnete ihr bei einer Drehreise im Gebiet Kaliningrad, unweit des ehemaligen Königsberg. Und den Film über sie konnte ich nach langem Hin und Her schließlich doch realisieren.

Paula, die Wolgograder Frauen, Liesabeth Otto, sie alle weckten mein Interesse an dem, was deutsche Frauen am Ende des Zweiten Weltkrieges erlebt und erlitten hatten, wenn sie sowjetischen Soldaten begegnet waren. Ich traf weit mehr als einhundert Gesprächspartnerinnen, Frauen, die vergewaltigt, die verschleppt worden waren, die ihre Traumata bis heute nicht überwunden haben.

Mit dem 12. Januar 1945 brach die letzte Phase des Zweiten Weltkrieges an. An einer mehr als tausend Kilometer langen Front von der Ostsee bis in die Karpaten bot Stalin rund dreieinhalb Millionen Soldaten auf, die in die Schlachten um Ostpreußen, Schlesien, Pommern und schließlich Berlin ziehen sollten. Die sowjetische Truppenstärke übertraf die der deutschen Wehrmacht fast um das Dreifache. Die Anzahl der Geschütze, Panzer und Flugzeuge war fünf- bis achtmal höher – in der Summe eine erdrückende Übermacht der Roten Armee, die in den eroberten Dörfern und Städten nach dem Rückzug der Wehrmacht überall auf Zivilisten stieß – Frauen, Kinder, alte Menschen.

Sie alle waren voller Furcht vor den Gräueltaten sowjetischer Soldaten, die der Topos »Nemmersdorf« ebenso ausgelöst hatte wie die Berichte der Flüchtlinge. Auch die Parole »Siegen oder Sibirien!«, die an vielen Mauern stand, die Androhung, verschleppt zu werden, verängstigte die Zurückbleibenden. Insgesamt wurden vermutlich vierhunderttausend Reichsdeutsche aus Ost- und Westpreußen, Danzig, Pommern, Schlesien und Brandenburg sowie hundertdreißigtausend Volksdeutsche aus Jugoslawien, Rumänien und Ungarn in den letzten Kriegs- und den ersten Friedenstagen von Sonderkommandos des NKWD, des berüchtigten Volkskommissariats für innere Angelegenheiten, gefangen genommen und deportiert. Andere Quellen sprechen sogar von mehr als einer Million zur Zwangsarbeit verschleppten deutschen Zivilisten. Ohne Erklärung, willkürlich wurden sie in ferne Gebiete der Sowjetunion gebracht. Weil sie Deutsche waren und weil täglich eine bestimmte Zahl an Gefangenen gemacht werden musste. Alter und Geschlecht spielten keine Rolle, in Einzelfällen mussten sogar kleine Kinder mit.

Während des Vormarsches der Roten Armee sollen zwei bis zweieinhalb Millionen Frauen und Mädchen vergewaltigt worden sein. Mehr als hunderttausend, vielleicht sogar hundertdreißigtausend waren es von April bis September 1945 allein in Berlin. Zehntausende Kinder, die nur zu oft als »Russenbälger« beschimpft wurden, sind so gezeugt worden. Die meisten wissen bis heute nicht, wer ihre Väter sind.

Außer Schwangerschaften oder Abtreibungen mussten viele Frauen Geschlechtskrankheiten und gynäkologische Leiden durchstehen. Mit den psychischen Folgen hatten alle zu kämpfen. Allein, denn Hilfe für diese Art von Verletzungen gab es nicht. Manche leiden bis heute, haben nie ein vertrauensvolles Verhältnis zu Männern aufbauen können, schrecken zusammen, wenn sie den Klang der russischen Sprache hören.

Auf Plakaten und in Aufrufen forderte die sowjetische Propaganda von den Rotarmisten, Rache und Vergeltung für die Gräueltaten deutscher Soldaten auf dem Gebiet der Sowjetunion zu üben. Doch zu Vergewaltigungen rief auf sowjetischer Seite offiziell niemand auf. Das behauptete die deutsche Propaganda, um so die letzten Abwehrreserven zu mobilisieren. Trotzdem war Rache sicher ein Motiv für die Taten der Russen auf ihrem Weg nach Westen. Und weil in der vorrückenden Sowjetarmee Disziplinlosigkeit herrschte und Vergewaltigungen nur selten geahndet wurden, gab es kaum Instanzen, die ihnen hätten Einhalt gebieten können. Die Welle sexueller Gewalt brach nicht nur über die deutschen Frauen herein, sie traf auch ukrainische, russische und weißrussische Frauen, die zur Zwangsarbeit nach Deutschland verschleppt worden waren. Nicht einmal Jüdinnen wurden verschont.

Der Umgang mit dem Erlebten war von Frau zu Frau sehr unterschiedlich: Manche begingen Selbstmord, andere entwickelten Überlebensstrategien, suchten sich den »Wolf unter Wölfen«, einen möglichst hochstehenden Offizier, um nicht weiter Freiwild zu sein. Mitunter entwickelten sich daraus sogar Liebesbeziehungen, die allerdings nicht von langer Dauer sein konnten, da die Fraternisierung mit dem Feind den Angehörigen der Roten Armee bereits im Spätsommer 1945 verboten wurde. Wer ein Verhältnis mit einer Deutschen hatte, wurde in die Sowjetunion zurückbeordert.

Doch fast alle sahen das, was ihnen geschehen war, als Racheakt und von kriegsstrategischer Bedeutung. Denn die Botschaft, die mit den sexuellen Übergriffen auf die Frauen der Verlierer einherging, lautete: »Du, gegnerischer, deutscher Soldat, bist uns Angreifern unterlegen, denn du bist nicht in der Lage, deine eigene Frau zu schützen.« Und sie verfehlte nicht ihr Ziel.

Als man sich im Nachkriegsleben eingerichtet hatte, gerieten die Frauen als Kriegsopfer sexualisierter Gewalt rasch in Vergessenheit. Sie zwangen sich oft auch selbst, das Erlebte hinter sich zu lassen. Einige wenige Frauen schrieben gleich nach dem Krieg auf, was ihnen zugestoßen war, doch nur eine Berliner Journalistin wagte es, anonym – zuerst 1954 im englischsprachigen Ausland, schließlich 1959 in einem kleinen Schweizer Verlag – ihre Aufzeichnungen zu veröffentlichen. Da waren sie nicht zeitgemäß und galten als Beschmutzung der Ehre der deutschen Frau. Knapp fünfzig Jahre nach der Erstveröffentlichung erschien das Tagebuch der Marta Hillers – so der Name der 2001 verstorbenen Journalistin – erneut und wurde unter dem Titel »Eine Frau in Berlin« zum Bestseller. Die Zeit war reif, auch andere Frauen hatten inzwischen darüber berichtet, was ihnen am Kriegsende widerfahren war. Heute unterliegt das Thema keinem Tabu mehr, und »Eine Frau in Berlin« wurde mit Nina Hoss in der Titelrolle verfilmt.

Wie aktuell das Thema »Gewalt gegenüber Frauen in Kriegszeiten« immer noch ist, zeigten nicht zuletzt Bilder von flüchtenden und geschundenen Frauen und Mädchen in Bosnien und dem Kosovo. »Eigentlich hat sich in den letzten Jahren nichts verändert, nur Opfer und Täter tragen andere Namen«, meinte Liesabeth Otto damals zu mir. Und doch gibt es ein wenig Hoffnung, dass sexuelle Gewalt gegen Frauen nicht mehr als »Kavaliersdelikt« und unvermeidliche Begleiterscheinung des Kriegsgeschehens betrachtet, sondern als Verbrechen geächtet wird: Am 19. Juni 2008 hat der Sicherheitsrat der Vereinten Nationen die Resolution 1820 verabschiedet. Dort heißt es unter Punkt vier: Der Sicherheitsrat »*stellt fest*, dass Vergewaltigung und andere Formen sexueller Gewalt ein

Kriegsverbrechen, ein Verbrechen gegen die Menschlichkeit oder eine die Tatbestandsmerkmale des Völkermords erfüllende Handlung darstellen können, *betont*, dass sexuelle Gewaltverbrechen von Amnestiebestimmungen, die im Zusammenhang mit Konfliktbeilegungsprozessen erlassen werden, ausgenommen werden müssen, und *fordert* die Mitgliedstaaten *auf*, ihrer Verpflichtung zur strafrechtlichen Verfolgung von Personen, die für solche Handlungen verantwortlich sind, nachzukommen, um sicherzustellen, dass allen Opfern sexueller Gewalt, insbesondere Frauen und Mädchen, gleicher Schutz durch das Gesetz und gleicher Zugang zur Justiz gewährt wird, und *betont*, wie wichtig es ist, der Straflosigkeit für solche Handlungen im Rahmen eines umfassenden Konzepts für die Herbeiführung von dauerhaftem Frieden, Gerechtigkeit, Wahrheit und nationaler Aussöhnung ein Ende zu setzen.«[1]

Den Titel »Freiwild«, den dieses Buch trägt, habe ich weit ausgelegt. Er umfasst Vergewaltigungen von Leib und Seele genauso wie Freiheitsberaubung und Erniedrigung. Frauen erzählen, wie sie, die damals Mädchen oder junge Frauen waren, die Gewalt, die ihnen die gegnerischen Männer antaten, erlebten. Und wie sie das, was ihnen angetan wurde, zwar nicht vergessen, aber verkraften konnten.

Mein Dank gilt all den Frauen, Zeuginnen ihrer Zeit, die mir ihre Geschichte erzählten, meine Fragen geduldig beantworteten und mir Einblick in ihre damalige Gefühls-, Gedanken- und Erlebniswelt gewährten. Sie stammen aus Ost- und Westpreußen, Pommern und Schlesien, Mecklenburg und Berlin. Besonders danken möchte ich denjenigen, die einer Veröffentlichung ihrer Geschichte in dem vorliegenden Buch zustimmten. Ohne sie wäre es nicht zustande gekommen.

»Wie haben Sie das durchgestanden? Woher haben Sie die Kraft genommen? Warum haben Sie nicht aufgegeben?« So unterschiedlich wie die Frauen waren auch die Antworten auf diese Fragen. Im Kern hatten sie eines gemeinsam: »Die Kraft ist größer als das Unglück.« Ein Satz von Ingeborg Bachmann. Er stimmt. Meistens.

1. Schlesien

»Ich war weder zu jung noch zu erwachsen«

Auf den Flüchtlingszug aufspringen? Mit der Tante fliehen? Oder bei der Mutter in Malkwitz zurückbleiben? Binnen weniger Minuten mussten die vierzehnjährige Leonie und ihr Bruder Winfried eine Entscheidung treffen. Dann setzten sich die Räder in Bewegung, die Kinder blieben auf dem verschneiten Bahnhof Sadewitz zurück.

Ihre Mutter hatte sie hergeschickt, sie sollten herausfinden, ob die Reichsbahn noch fuhr. »Das war der letzte Zug in den Westen«, erklärten ihnen wildfremde Menschen, die nicht mehr hineingekommen waren. Doch die Kinder wollten dies nicht glauben, in Breslau hatte es in den vergangenen Tagen auch schon geheißen, es gehe kein Flüchtlingszug mehr. Und dann war dieser hier gefahren, in dem die Schwester der Mutter, Tante Else, noch einen Platz gefunden hatte.

Bedrückt gingen Leonie und ihr Bruder die zwei Kilometer nach Malkwitz zurück, wo sich Einwohner und Flüchtlinge bereits zum großen Treck gen Westen rüsteten. Da schossen plötzlich sowjetische Tiefflieger aus dem Nichts herab und jagten die Menschen auf der Chaussee. »Wir hatten fürchterliche Angst, pressten uns ganz dicht an die dicken Bäume, liefen ein Stück weiter und duckten uns in den Straßengraben. Es dauerte lange, bis wir wieder bei unserer Mutter waren. Und es war ein Wunder, dass wir unverletzt blieben.«

Das war Ende Januar 1945. Am 19. Januar hatte Gauleiter Hanke Breslau zur Festung erklärt und Frauen und Kinder aufgefordert, die Stadt zu verlassen. Zu diesem Zeitpunkt standen die Truppen von Marschall Konjews 1. Ukrainischer Front, die am 12. Januar ihren Großangriff auf Schlesien begonnen hatten, bereits fünfzig Kilometer östlich von Breslau. Bis dahin war es in der niederschlesischen Stadt an der Oder ruhig gewesen. Sie galt als der »Luftschutzkeller« des Reiches, nur wenige Bomben waren hier gefallen. Um die Jahreswende 1944/45 hatten sich mehr als sechshunderttausend Menschen in Breslau befunden, da aufgrund der Bombardierungen viele Tausend Großstädter aus dem Westen Deutschlands dorthin evakuiert worden waren. Gleichzeitig hatten die ersten Flüchtlingszüge aus den Gebieten östlich der Oder die Stadt erreicht. Da Flucht- oder Evakuierungspläne nicht rechtzeitig herausgegeben und viel zu wenige Eisenbahnzüge eingesetzt wurden, regierte in der Stadt das Chaos.

Leonie Bauditz' Vater war in einem der Räumkommandos eingesetzt, die das Mobiliar aus den Häusern auf die Straßen warfen und in Brand setzten. Auch transportierte er den Sprengstoff zu den Straßenzügen und Brücken, die von den Deutschen in die Luft gejagt wurden, um die Russen aufzuhalten. Dazu hatte man ihm Pferd und Wagen zur Verfügung gestellt. Nach seinen Schichten schaffte er damit heimlich Lebensmittel und allerlei nützliche Dinge wie Decken, Stoffe und Kleidung in die Wohnung der Familie nach Bischofswalde im Osten der Stadt. Schließlich brachte er seine Frau und die beiden Kinder aus der Stadt heraus in Richtung Westen.

In Malkwitz, rund siebzehn Kilometer von Breslau entfernt, besaßen seine beiden Brüder Bauernhöfe. Von hier aus sollten die drei versuchen, mit einem Zug weiterzukommen. 1937 war das Siebenhundert-Seelen-Dorf Malkwitz im Rahmen der Eindeutschung der Ortsnamen offiziell in Waldthal umbenannt worden, ein Name, den niemand benutzte. Heute heißt der Ort Małkowice. In dieselbe Richtung wie kurz zuvor Familie Bauditz waren Ende Januar 1945 sechzigtausend Flüchtlinge aus Breslau zu Fuß unterwegs: Mütter mit Kindern, alte Männer und Frauen. Bei Temperaturen um minus zwanzig Grad starben Tausende, beinahe jeder Dritte. Insbesondere die ganz Jungen und die ganz Alten kamen ums Leben. Der Flüchtlingstreck sollte als »Todesmarsch der Breslauer Mütter« in die Geschichte eingehen.

Die Menschen, die von diesem Debakel erfuhren, weigerten sich, Breslau zu verlassen, und so blieben etwa zweihunderttausend wehrunfähige Zivilisten in der Festung, die am 13. Februar von der Roten Armee eingeschlossen wurde. Am selben Tag ging Dresden unter dem Bombenhagel des britisch-amerikanischen Fliegerangriffs in Flammen auf. Tausende Breslauer, die sich in der Elbestadt in Sicherheit wähnten, verbrannten in den Zügen, die sie hatten retten sollen.

Der Nobelpreisträger Gerhart Hauptmann, der mit Breslau eng verbunden war, hatte am 5. Februar seinen Wohnsitz Wiesenstein verlassen. Er wollte in Dresden seinen Bronchialkatarrh auskurieren und befand sich mit seiner Frau in Weidners Sanatorium. Hoch oberhalb des Elbetals beobachtete er den Angriff aus nächster Nähe. In sein Tagebuch schrieb er am folgenden Tag: »Vom 13 zum 14 furchtbarer Terrorangriff über Dresden und Sanatorium inbegriffen: Schüsse von gewaltigstem Ausmaß aus der von Menschen entehrten Luft. Auch dies sollte ich noch erleben. Es sind Gewitterschrecken ins Dämonische, höllische, verstärkt – Bellevue vernichtet Benvenuto [Hauptmanns Sohn] kam von dort zu Fuß hierher«.[2]

Doch schon bald fasste Gerhart Hauptmann den Entschluss, nach Osten – den Flüchtlingsströmen entgegen – ins schlesische Agnetendorf zurückzukehren. Dort schrieb er am 21. März 1945: »Wer das Weinen verlernt hat, der lernt es wieder beim Untergang Dresdens. Dieser heitere Morgenstern der Jugend hat bisher der Welt geleuchtet. Ich weiß, daß in England und Amerika gute Geister genug vorhanden sind, denen das göttliche Licht der Sixtinischen Madonna nicht fremd war und die von dem Erlöschen dieses Sterns allertiefst schmerzlich getroffen weinen.«[3]

Leonie, die Mutter und der Bruder machten sich nun, da kaum mehr Hoffnung auf eine Flucht per Zug bestand, mit den Malkwitzern zu Fuß gen Westen auf. Am 30. Januar verließ der Treck das Dorf, in dem nur wenige Menschen zurückblieben. Ob oder mit welchen Gedanken sie die Rundfunkansprache Adolf Hitlers zum zwölften Jahrestag der Machtergreifung und seine Durchhalteparolen hörten? Vom Untergang der »Gustloff«, der sich am selben Tag ereignete, erfuhren sie sicherlich nichts.

Die Kolonne aus Malkwitz war nicht die einzige, die sich quälend langsam und stockend nach Westen bewegte. Gerade einmal fünfzehn Kilometer bewältigten die Flüchtenden an dem Tag. Als es dunkel wurde, machten sie in einem kleinen Dorf Rast. Nachdem die Pferde ausgespannt und versorgt waren, gingen die Menschen auf die Suche nach einer Unterkunft. Der Ort war wie ausgestorben, die Bewohner mussten sich wenige Tage zuvor auf den Weg gemacht haben. In den leeren Häusern fand sich alles, was die Flüchtenden benötigten: warme Betten, Kleidung und Lebensmittel. Die Kinder erkundeten Wohnungen und Vorratskeller, fanden neben Fotos der Bewohner sogar Zucker und fette Sahne, fast so dick wie Butter. Daraus machten sie Sahnebonbons. In solchen Momenten war die Flucht noch eine Art Abenteuer.

Bei Sonnenaufgang, kurz nach acht Uhr morgens, sollte es weitergehen. Doch kaum jemand wusste zu sagen, wohin, und so teilte sich der Treck in diejenigen, die es weitertrieb, und die anderen, die bleiben und abwarten wollten. Leonie und ihre Familie gehörten zu Letzteren. Nach einigen Tagen kam ein deutscher Offizier auf einem Motorrad ins Dorf und riet den Unschlüssigen, nach Hause zurückzugehen. Da sie nicht nach Breslau konnten, kehrten Leonie, Winfried und ihre Mutter mit den Verwandten nach Malkwitz zurück. Je näher sie dem Ort kamen, desto deutlicher hörten sie Artilleriefeuer.

Gut eine Woche waren sie fort gewesen, nun erwartete sie ein einziges Durcheinander in Haus, Stall und Keller. Aber nicht russische, sondern deutsche Soldaten waren hier gewesen, hatten die Gänse geschlachtet und fast alle Vorräte aufgebraucht. Bald kam ein Fahrzeug mit Wehrmachtssoldaten und Verwundeten, um die sich die Frauen im Haus kümmerten. »Dann hieß es ›Die Russen sind da! Ihre Panzer stehen noch vor dem Ort, aber sie können nicht über die Weistritz, für die Holzbrücke sind sie zu schwer!‹ Wir konnten uns denken, dass sie sich einen anderen Weg suchen und wenig später hier sein würden, deshalb liefen wir zum Lebensmittelladen. Dort befand sich ein Luftschutzkeller, in dem sollten wir unterkommen.« Die deutschen Soldaten zogen weiter, sie wollten zu den Stellungen vor Breslau.

Die Rote Armee in Malkwitz

Am Abend des 9. Februar 1945 waren die Russen wirklich da. Niemand leistete ihnen Gegenwehr, ohne einen einzigen Schuss konnten sie Malkwitz einnehmen. Währenddessen saßen die Frauen und Kinder dicht an dicht im Keller, manche weinten, andere beteten. Besonders Mutige schauten durch den Spalt zwischen den Brettern, mit denen die Fenster zugenagelt waren. Sie erspähten russische Panzer und Lkw, dann einen Trupp von Soldaten, die wenige Minuten später die Kellertreppe herunterpolterten und – das Gewehr im Anschlag – die Tür aufrissen. »Hände hoch!«, schrie einer von ihnen, dann mussten alle Deutschen einzeln oder in kleinen Grüppchen in eines der Zimmer im Erdgeschoss kommen. Leonie ging alleine in den Raum. An dem Schreibtisch saß ein sowjetischer Offizier, rechts und links von ihm je ein Soldat. »Der Offizier sprach Deutsch ohne Akzent. Ich zitterte sehr, das muss er gesehen haben, denn er fragte mich, ob ich Angst hätte. Als ich nickte, fragte er mich, warum. Da sagte ich, dass ich Angst hätte, dass die Russen uns etwas antun.« Der ältere Bruder Horst hatte Leonie bei einem Urlaub von der Front erzählt, dass die Russen Frauen vergewaltigten. Er hatte seine kleine Schwester auch aufgeklärt, da war sie zwölf gewesen.

»Russische Soldaten bringen keine Frauen und Kinder um. Das hat euch eure Nazipropaganda gesagt!«, erklärte der Offizier, dann notierte er Namen und Vornamen, Alter und Wohnort, fragte, ob Leonies Vater Soldat sei. Mehr wollte er nicht wissen. Leonie wurde wieder zu den anderen gebracht. Als alle nach etwa zwei Stunden von einem Soldaten begleitet in den Keller zurückgingen, war niemandem etwas geschehen. Nur die Koffer und Taschen, die sich im Keller stapelten, waren aufgeschlitzt. Die Russen hatten sie durchwühlt und geplündert. Ruhig setzte sich der Soldat auf einen Stuhl, der in einer Ecke stand. Er schien sich auszuruhen. Doch wenig später stand er auf und blickte um sich, als suche er nach einer Frau. Zu aller Überraschung nahm er schließlich Winfried bei der Hand, setzte den Neunjährigen auf seinen Schoß, redete auf ihn ein und streichelte ihn. »Mein kleiner Bruder fing an zu weinen. Doch die

Frauen beruhigten ihn, sie sagten: ›Der tut dir nichts, bleib bei ihm, dann lässt er uns Frauen in Ruhe. Vielleicht hat er selber einen kleinen Jungen wie dich zu Hause.‹ Und so war mein Bruder ganz tapfer und harrte aus.«

Als die Soldaten abgezogen waren, hatte Malkwitz keine Gräueltaten erlebt. Keiner Frau, keinem Mädchen war ein Rotarmist zu nahe gekommen. Schon keimte erste Hoffnung auf, dass es vielleicht doch nicht so schlimm werden würde, dass der Offizier die Wahrheit zu Leonie gesagt hatte. Doch ein anderer hatte auch gewarnt: »Wir ziehen jetzt weiter, nach uns kommen andere. Und sie alle hatten keinen Tag Urlaub von der Front ...«

Leonie, ihr Bruder und die Mutter wollten mit den Verwandten in den Luftschutzkeller umziehen. Dort standen doppelstöckige Betten, mit ein paar Decken und Lebensmittelvorräten konnte man ein paar Tage durchhalten. Auch die Nachbarn, die Wolfs, sollten bei Gefahr dahin kommen.

Als die nächste sowjetische Panzertruppe durch den Ort dröhnte, waren Leonie und ihre Mutter gerade im Nachbarhaus, um dort zusätzliche Decken zu holen. Schweigend saßen sie mit Frau Wolf, deren beiden Söhnen und ihrer sechzehnjährigen Tochter Erika am Tisch und warteten darauf, das Haus wieder verlassen zu können. Doch plötzlich war es still. Die Panzer hatten angehalten und ein Soldat mit dicker Pelzmütze näherte sich dem Haus. Ohne zu klopfen öffnete der Mann die Tür und trat ein. Als er sich umschaute, fiel sein Blick auf Erika. Was er auf Russisch zu ihr sagte, verstand sie nicht, sie fing an zu weinen, als er sie anfasste. Als Leonie aufschrie, ließ der Soldat Erika los, ging auf sie zu, packte sie. »Er sah furchterregend aus mit seinem schwarzen Bart und seinen buschigen Augenbrauen. Ich habe versucht, ihm zu entkommen, aber er zerrte mich ins Badezimmer. Meine Mutter versuchte mir zu helfen, aber er warf die Tür zu und riegelte sie ab. Wie von Sinnen versuchte er, mir die Hose herunterzuziehen. Als ihm das nicht gelang, nahm er sein Messer zu Hilfe. Ich schrie, ich dachte, er ersticht mich.« Der Mann warf Leonie auf den Steinboden, sie prallte mit dem Kopf auf, hörte auf zu schreien. Es dauerte nicht lange, da stand er auf, verließ das Badezimmer und das Haus. »Ich hockte auf dem kalten Steinboden und wollte mich am liebsten verkriechen. Meine Mutter kam rein. Sie nahm mich in die Arme, tröstete mich. Wir weinten beide.«

Als Mutter und Tochter zu den anderen zurückkamen, erwarteten sie mitleidige Blicke. »Obwohl der Mann mir nur die Kleider heruntergerissen hatte und nicht in mich eingedrungen war, schämte ich mich entsetzlich. Es war schrecklich, ich fühlte mich zutiefst gedemütigt und besudelt.« Erika hatte noch einmal Glück gehabt, das würde sie ein paar Wochen später verlassen: Sie sollte zu den Frauen und Mädchen gehören, die aus dem schlesischen Dorf zur Zwangsarbeit verschleppt wurden. Erst nach sieben Jahren in einem sibirischen Kohlenschacht kehrte sie zurück. Krank und für ihr Leben gezeichnet.

Die Soldaten bezogen für einige Tage in Malkwitz Quartier. Frauen und Mädchen waren ihnen ausgeliefert, selbst Neunjährige blieben nicht verschont. Wer konnte, versteckte sich dort, wo die sowjetischen Soldaten nicht hinkamen. Erika, Leonie und ihre beiden Cousinen Hertha und Helga kletterten auf den Oberboden im Spitzgiebel der Scheune. Man hatte Strohsäcke dorthin geschafft, auf denen die Mädchen nur kauern und liegen konnten. Zu essen bekamen sie in einem Eimer, den sie sich an einem Strick nach oben holten. Ein anderer diente als Abortkübel. Das Wasser, das sie bekamen, reichte gerade zum Trinken und Händewaschen. Lange Tage hielten die Mädchen aus, ihre einzige Abwechslung war, vorsichtig aus dem kleinen Giebelfenster zu schauen und zu beobachten, was im Dorf geschah. Dann wurden dreißig Soldaten auf dem Hof des Onkels einquartiert. Da die Gefahr bestand, dass diese Männer den Oberboden finden würden, mussten die Mädchen umziehen. Leonie kam zu ihrer Tante Martha.

Tagsüber hielt sie sich im Haus auf, nachts im Dachbodenversteck. Um nicht aufzufallen, verkleidete sich die Vierzehnjährige als Junge, ihre Mutter hatte ihr die Haare kurz geschnitten und sie wurde nun Fritz gerufen, ein gewohnter Name in russischen Ohren. Ihr Versteck teilte sie mit gut zwanzig weiteren Frauen. Unter ihnen befanden sich auch einige junge Nonnen aus dem benachbarten

Kloster und Genesungsheim St. Georg, das von Elisabethinerinnen geleitet wurde. Dorthin hatten sich viele Menschen in der Hoffnung geflüchtet, die Russen würden nicht in ein Kloster eindringen. Doch das Gegenteil war der Fall, Horden von Rotarmisten überfielen die Schutzsuchenden und vergewaltigten Frauen und Mädchen, darunter auch zwei der Ordensschwestern. Einer wurde der Unterkiefer zertrümmert. Beide starben infolge der Misshandlungen.[4] Eine Sechzehnjährige verblutete, nachdem sie nächtelang von Dutzenden Soldaten vergewaltigt worden war. Merkwürdigerweise sprach jedoch niemand das Wort »Vergewaltigung« aus, umschreibend und verharmlosend sagten Frauen wie Männer, die Russen hätten sich deutsche Frauen und Mädchen »geholt« und »genommen«, allenfalls fiel das Wort »Schändung«.

In den folgenden Tagen gingen die Russen in den Häusern der Deutschen ein und aus. Zu den Kindern waren sie freundlich, von den Frauen ließen sie sich bekochen und ihre Wäsche waschen. Mit den Kleidungsstücken kamen auch Kopf- und Kleiderläuse ins Haus, Ungeziefer, das die Frauen bis dahin kaum kannten.

Um Schutz vor den einfachen, oft schmutzigen, stinkenden und betrunkenen Soldaten zu haben, boten sich viele Frauen und Mädchen den Offizieren freiwillig an. Sie suchten einen Beschützer und fanden ihn. Manche verliebten sich sogar in einen der jungen Männer, die häufig Deutsch sprachen. Leonie beobachtete dieses Verhalten. Sie missbilligte es, für sie selbst wäre dies nicht infrage gekommen.

Eines Abends saßen die kleineren Kinder in der Küche und spielten Karten. Sie kümmerten sich nicht um den Russen, der zur Tür hereinkam. Jählings fasste er den angeblichen Fritz von hinten mit beiden Händen an die Brüste und schrie Leonie an: »Du nix Fritz! Du Spion!« Der Soldat ging, doch er würde wiederkommen, da waren sich alle sicher. Leonie saß längst in ihrem Versteck bei den Nonnen, als der Soldat tatsächlich mit drei anderen zurückkehrte. »Fritz ist weggelaufen!«, behauptete Leonies Mutter, doch das glaubte man ihr nicht. Die Soldaten durchsuchten das Haus vom

Keller bis zum Dachboden, den Oberboden entdeckten sie auch dieses Mal nicht. Nun drohten sie, das Haus anzuzünden, falls Leonie-Fritz nicht auftauchte. Leonies Tante Martha begann zu weinen. »In unserem Versteck hatten wir mitbekommen, dass im Haus etwas los war. Dann kam meine Mutter, die mich schweren Herzens herunterholte. Die Soldaten packten mich und schleppten mich ins Schlafzimmer.« Doch Leonie klammerte sich an ihre Mutter. »Nimm mich«, sagte diese zu einem der Männer, der Offizier war, »sie ist doch noch ein Kind.« Doch das Flehen nutzte nichts. Mutter und Tochter wurden gleichzeitig Opfer und Zeuginnen der Vergewaltigungen.

Über das, was ihnen gemeinsam widerfahren war, sprachen Leonie und ihre Mutter nicht miteinander. Auch in den folgenden Jahren würde dies nie ein Thema sein. Die beiden schämten sich voreinander.

Wenig später wurde Leonie zur Kommandantur geführt, wieder durfte ihre Mutter nicht mitkommen. Dort sperrte man das Mädchen in einen Kohlenkeller, wo es stundenlang im Dunkeln warten musste, bis es zum Verhör geholt wurde. Die Anschuldigungen, die Leonie zu hören bekam, waren vollkommen aus der Luft gegriffen: »Ich sollte mit einer Taschenlampe der deutschen Flak nachts signalisiert haben, wo sich russische Flieger in der Luft befanden. Außerdem wäre ein Flugzeug abgestürzt, und ich sei daran schuld, weil ich ein Spion wäre.« Man drohte ihr, zur Strafe solle sie an die Front und dort gefallene sowjetische Soldaten bestatten. Bald werde sie mit einem Auto abgeholt. Doch statt sie einzusperren, ließ man Leonie nach ein paar weiteren Stunden bangen Wartens wieder laufen. Das Verhalten der Russen war selten voraussehbar.

Da sie Angst hatte, man könne sie im Haus ihrer Tante zu schnell wiederfinden, zog sie zurück in den überfüllten Keller ihres Onkels Paul, in dessen Haus die dreißig Rotarmisten einquartiert waren. Achtundzwanzig freundliche und zwei, denen man nicht trauen konnte, so beurteilten sie die Deutschen. Die beiden Letzteren erschienen eines Nachts bei den Frauen im Keller. Mit Taschenlampen leuchteten sie die Gesichter ab, es war klar, sie suchten jemanden. Als sie Leonie gefunden hatten, hielt ihr einer der Männer – noch ehe sie schreien konnte – den Mund zu. Er zerrte sie hinaus, keiner im Keller schrie um Hilfe. Das Mädchen musste mit, in das im ersten Stock gelegene Schlafzimmer. Als einer der Männer den Raum verließ, versuchte Leonie aus dem Fenster zu springen, doch der andere hielt sie fest und verging sich an ihr. Dann kam der zweite zurück, stieg zu ihr ins Bett, begann sie, die vor Schmerzen und Angst weinte, zu streicheln. Zunächst tröstend, dann begehrend. Er ließ sie erst gehen, nachdem er sich in ihr befriedigt hatte. Barfuß schlich sich Leonie auf den Oberboden in das Haus ihrer Tante zurück.

Bald wurden dort zwei russische Offiziere einquartiert, die ihre jungen deutschen Freundinnen mitbrachten, mit denen sie sich offen zeigten. Das war ungewöhnlich, Fraternisierung mit dem Feind war auch in der Roten Armee unerwünscht und später verboten. Üblicherweise hatten die sowjetischen Offiziere eine »Front-Frau« aus den eigenen Reihen, ein Umstand, der den Hunger auf Frauen bei den einfachen Soldaten mit Sicherheit noch steigerte. Auch Marschall Schukow, der spätere Sieger von Berlin, wurde stets von seiner Geliebten, einer jungen Krankenschwester, begleitet.[5]

Wenn die beiden Offiziere tagsüber unterwegs waren, blieben ihre Freundinnen im Haus. An manchen Abenden wurde es beinahe gemütlich, wenn alle gemeinsam im Wohnzimmer saßen. Die Russen bemühten sich, von den Mädchen Deutsch zu lernen, im Gegenzug brachten sie ihnen ein paar Brocken Russisch bei. Dann und wann gesellte sich ein weiterer junger Offizier hinzu, der auf der Kommandantur arbeitete und in einem Haus in der Nachbarschaft wohnte. Obwohl er dort mit seiner polnischen Verlobten lebte, zeigte er Interesse an Leonie. Auch sie mochte den zurückhaltenden Leutnant, der einen kultivierten Eindruck machte. Seine Annäherungsversuche lehnte sie allerdings schroff ab, was ihn zu der Drohung verleitete, Leonie solle keinen anderen außer ihm haben, andernfalls werde er sie erschießen. »Was soll ich denn machen?«, fragte sie ihn daraufhin. »Die fragen doch nicht.« Überraschenderweise bot der Mann seine Hilfe an: Leonie und ihre Mutter sollten

Winfried zu ihm schicken, wenn sie in Gefahr seien. Mehr als einmal war das in den folgenden Wochen nötig. Und stets genügten ein paar ruppige Worte des Offiziers, um die Soldaten in ihre Schranken zu weisen, denn offiziell war auch in der Roten Armee Vergewaltigung verboten.

Generalleutnant Krajnjukow, Mitglied des Militärrates der 1. Ukrainischen Front, berichtete dem Chef der politischen Abteilung der Roten Armee am 4. April 1945, dass »die Deutschen aufgrund der Vergewaltigungen in dauernder Angst und Anspannung leben«. Er schloss seinen Bericht mit den Worten: »Die Militärräte der Fronten und Armee bekämpfen Plünderungen und die Vergewaltigung deutscher Frauen.«[6] Vergewaltigung konnte mit der Höchststrafe – der Todesstrafe – geahndet werden. Dies lag im Ermessen des jeweiligen Kommandeurs.

Mit »Komm, Frau, *rabotatj*!« riefen die Soldaten und Offiziere, wann immer sie wollten, Frauen zur Arbeit herbei, zum Kartoffelschälen, Wäschewaschen oder Saubermachen. Oft genug war dies aber auch nur ein Vorwand, um sie zu vergewaltigen. Nur selten machten sie Anstalten, sich freundlich anzunähern: So kam einmal ein Rotarmist ins Haus, auf der Suche nach Leonies Mutter. Er hatte einen Schafskopf dabei. Da sie nicht da war, bot er ihn der Tante an. »Tante Martha wollte den Soldaten samt ›Geschenk‹ zur Türe hinauswerfen, doch der nahm sie sich und warf sie aufs Bett. Wir Kinder standen drumherum und mussten uns das Drama angucken, während Winfried wieder Hilfe holte.« Der Offizier riss den Soldaten, der immer noch auf der Tante lag, herunter. »Die kleinen Kinder wussten gar nicht, was passiert war. Sie dachten, der Mann pinkelte.« Den Schafskopf ließ der Soldat da, aus der leckeren Suppe wurde allerdings nichts: Als das Wasser aufkochte, krochen dicke, graue Würmer aus dem Kopf.

Bald verließ die Einheit, die sich in Malkwitz aufgehalten hatte, den Ort. Außer dem Leutnant blieben nur wenige Sowjetsoldaten zurück. Als eines Abends ein betrunkener Rotarmist in das Haus von Leonies Tante Martha eindrang, wurde wieder Winfried ausgesandt, um den Leutnant zu holen. Doch der Junge kehrte ohne den Beschützer zurück: »Der Leutnant kommt nicht. Er sagt, ihr solltet kommen, du und Mutti. Heute Nacht wird ein ganzes Bataillon der Roten Armee eintreffen und hier übernachten. Da kann er uns nicht helfen. Bei ihm aber seid ihr außer Gefahr.«

Unsicher, ob sie dem Leutnant vertrauen konnten, gingen Mutter und Tochter zu ihm. Der Offizier wohnte mit seiner Braut im ersten Stock. Da in diesem Zimmerchen kein Platz war, brachte er die beiden in einem anderen Raum unter. Dort lagen drei Männer – wie sich herausstellte, handelte es sich um Franzosen, ehemalige deutsche Kriegsgefangene. Die drei rückten in dem Ehebett zusammen und überließen Leonie und ihrer Mutter das davor stehende Einzelbett.

Nach wenigen Stunden hörten sie tatsächlich fremde sowjetische Soldaten in Malkwitz einrücken. Schüsse, Lärm und Schreie schallten durchs Dorf. Die Russen durchkämmten jedes einzelne Haus, kurz darauf standen sie auch schon vor der verriegelten Schlafzimmertür, verlangten Einlass. Derweil versuchten Leonie und ihre Mutter, unter die Betten zu kriechen, doch die waren zu niedrig. Deshalb flüchteten sie sich zu den Franzosen und zogen die Federbetten über den Kopf. Der dritte öffnete die Tür. So blieben die beiden Deutschen in dieser Nacht unentdeckt. Einmal hatten auch sie Glück gehabt, mussten aber mit anhören, was anderen Hausbewohnerinnen angetan wurde. Gerne hätte sich Leonie bei dem Leutnant bedankt, doch der war verschwunden, sie sah ihn nicht wieder.

Arbeiten für die Sieger

Bald kamen andere Soldatentrupps, begannen systematische Plünderungen. Kleinere landwirtschaftliche Geräte und Hausrat wie Betten, Buffets, Schreibtische und Standuhren wurden auf Lkw geladen und nach Osten transportiert. Besonders begehrt waren Radioapparate, Fahrräder und Nähmaschinen.

Nach den Plünderungen zogen NKWD-Offiziere von Haus zu Haus und hießen alle arbeitsfähigen Frauen und Jugendlichen mitkommen. Unter der Bewachung bewaffneter Soldaten mussten sie zu einem größeren Bauernhof in der Nähe von Malkwitz marschieren, wo in einer Scheune riesige Mengen von Roggen lagerten, der gedroschen werden sollte. Die schweren Garben mussten herausgezogen, auf die Heugabel gespießt und in rund zwei Meter Höhe in den Trichter der Dreschmaschine befördert werden. Harte Arbeit für ein Kind der Großstadt – Leonies Cousins und Cousinen, die seit Jahren in der Landwirtschaft ihrer Eltern arbeiteten, hatten weniger zu leiden, sie machten sich lustig über die Breslauerin. Trotzdem freuten auch sie sich über jede Pause, die sich ergab, wenn die Dreschmaschine aus unerfindlichen Gründen streikte. Hatte da jemand an einem Schräubchen gedreht? So dauerte es ein wenig länger als üblich, bis der gesamte Roggen gedroschen war. Trotzdem waren die Russen zufrieden über den schnellen Fortgang der Arbeit und jeden Sack Getreide, den sie auf einen Lastwagen laden und fortschaffen konnten.

Inzwischen hatte der März begonnen. Erst kursierte es nur als Gerücht, nun schien es Gewissheit zu werden: Die Russen begannen, Deutsche zur Zwangsarbeit in die Sowjetunion zu deportieren. Mit Namenslisten gingen die NKWD-Leute von Haus zu Haus, um Mädchen und Frauen ab sechzehn Jahre abzuholen. Auf dem nahe gelegenen Bahnhof mussten sie in Viehwaggons steigen und wurden wie die beschlagnahmten Güter in die Sowjetunion gebracht.

Einen knappen Monat zuvor war die Reparationsfrage auf der Konferenz von Jalta eines der zentralen Themen gewesen. Stalin hatte sich vorsichtig verhalten, die Gründung eines Reparationskomitees mit Sitz in Moskau vorgeschlagen. Doch bis zum Ende der Konferenz blieb die Frage der »Verwendung deutscher Arbeitskräfte« ungeklärt. Die Massendeportationen von Deutschen hatten aber bereits begonnen, und sie gingen weiter. So schuf Stalin Tatsachen, die im August 1945 auf der Potsdamer Konferenz von den Beteiligten hingenommen wurden.

Obwohl Leonie nicht befürchtete, deportiert zu werden, schließlich wurde sie in diesem März erst fünfzehn Jahre alt, beschloss sie, sich mit ihrer gleichaltrigen Cousine Helga ganz weit hinten im

Stroh zu verstecken. Die Männer stocherten lange darin herum, doch sie fanden die beiden Mädchen nicht. Niemand verriet sie. Erika, die der Vergewaltigung durch den Russen entgangen war, nahmen sie mit, auch ein paar junge Frauen. Als Stalins Häscher Sigrid, die Tochter eines bekannten Ehepaars, abholen wollten, weigerte sie sich mitzugehen. Sie klammerte sich an ihren Vater, der sich mit den Worten »Nur über meine Leiche!« vor sie stellte. Der Vater wurde erschossen, seine Tochter mitgenommen.

Mittlerweile ging es ohne Bewachung zur Arbeit. Wenn sie abends müde heimkehrten, befanden sich Leonie und ihre Mutter meist am Schluss der Kolonne, die sich in kleinere Grüppchen aufteilte. Das Auto, das ihnen eines Abends entgegenkam, die Gruppe entlangfuhr und schließlich anhielt, nahmen die meisten nicht wahr. Auch Leonie versuchte erst wegzulaufen, als zwei Soldaten ausstiegen und sie am Arm fassten. Die Mutter wollte ihr helfen, doch die beiden Männer stießen das Mädchen ins Auto. Im letzten Moment gelang es Luise Bauditz noch, sich hineinzudrängen.

Die Dörfer, durch die sie nun fuhren, waren meist unzerstört. Sie kamen Leonie und ihrer Mutter bekannt vor, denn hier waren sie Ende Januar mit dem Pferdewagen entlanggekommen. Kaum zwei Monate später waren sie nun in der Gegenrichtung unterwegs, was nur bedeuten konnte, dass man sie nach Breslau brachte. Dort fuhren sie durch die südwestlichen Vororte, die die Russen bereits eingenommen hatten. Überall waren die Verwüstungen des Krieges zu sehen: zerstörte Fahrzeuge, zerschossene und ausgebrannte Häuser. Die sowjetischen Katjuschas – Stalinorgeln – schossen ohne Unterlass. In der Ferne, in Richtung Stadtzentrum, brannte es.

Der Wagen verließ die Hauptstraße, bog ein in ein fast unversehrtes Villenviertel und hielt an einem herrschaftlichen Haus in der Kastanienallee. An einem Fenster im ersten Stock sah Leonie die rote Sowjetfahne mit Hammer und Sichel wehen. Vielleicht war in diesem Gebäude die Kommandantur und sie würden hier arbeiten dürfen, schoss es ihr durch den Kopf. Dann kam ein junger Soldat und begrüßte sie freundlich. Offensichtlich hatte man Leonie und ihre Mutter bereits erwartet. Er brachte sie in das große Wohnzimmer, hier sollten sie Platz nehmen. Nach kurzer Zeit hörten die beiden, dass ein weiteres Fahrzeug vorfuhr. Durch die Gardinen beobachteten sie, wie drei hochdekorierte Offiziere ausstiegen. Schon standen die drei Militärs im Wohnzimmer, wo sie die beiden Deutschen musterten. Dann beugten sie sich über einen großen Kartentisch, studierten den Frontverlauf.

Wenig später gingen alle ins Esszimmer. Einer der Offiziere – »wahrscheinlich ein General«, raunte die Mutter Leonie zu – sprach gut Deutsch. Der etwa vierzigjährige Russe stellte den beiden ein paar Fragen, lud sie zum Essen und zum Trinken ein. Von dem wenigen Wodka, den Leonie zum ersten Mal in ihrem Leben trank, war sie bald benommen. Irgendwann wurde das Mädchen in ein Zimmer gebracht, das sicher einmal das Herrenzimmer gewesen war. Nun stand auch ein Bett darin, in welches es sich legen sollte. Als der »General« hereinkam, stellte Leonie sich schlafend. Der Mann versuchte, nett zu dem Mädchen zu sein. Aber auch das änderte nichts an der Tatsache, dass sie für drei Nächte seine Kriegsbeute wurde. Leonie erstarrte innerlich, nur so konnte sie die Zeit überstehen. »Wenn ich mich an diese Tage erinnere, höre ich auch die Lautsprecherdurchsagen, die aus der Stadt herüberklangen: ›Deutsche Soldaten, ergebt euch! Euch geschieht nichts, denkt an eure Frauen und Kinder, wir werden jetzt eine Waffenruhe einlegen, dann könnt ihr euch ergeben.‹«

Leonies Mutter wurde in einem der Nebenräume festgehalten. Auch sie war für drei Nächte dem Willen der Russen ausgeliefert. Dann erst brachten die Soldaten, die sie entführt hatten, die beiden wieder nach Malkwitz zurück.

Ein paar Kilometer von der Kastanienallee entfernt tobte der sinnlose Kampf um Breslau. Noch bis zum 6. Mai, insgesamt zwölf Wochen, würde er andauern. Dann erst sollten der Infanteriegeneral Hermann Niehoff von deutscher Seite und der Befehlshaber der 6. Russischen Armee der 1. Ukrainischen Front, General Wladimir Glusdowski, die Kapitulation der in Trümmern liegenden Stadt unterzeichnen.

Glusdowski hatte Niehoff den »Vorschlag [einer] ehrenvollen Übergabe« und zahlreiche Zusicherungen gemacht, wenn die Kampftätigkeiten eingestellt und Mannschaften, Waffen, Transportmittel und technische Einrichtungen unversehrt übergeben würden. So garantierten er und der mitunterzeichnende Stabschef, Generalmajor Panow, allen »Offizieren und Soldaten, die den Widerstand eingestellt haben, das Leben, Ernährung, Belassung des persönlichen Eigentums und Auszeichnungen und nach Beendigung des Krieges Heimkehr in die Heimat. ... Allen Verwundeten und Kranken wird sofortige medizinische Hilfe durch unsere Mittel zuteil. Der gesamten Zivilbevölkerung werden Sicherheit und normale Lebensbedingungen garantiert.«[7]

General Niehoff sollte erst Ende 1955 als einer der letzten deutschen Kriegsgefangenen freikommen. Gauleiter Karl Hanke, der noch am 30. April – dem Tag, an dem sich Adolf Hitler das Leben nahm – in Zivil vor Mitarbeitern der FAMO, der Fahrzeug- und Motorenwerke, eine flammende Rede mit Durchhalteparolen gehalten hatte, war bei der Übergabe der Stadt unauffindbar. Er hatte Breslau wohl am Vorabend verlassen. Von Hitler war er in dessen Testament noch zum Nachfolger Heinrich Himmlers ernannt worden.

Rund fünfundsiebzig Prozent der Häuser wurden – größtenteils durch die Wehrmacht – zerstört, mehr als hundertachtzigtausend Menschen, davon sechstausend deutsche, siebentausend sowjetische Soldaten und hundertsiebzigtausend Zivilisten, verloren beim Kampf um Breslau ihr Leben. Leonies Vater Alfred Bauditz gehörte zu den Überlebenden. Er kam in ein Kriegsgefangenenlager in der Nähe.

Ihre vollmundigen Versprechungen hielt die sowjetische Seite nicht ein. Dies sollte die Zivilbevölkerung gleich am 7. Mai, dem ersten Tag nach der Übergabe der Stadt, erfahren: Auch in Breslau machten die Rotarmisten Jagd auf deutsche Frauen und Mädchen, Hunderte wurden von russischen Soldaten vergewaltigt, viele getötet.

Direkt vor der Haustür in Malkwitz erlebten Leonie und ihre Mutter eine zweite Entführung, Russen zerrten sie in ein Fahrzeug. Da es bereits dunkel war und regnete, konnten sie nicht erkennen, wohin man sie brachte. Nur die grobe Richtung war auszumachen. Statt nach Breslau verschleppten die Soldaten sie dieses Mal in ein Dorf, wo bereits eine Horde betrunkener Rotarmisten auf Frauen wartete. Solange die sich nicht einig wurden, waren sie die Beute der beiden Soldaten, die sie hergebracht hatten. Ohne Scham voreinander vergewaltigten die Männer Mutter und Tochter im selben Raum. »Wir springen aus dem Fenster und laufen weg«, flüsterte Luise Bauditz ihrer Tochter zu, als die beiden Männer das Zimmer verließen. Zum Glück lag es im Erdgeschoss, sodass sie sich nicht verletzten. Dann liefen sie los. Sie rannten um ihr Leben, denn bald gingen überall im Haus die Lichter an, die Soldaten suchten sie. Zuerst drinnen, dann draußen auf der Straße, auf dem Feld. Sie leuchteten mit ihren starken Taschenlampen, doch Leonie und ihre Mutter lagen so dicht auf die nasse Erde gepresst, dass sie nicht entdeckt wurden. Schließlich fuhren die Soldaten mit dem Auto langsam die Strecke ab, über die sie gekommen waren. Doch sie fanden die Frauen nicht, die reglos abwartend auf dem Acker lagen. Erst gegen Mitternacht wagten es die beiden, sich auf den Weg zu machen. Es dauerte Stunden, bis sie zu Hause waren.

In Situationen wie dieser wünschte sich Leonie, alles sei nur ein böser Albtraum. Immer wieder kam ihr dann ein Couplet von Otto Reutter in den Sinn, das ihr Vater oft vorgetragen hatte. Es beginnt mit den Worten: »Ich möcht' erwachen beim Sonnenschein, und es müsst' alles wie früher sein. Kein Krieg, kein Elend, kein Müh'n und Plagen. Die Meinen müssten verwundert sagen: Hast lang geschlafen, hast viel versäumt, du sprachst vom Kriege, du hast geträumt.« Doch das, was Leonie durchlitt, war die Wirklichkeit. Wie ihre Schicksalsgenossinnen musste sie für die Russen bis zur Erschöpfung arbeiten, ihre sexuellen Übergriffe ertragen.

Als die Frauen eines Morgens an ihrer Arbeitsstelle ankamen, wurde gerade die Dreschmaschine abgebaut und verladen. Die Russen verfrachteten auch die gesamte Brigade auf diesen Lkw, mit dem es an einen anderen Arbeitsort, nach Mahlsen, ging. Dort wurden die

Frauen und Mädchen in ein Bauernhaus geführt. Hier war nicht nur geplündert worden, die Russen hatten noch dazu alles zerstört, was sie nicht gebrauchen oder mitnehmen konnten. Federbetten und Polstermöbel waren aufgeschlitzt, die Badewanne als Toilette benutzt worden, im ganzen Haus stank es entsetzlich. Sogleich wurde eine Putzkolonne gebildet, die sich abmühte, Chaos und Dreck zu beseitigen. Auch Leonie gehörte dazu, während ihre Mutter mit zwei anderen Frauen durch das Dorf zog, um in den verlassenen Häusern zusammenzusuchen, was zu gebrauchen war. Sie hatten weder Kleidung und Decken noch Handtücher oder Schuhe zum Wechseln mitnehmen können. Auch keine Töpfe, Schüsseln oder Besteck. Erstaunlicherweise fanden sich wahre Schätze, die die Russen übersehen hatten: eingemachtes Obst und Gemüse, Dauerwürste und Schinken, sogar ein großes Fass mit wunderbar süßem Sirup. Auch zwei schwache, aber lebende Schweine lagen neben Tierkadavern in einem der Ställe. Sie wurden sofort geschlachtet und verarbeitet.

In der Gruppe arbeitete eine resolute ehemalige Gutsbesitzerin, die die Russen zur Köchin bestimmten. Leonies Mutter durfte ihr bei der Küchenarbeit helfen. Die beiden Frauen sorgten nicht nur dafür, dass ihre russischen Bewacher zu essen bekamen, auch ihre Arbeitskameradinnen wurden von nun an jeden Tag satt. Es schien aufwärtszugehen, denn die Männer beschützten »ihre« Arbeiterinnen auch vor anderen Soldaten. Nur vor einer Flucht warnten sie sie immer wieder, denn dann wären sie selbst zur Verantwortung gezogen worden.

Wäre die Arbeit eine andere, leichtere gewesen, Leonie und ihre Mutter hätten es gut noch länger in diesem Dorf ausgehalten. Aber sie mussten bereits gekeimte Erbsen dreschen. Eine elende Arbeit, bei der es fürchterlich staubte. Nase und Augen waren stets grau verklebt, und sie hatten kein Wasser, um sie zwischendurch auszuwaschen.

Zu essen gab es – Erbsen. Erbsen in all den Variationen, die den beiden Köchinnen einfielen und für die sie die nötigen Zutaten finden konnten. Niemand beschwerte sich über den etwas eintönigen

Geschmack. Doch dann waren alle Erbsen gedroschen, und es ging samt Gerät weiter zum nächsten Arbeitseinsatz in einem größeren Dorf in der Nähe von Kanth. Dieses Mal zu Fuß, denn der Lkw war mit den Dingen beladen, die die Frauen sich angeeignet hatten.

Wieder hieß es dreschen, große Berge von Weizen warteten auf ihre Verarbeitung. Da die Malkwitzer Brigade zu klein war, wurden Einwohnerinnen des Dorfes dazugeholt, bis dreißig Menschen beisammen waren. Das Kommando übernahm ein älterer Offizier mit Namen Kusma. An anderen Stellen des Dorfes schufteten weitere Kolonnen, alle unter strenger Aufsicht, da es immer wieder Fluchtversuche gab. Unter den Bewachern waren die unterschiedlichsten Charaktere vertreten, manche zeigten Mitleid, andere, vor allem die Soldatinnen, schienen die Deutschen zu hassen. Die Wehrmacht hatte die weiblichen Kriegsgefangenen – die kommunistischen »Amazonen« – in der Regel an die Sicherheitspolizei überstellt, die sie vor allem in das Konzentrationslager Ravensbrück geschickt hatte, wo die Mehrzahl der Frauen ermordet worden war.[8]

In den Jahren 1941 und 1942, als es galt, dem Feind auf dem Territorium der Sowjetunion mit Entschlossenheit, ja Todesmut entgegenzugehen, war von Schriftstellern, Filmemachern, Journalisten und Frontberichterstattern wie Ilja Ehrenburg tiefer Hass auf den Feind erzeugt worden. Neben dem Begriff des »Heiligen Krieges« propagierten sie den »Heiligen Hass«. Dabei wurde die ursprünglich gezogene Unterscheidung von »Faschist« und »Deutscher« mehr und mehr außer Acht gelassen.

Nach der Konferenz von Jalta, auf der die Teilung Deutschlands in vier Besatzungszonen festgelegt worden war, stand fest, Russen und Deutsche würden in der sowjetisch besetzten Zone nach dem Krieg miteinander auskommen müssen. Deshalb schlug die Sowjetpropaganda in den letzten Kriegsmonaten einen anderen, weniger hasserfüllten Kurs ein. Doch dies war der Masse der einfachen Soldaten nicht mehr nahezubringen. Zu viele hatten die Propaganda verinnerlicht oder am eigenen Leib, in ihren Familien deutsche Gräueltaten erfahren müssen. Vielleicht hatten sie auch auf ihrem Weg Richtung Berlin – in die »Höhle der Bestie« – die Toten von

Lublin, Auschwitz oder Chełmno gesehen. Zumindest aber hatten sie gerade in ihrer Armeezeitung *Krassnaja Swesda*, »Roter Stern«, von den Konzentrationslagern Sachsenhausen und Ravensbrück gelesen, die Ende April 1945 durch die Truppen der Roten Armee befreit worden waren. Wie sollten sie da nachsichtig mit der deutschen Zivilbevölkerung umgehen – auch die Wehrmacht hatte sich in der Sowjetunion nicht ritterlich gezeigt.

Leonie und die anderen in ihrer Arbeitsbrigade wussten nichts von all den Grausamkeiten, die Deutsche begangen hatten, nichts von den Entdeckungen in den befreiten Konzentrationslagern, sie wussten nicht einmal etwas über den Kriegsverlauf. Sie hatten seit Wochen kein Radio gehört, keine Zeitung gelesen und auch sonst keine Informationen erhalten. Sie arbeiteten. Und zwar überall dort, wo die Dreschmaschine der Brigade zum Einsatz gebracht wurde. Leonie, die Mutter, die Cousinen und Cousins waren in Krolkwitz, Gnichwitz, Koberwitz, Wirrwitz – kleine Orte mit wenigen Hundert Einwohnern, deren Häuser sich jeweils um ein Schloss gruppierten. Alle zwischen der Kreisstadt Kanth und Breslau gelegen.

Leonie erinnert sich nicht, wo es war, als sie gleich nach ihrer Ankunft in ein Totenkommando eingeteilt wurde. Mit ihren Leidensgenossinnen musste sie die Leichname deutscher Soldaten, die bereits in Verwesung übergegangen waren, begraben. Die resolute ehemalige Gutsbesitzerin sammelte die Erkennungsmarken der Wehrmachtssoldaten ein. Niemand hatte deren Tod gemeldet, die Aluminiumscheiben waren noch vollständig. Zusammen mit den Papieren der Toten, darunter waren auch ein paar Fotos, würde die Frau die Erkennungsmarken später mit einem Hinweis auf die Fund- und Grabstellen an die Wehrmachtsauskunftsstelle in Berlin schicken. Mancher Angehörige hat über diese Behörde vom Schicksal des Vaters, Bruders, Mannes oder Sohnes erfahren.

Es war längst Frühling geworden, als Leonies Arbeitsbrigade noch einmal weiterzog nach Deutschlissa, einem Vorort von Breslau, wo sich ein alter Gutshof befand. Das Gebäude inmitten eines

Parks mit stattlichen blühenden Kastanien hatte den Krieg unversehrt überstanden. Äußerlich. Innen war es verwüstet.

Am 8. Mai wurde Alkohol an die Russen ausgeschenkt, ausgelassen feierten die Rotarmisten das Kriegsende. Den deutschen Frauen und Mädchen war nicht zum Feiern zumute – sie versteckten sich in ihrem Schlafsaal und schoben ein Bett vor die Tür. In dieser Nacht blieben sie unbehelligt, da sie die volltrunkenen Soldaten mit vereinten Kräften abwehren konnten.

Ein paar Tage später wurden Franzosen, die die Russen aus deutscher Kriegsgefangenschaft befreit hatten, auf dem Gut einquartiert. Die Frauen kochten für sie. Gemeinsam gingen Deutsche und Franzosen im Park spazieren und unterhielten sich radebrechend dank der Französischkenntnisse, die die Mädchen aus der Schule hatten. Als die Deutschen die Männer am nächsten Tag zum nahen Bahnhof begleiteten und dort freundlich verabschiedeten, waren die Russen gekränkt. Warum waren sie nicht auch freundlich zu ihnen? »Weil ihr Barbaren seid, antworteten wir ihnen. Die Franzosen aber sind zivilisierte Männer.«

Rückkehr nach Breslau

Im Juni verbreiteten die Rotarmisten plötzlich die Schreckensmeldung »Morgen kommen alle nach Russland«. Leonie und ihre Mutter waren verzweifelt, hatten sie doch bereits im Stillen gehofft, endlich in ihre Breslauer Wohnung zurückkehren zu dürfen. Doch Kolja, einer der Bewacher, tröstete Frau Bauditz und ihre Kinder. »Ihr bleibt hier, ihr müsst nicht mit«, flüsterte er Leonies Mutter zu, die er verehrte, da sie ihn an seine Mutter erinnerte. »Wenn ihr heute Abend ans Tor kommt, dann lasse ich euch frei!« Eine Frau hatte die beiden flüstern hören und erraten, worum es ging. Sie wollte mit. Während die anderen abends niedergeschlagen zum Essen gingen, schlichen Leonie, die Mutter und der Bruder zum Tor. Kolja öffnete, und sie liefen, so schnell sie konnten, in den nahe gelegenen Wald. Die Frau folgte ihnen. »Mein ganzes Leben bin ich diesem Kolja dankbar, denn wir hatten zwar Schlimmes erlebt, aber er hat uns davor bewahrt, in die Sowjetunion deportiert zu werden.« Die Verwandten waren schon zuvor von ihrem ehemaligen russischen Zwangsarbeiter befreit worden.

Bald erreichten die vier die westlichen Vororte von Breslau. Ihre Heimatstadt war nur noch ein Trümmerfeld. Die Stockholmer Zeitung *Svenska Dagbladet* hatte am 22. März geschrieben: »In Breslau wird nicht nur um jedes Haus, Stockwerk oder Zimmer gekämpft, sondern um jedes Fenster ... Während des gesamten Krieges hat es keine Parallele zu einem so dramatischen Kampf ... gegeben.« Am ehesten kann man den Kampf um Breslau wohl mit der erbitterten Schlacht um Stalingrad vergleichen. Hier wie dort war die Zivilbevölkerung zwischen die Fronten geraten, hatte Schlimmstes erlebt und zahlreiche Opfer zu beklagen. In beiden Schlachten galten Sieg oder Niederlage als schicksalhaft, hatte die Wehrmacht verloren.

Vorbei an der großen Kreuzung am Scheidniger Stern, über den mitten in die Stadt gesprengten Flugplatz, der sich von der Kaiserbrücke zur Fürstenbrücke erstreckte, ging es an der Universitätsklinik entlang über die Paßbrücke zum Zoo. In der Oder, in der sie so oft geschwommen waren, trieben noch immer aufgedunsene Leichen.

Mehr als tausend Menschen waren beim Bau der Flugbahn ums Leben gekommen, nur ein einziges Flugzeug war je hier gestartet: der Fieseler Storch, mit dem Gauleiter Hanke die Festung Breslau vermutlich am 5. Mai 1945 verlassen hatte. Was aus Hanke später wurde, ist bis heute ungeklärt. Die Spekulationen reichen von seinem Tod nach einem Ausbruchsversuch aus einem tschechischen Kriegsgefangenenlager bis zur gelungenen Flucht nach Argentinien.

Je weiter Leonie, Winfried und die Mutter nach Osten kamen, desto weniger Häuser waren zerstört. Die Jahrhunderthalle – heute gehört sie als Pionierleistung des Stahlbetonbaus zum Weltkulturerbe der Unesco – war unbeschädigt. Auch an »ihrem« Stadtviertel Bischofswalde schien der Krieg spurlos vorübergegangen zu sein. Nur ein paar Villen zeigten Einschüsse. Man bemerkte sie kaum durch die Alleebäume der Wilhelmshavener Straße.

Im äußersten Zipfel von Breslau, zwischen Oder und Flutkanal, lag ihr Ziel, das alte Gut Bischofswalde, dessen U-förmig angelegte Wirtschaftsgebäude zu einfachen Mehrfamilienhäusern umgebaut worden waren. Sie hatten noch keine Zentralheizung und auch kein Badezimmer. Toilette und fließendes Wasser waren auf dem Flur. Im Haus Nummer 4 des Märchenweges waren Leonie und ihre Familie zu Hause. Die Bauditz' hatten einen Garten und Ställe für Hühner und Kaninchen. Außerdem nutzte der Vater einen Schuppen für die Paddelboote, mit denen sie manchmal sonntags einen Ausflug zur Verwandtschaft machten, die in der Nähe des Domes auf einer Oderinsel wohnte. Auch Scheune und Kuhstall des Gutes wurden zu Friedenszeiten genutzt. »Als meine Mutter, mein Bruder Winfried und ich an unserem Haus ankamen, standen die Türen im Erdgeschoss offen. Wir gingen die Treppe hinauf in unsere Wohnung im ersten Stock. Da war ein richtiges Warenlager. Wir fanden Stoffballen, Garne, Wolle und andere Dinge, die man zum Nähen braucht.« Es waren all die Sachen, die der Vater im Winter hierhergeschafft hatte.

Aus dem Fenster konnte man ein hohes Christuskreuz sehen und hinter einem hohen Deich die Oder mit den Oderwiesen. Dort standen nun Flugzeuge, vier russische Doppeldecker, deren Besatzungen sich im ehemaligen Gutshaus, wo es Wohnungen mit Bad und Balkon gab, einquartiert hatten. Die Männer waren freundlich. »Sie sagten uns, wir bräuchten keine Angst vor ihnen zu haben, denn Vergewaltigungen seien seit Kriegsende verboten.« Leonie und ihr Bruder beobachteten, wie die Flugzeuge starteten und landeten. Sie wunderten sich, als eines Abends einer der Offiziere mit einem Wörterbuch in der Hand erschien. Nikolai – so hieß der junge Mann mit Vornamen – wollte mit Leonie Deutsch lernen. »Einmal zeigte er mir in seinem Wörterbuch den russischen Ausdruck für ›Ich liebe dich!‹. Später habe ich ihn gekränkt, als ich ihm sagte, dass ich Angst hätte, mit in seine Wohnung zu gehen.« Wenn die Sonne schien, saßen die beiden auf einer Bank am Oderdamm, regnete es, waren sie auf der Treppe, die zur Wohnung führte, anzutreffen. Hinein durfte der junge Offizier nur, wenn Leonies Mutter da war.

Die ersten Familienmitglieder waren endlich wieder zu Hause, aber wovon sollten die drei jetzt leben? Sie arbeiteten nicht mehr für die Russen, folglich wurden sie auch nicht mehr durch sie verpflegt. Unter Stalin galt der Spruch: »Wer nicht arbeitet, soll auch nicht essen.« Leonie und Winfried durchsuchten die umliegenden Wohnungen, die Scheune und das Gartenhaus. Alles, was sie selbst im Garten vergraben und im Keller versteckt hatten, war unauffindbar: Die gesamten Vorräte an Eingemachtem, auch die Dosen mit Lebensmitteln waren weg. So würden sie wohl die Stoffe, Wolle und Garne, die der Vater gehortet hatte, in den folgenden Monaten auf dem Schwarzmarkt gegen polnische Złoty verkaufen oder gegen Lebensmittel eintauschen. Rubel waren dort nicht im Umlauf. Die Deutschen erzählten sich, dass die Russen bald abzögen und dann die Polen die Stadt übernähmen.

Bald kehrten weitere Flüchtlinge in die Märchensiedlung zurück, auch ein paar Verwandte waren darunter: die Großmutter und Leonies Tante Else. Sie hatte der Zug, in den auch Leonie und Winfried hätten einsteigen können, nur bis nach Waldenburg gebracht. Nun suchte die Tante, deren eigene Wohnung in Trümmern lag, ebenfalls im Märchenweg Zuflucht. Über das Schicksal von Vater Alfred und Bruder Dieter gab es keinerlei Nachricht.

Bald mussten die Bauditz' ihre Wohnung verlassen. Es hieß, in der Nähe des Flugfeldes dürften sich keine Deutschen aufhalten. Sie sollten in ein beliebiges Haus in einer Nebenstraße ziehen. Auch hierher kam Nikolai zu Besuch und setzte die Unterrichtsstunden fort. Als Leonie ernsthaft erkrankte, brachte er ihr Medikamente und Lebensmittel und wachte darüber, dass sie wieder auf die Beine kam. Obwohl der junge Mann nun als Lebensretter kam, ließen Oma und Mutter die beiden nie alleine. Eines Tages waren die Flugzeuge verschwunden, mit ihnen auch Nikolai. Leonie, die ein wenig in den netten, gebildeten jungen Russen verliebt war, begegnete ihm nie wieder.

Am 24. August wurde Breslau an die Polen übergeben.9 Die erklärten kurze Zeit später den gesamten Stadtteil Bischofswalde zum Sperrgebiet mit der Begründung, polnische Familien sollten dort angesiedelt werden. Nun begann für die Bauditz' die erste Etappe der Vertreibung: Auf Anraten eines Nachbarn, der als Tierpfleger im Zoo arbeitete, zogen sie in eine primitive Wohnung im Antilopenhaus.

Kaum einen Kilometer entfernt war der Schwarzmarkt, der sich auf dem Flugfeld ungefähr dort befand, wo früher die Kaiserstraße verlaufen war. Die Händler waren meist Polen. Da sie kein Einkommen hatten, mussten die Bauditz' fast jeden Tag etwas verkaufen. Einer der ersten Gegenstände, die Leonie auf dem Schwarzmarkt versetzte, war ihre Geige. Die Złoty reichten für kaum mehr als ein Brot. Sie wurden selten satt.

Mit dem nächsten Umzug in eine größere Wohnung außerhalb des Zoos besserte sich ihre Lage ein wenig, denn Leonies Mutter bekam Arbeit beim neuen Zoodirektor, einem Polen. Inzwischen hatten polnische Staatsangehörige die Deutschen, ohne dass eine offizielle Ankündigung erfolgt wäre, peu à peu aus ihren Ämtern verdrängt. Zuerst hatten sie ein Dienstzimmer neben dem der Deutschen verlangt, dann ein weiteres für ihre Stellvertreter, schließlich hatten sie den Deutschen – Bürgermeistern, Bahn-, Post- oder Finanzbeamten – mitgeteilt, sie brauchten nicht mehr zur Arbeit zu erscheinen. Auf diese Weise wurde der polnisch besetzte Teil Deutschlands schleichend entgermanisiert. Bald mussten die Deutschen – zur besseren Unterscheidung von den Polen – weiße Armbinden tragen.

Um etwas in die ewig knurrenden Mägen zu bekommen, gingen die Bauditz-Kinder in den umliegenden Häusern und Wohnungen auf Beutezug. Einmal fanden sie einen Karton voll mit lachsfarbenen Büsten- und Strumpfhaltern – auf dem Schwarzmarkt wurden sie Tante Else und Leonie aus den Händen gerissen. Dort verkauften die beiden auch einen Koffer voller Bett- und Tischwäsche, den sie von einer Fahrt nach Waldenburg mitgebracht hatten. Das Geld reichte aus, um Kartoffeln, Brot, Butter, Nudeln und sogar Leberwurst zu kaufen. Weißbrot und Leberwurst aßen die beiden auf dem Heimweg, mit sehr schlechtem Gewissen. Doch Brot und Wurst hatten zu gut geschmeckt, und sie waren beide endlich einmal wieder satt geworden.

Da es kaum möglich war, in Breslau genügend Lebensmittel für die Familie zu organisieren, machten sich Leonie und die Mutter wieder auf den Weg zu den Verwandten in Malkwitz. Es war heiß an jenem Sommertag, der Asphalt auf der Hauptstraße flimmerte, und die beiden hatten Mühe, ihren Leiterwagen zu ziehen. Mehr als fünf Stunden brauchten sie für die knapp siebzehn Kilometer lange Strecke. Die Tanten freuten sich, die beiden Breslauerinnen wiederzusehen, sie hatten schon befürchtet, sie wären wie Tausende andere auch in die Sowjetunion verschleppt worden. Rasch erzählten sie, wie es ihnen in den letzten Wochen auf dem Land ergangen war: Nach dem Kriegsende war der Bruder des Vaters zum Bürgermeister ernannt und wenig später erschossen worden, als er bei der Forderung, Uhren herauszugeben, auf die Wanduhr gezeigt hatte. In den Nachbardörfern waren Polen angesiedelt worden. Infolge der bereits Ende 1943 von Großbritannien, der Sowjetunion und den USA auf der Konferenz von Teheran beschlossenen Westverschiebung des polnischen Staatsgebietes hatten sie Ostpolen verlassen müssen. Die meisten stammten aus der Gegend von Lemberg, dem heutigen ukrainischen Lwiw. Obwohl man sie offiziell Repatrianten nannte, waren sie Vertriebene, Heimatvertriebene, wie die Deutschen aus den östlichen Gebieten es bald sein würden. Auch die Ostpolen konnten nicht zurückkehren, sie wollten und mussten in Schlesien eine neue Heimat finden.

Kaum hatte die Tante erzählt, was alles geschehen war, da polterten drei Burschen ins Haus, die sie zu kennen schien. Die jungen Polen sprachen sehr gut Deutsch, im Haus kannten sie sich aus. Sie waren schon öfter dort gewesen. Als sie Leonie erblickten, fragten sie sogleich, woher sie komme, um das Mädchen schroff zurechtzuweisen, weil es ruhig und selbstverständlich »Aus Breslau« antwortete. »Und wo habt ihr die Genehmigung, dass ihr die Stadt verlassen dürft?«, schrie einer der Männer. »Seit wann braucht man denn dafür eine Genehmigung?« Leonies Antwort provozierte ihn, zu zeigen, wer der Stärkere war. Ohne Vorwarnung schlug er ihr ins Gesicht und begann, dem Mädchen einen Befehl nach dem anderen zuzubrüllen:

»Steh auf! Sag ›Heil Hitler‹!«
»Sag ›Ich bin ein Nazischwein‹!«
»Sag ›Mein Vater ist ein Mörder‹!«
»Sag ›Meine Mutter ist eine Nazihure‹!«

»Wenn ich schwieg, schlug er mir ins Gesicht, gehorchte ich, so traf mich seine Wut mit neuen Befehlen. Die beiden anderen traktierten meine Mutter und meine Tante. Drei starke Männer schlugen wie von Sinnen auf uns ein, wobei sie sich gegenseitig zu übertrumpfen schienen.« Es dauerte lange, bis die drei von den hilflosen Frauen abließen. »So haben eure Leute unsere Frauen und Kinder behandelt«, schleuderten sie ihnen noch ins Gesicht, bevor sie gingen. Leonies Lippen waren aufgeplatzt und bluteten, ihre Augen waren zugeschwollen. Der Mutter war es nicht besser ergangen, sie hatten die Männer mit den Stiefeln bearbeitet. Die Tante war so heftig ins Gesicht geschlagen worden, dass sich alle Zähne gelockert hatten und später gezogen werden mussten. Obwohl das Kriegsende bereits einige Monate zurücklag, hatte sich die Situation für die deutschen Frauen kaum geändert. Die Vergewaltigungen waren weniger geworden, aufgehört hatten sie allerdings nicht. Rechtlos waren deutsche Frauen und Mädchen weiterhin den russischen Besatzern und nun auch den Polen ausgeliefert, die mit ihnen verfahren konnten, wie es ihnen in den Sinn kam.

Es gab immer noch keine Hinweise auf den Verbleib von Vater und Bruder. Dachte man nicht an die beiden, so kreisten alle Gedanken vor allem um die Fragen, wie und wo Lebensmittel zu beschaffen waren, was es noch zu verkaufen gab, wo man arbeiten könnte, um ein paar Złoty oder ein Stück Brot zu verdienen.

Als die Verzweiflung besonders groß war, kam die Rettung in Gestalt von drei Polen, die ins Nebenhaus einzogen. Sie forderten Tante Else auf, ihnen den Haushalt zu führen, vor allem aber für sie zu kochen. Leonie durfte helfen. Die Männer aßen viel, so bemerkten sie nicht, wenn etwas fehlte.

Abwechslung im tristen Alltag, in dem es nicht einmal Schulunterricht gab, bot das Klavier, das in der Wohnung der Polen stand. Leonie hatte immer Klavier spielen lernen wollen, doch den Eltern fehlte das Geld für das Instrument und den Unterricht. Wann immer sie Lust hatte, klimperte sie nun auf den Tasten herum. Auch an jenem Tag, als einer der Männer stark betrunken früher als erwartet nach Hause kam. Seine Kameraden waren noch an ihren Arbeitsplätzen. Der Mann wollte mit Tante Else tanzen, und Leonie sollte für die beiden spielen. Ungeschickt intonierte sie den Flohwalzer so lange, bis der Mann zudringlich wurde und Tante Else aufs Bett warf. Doch die wusste sich zu wehren und gab ihm einen Tritt in den Unterleib. Dann machte sie sich ans Kochen, und der Mann schlief seinen Rausch aus, bis seine Kameraden nach Hause kamen. Wider Erwarten schimpften die beiden nicht mit Tante Else – sondern über die Trinkerei ihres Kameraden. Tante Else sagte nichts, auch in Zukunft wurde dieser Zwischenfall nicht mehr erwähnt.

Im Haus gegenüber wohnte eine junge Frau mit einem Neugeborenen, das an plötzlichem Kindstod starb. Da diese Todesursache noch wenig bekannt war, wurde die Mutter lange verdächtigt, ihr Kind getötet zu haben. Es hieß, sie habe Angst vor der Rückkehr ihres Mannes gehabt, da das Kind nicht von ihm stammte. Vielleicht war es ja ein »Russenkind«, Folge einer Vergewaltigung oder gar einer Liebesbeziehung? Solche Kinder gab es, doch die meisten Frauen versuchten, die Identität der leiblichen Väter zu verheimlichen, da ein Großteil der Deutschen fand, ein Kind von einem Russen, ein »Russenbalg«, sei eine Schande für eine deutsche Frau.

In der Universitätsklinik, wo Leonie ihren nässenden Ausschlag behandeln ließ, die sogenannte Russenkrätze, sah sie sehr viele schwangere junge Mädchen. »Meine Mutter und ich haben unglaubliches Glück gehabt, wir waren weder geschlechtskrank noch schwanger und vor die Entscheidung gestellt worden, das Kind auszutragen oder es abtreiben zu lassen.«

In diesen Konflikt geriet Maria Beier. Sie lebte mit ihren drei Kindern in dem kleinen Ort Friedrichswartha, nordöstlich von Glatz, keine siebzig Kilometer von Breslau entfernt. Von ihrem Mann Gerhard, der in Frankreich in Kriegsgefangenschaft war, hatte sie seit gut einem Jahr nichts mehr gehört. Das Glatzer Bergland war von Kriegseinwirkungen verschont geblieben. Kaum jemand war geflüchtet. Im Gegenteil, zahlreiche Breslauer, die ihre Stadt rechtzeitig verlassen konnten, hatten in der Ausflugs- und Bädergegend Zuflucht gesucht. Erst nach der Kapitulation Deutschlands besetzte die Rote Armee die Region, meist kampflos. Nur ein paar Werwolf-Gruppen Jugendlicher trieben hier ihr Unwesen. Sie wurden von den Rotarmisten gejagt, verhaftet und teilweise zu Zwangsarbeit in der Sowjetunion verurteilt. Besonders in Glatz kam es zu Plünderungen und Gewalttaten. Auch in Friedrichswartha wurde eine Frau umgebracht. In einem Tunnel schlugen sowjetische Soldaten ihren Kopf so lange gegen die Wand, bis sie tot war.

In der kleinen Waldsiedlung oberhalb von Friedrichswartha, in der die Beiers wohnten, war es ruhig geblieben. Auch die Russen, die bald überall im Ort einquartiert wurden, verhielten sich korrekt. Im Spätsommer 1945 fand ein Soldat einer Nachschubeinheit Unterkunft bei der Familie. Bald erzählte man sich in der Nachbarschaft, die junge Frau habe Gefallen an dem großen, gutaussehenden Rotarmisten gefunden und sich »mit ihm eingelassen«. Man wollte sie sogar bei gemeinsamen Ausflügen mit dem Motorrad beobachtet haben. Maria Beier war gerade schwanger, als der Vater ihres Kindes Friedrichswartha verließ, denn im Herbst zog ein Großteil der sowjetischen Truppen aus Polen ab.

Am 4. März 1946 wurden beinahe alle Einwohner des Ortes ausgewiesen. Meist nur mit Handgepäck ging es zu Fuß nach Glatz, wo man sie im Finanzamt internierte. Ein, zwei Tage später wurden die Vertriebenen in Viehwaggons über Cottbus nach Westdeutschland gebracht. Die meisten Bewohner von Friedrichswartha sollten in Westfalen eine neue Heimat finden. Auch Marias Mann fand den Weg dorthin.

Als Maria Beier bei einem Arztbesuch angab, sie sei von einem russischen Besatzungssoldaten vergewaltigt worden, erhielt sie eine Sondergenehmigung für eine Abtreibung, die sie jedoch nicht wahrnahm. Vielleicht hoffte sie, ihr Mann würde einlenken und sie könne das Kind behalten. Gerhard Beier jedoch stellte seine Frau vor die Wahl, »entweder gibst du das Kind weg oder ich lasse mich scheiden«. Maria Beier sah sich nicht in der Lage, alleine für vier Kinder zu sorgen, und so stahl sie sich davon, nachdem sie am 8. Juli 1946 ihr viertes Kind, einen Jungen, auf die Welt gebracht hatte. Heinz Jürgen kam in ein Säuglingsheim in Bünde, dort wurde er – ohne Paten – römisch-katholisch getauft und bald in das Vinzenz-Waisenhaus in Handorf verlegt. Mangelhafte Ernährung, das Fehlen von Fürsorge und Zuwendung verhinderten, dass der Kleine sich entwickelte. Bald galt er als zurückgeblieben und schwachsinnig. Er war noch keine drei Jahre alt, als der Landesfürsorgeverband den Antrag stellte, den »Geisteskranken Heinz Jürgen Schubert« – der Nachname Beier ist durchgestrichen und durch den Mädchennamen der Mutter ersetzt – in Anstaltspflege zu nehmen.

Immer wieder waren Breslauer auf mehr oder weniger abenteuerlichen Wegen von ihrer Flucht zurückgekehrt. An allen Häusern und Ruinen klebten Zettel, auf denen stand, wer von den früheren Hausbewohnern sich nun wo aufhielt.

Es war bereits Spätherbst geworden, da stand Leonies Bruder Dieter vor der Tür. Fast ein Jahr war er von zu Hause weg gewesen, hatte es keine Nachricht von ihm gegeben. Zuerst war er gemeinsam mit Leonie in Bad Altheide im Glatzer Bergland in einem Kinderheim gewesen. Dort hatten sie – nachdem der große Bruder Horst gefallen war – Besuch von der Mutter bekommen. Nach den Sommerferien 1944 war Dieter mit seiner ganzen Klasse auf Kinderlandverschickung im Katzengebirge, selbst Weihnachten durfte er nicht nach Hause. Anfang Februar 1945 wurde für die Kinder die Flucht nach Dresden organisiert, die Jungen übernachteten unweit des Bahnhofs in einer Schule. Doch in der Nacht vom 13. auf den 14. Februar verließen sie buchstäblich in letzter Sekunde die Stadt. Ihr Zug musste vorzeitig abfahren, als Fliegeralarm ausgelöst wurde.

Dieter landete in einem Dorf zwischen Plauen und Hof, das von den Amerikanern eingenommen, sehr bald aber an die Russen übergeben wurde. Ihnen galten die Hitlerjungen als Gefangene, die für sie arbeiten mussten. Als Dieter im Herbst 1945 einen Brief aus Breslau erhielt, in dem stand, wo sich seine Familie aufhielt, fasste er den Entschluss, nach Hause zu fliehen.

Noch vor Weihnachten, wenige Wochen nach Dieter, stand plötzlich auch der Vater im Türrahmen. Er hatte Glück gehabt und nur ein halbes Jahr in russischer Kriegsgefangenschaft verbracht. Gleich nach seiner Rückkehr suchte er sich Arbeit – und fand sie in der Bäckerei des Schwagers, wo er früher schon ausgeholfen hatte. Der hatte seinen Betrieb schnell wieder aufgebaut und buk seit einigen Wochen für die Russen. Von nun an gab es bei Bauditz' stets genügend Brot zu essen, die schlimmste Hungerzeit war überstanden.

Am ersten Nachkriegsweihnachtsfest war die Familie – bis auf Horst, den Ältesten – wieder vereint. Sie hatten wenig zu essen und kaum Heizmaterial, aber sie glaubten, dass sie überleben würden. Was die Zukunft bringen mochte, war unwägbar. Eines aber schien sicher, es konnte nur besser werden.

Die Albträume kehren immer wieder

Anfang Januar 1946 hatten die meisten Rotarmisten Breslau verlassen. Für die Deutschen gab es immer noch keine Zeitung und kein Radio, aber sie spürten, dass Veränderungen bevorstanden. Kurz darauf erfuhren sie, dass alle Deutschen Schlesien würden verlassen müssen. Anfang März war es so weit. Ihnen wurde mitgeteilt, dass sie nur so viel mitnehmen dürften, wie sie tragen könnten. Man ließ sie allerdings im Unklaren darüber, wohin man sie bringen würde. Wieder begannen wilde Spekulationen: Würden sie jetzt doch in die Sowjetunion deportiert? In dieser Ungewissheit nahmen die Bauditz' nur das Notwendigste mit, noch dazu für jeden einen Teller, eine Tasse und Essbesteck. Für ihr polnisches Geld kauften sie Reiseproviant, die Mutter kochte die letzten Kartoffeln.

Kleidung zogen sie in mehreren Schichten übereinander an, obwohl es nicht mehr sehr kalt war.

Im Morgengrauen versammelten sich alle Hausbewohner in der Nähe des Zoos, Tante Else, die auf der gegenüberliegenden Straßenseite wohnte, war nicht dabei, denn die Evakuierung erfolgte häuserweise. Schwer bepackt mit Taschen und Koffern gingen die Männer, Frauen und Kinder ein letztes Mal durch ihre Stadt. Ein russischer Soldat begleitete sie den Oderdamm entlang, über die Paßbrücke bis zur Sammelstelle in einer Schule am Freiberger Bahnhof. Kaum jemand sprach. Erst nach vierundzwanzig Stunden Wartens führte man die Deutschen auf einen der Bahnsteige. Dort mussten sie wieder warten, bis endlich ein Zug mit Viehwaggons einfuhr, in die sie einstiegen. Auf dem Boden lag Stroh, in der Mitte stand jeweils ein Kanonenofen. In solchen Zügen waren Hunderttausende von Deutschen in die Sowjetunion deportiert worden. Erst als sich der Zug in Bewegung setzte, stand fest, dass er in die Gegenrichtung fuhr, nach Westen.

Die Fahrt dauerte gut fünf Tage, dann erreichten die Umsiedler die Oder. Hier verlief jetzt die polnische Westgrenze, das hatten Leonie und ihre Familie von Mitreisenden erfahren. Als der Zug in Frankfurt anhielt, waren sie in Deutschland, doch wieder hörten sie Russen auf dem Bahnsteig scharfe Befehle brüllen. Nun mussten alle zur Entlausung, eine langwierige Prozedur. Dann stiegen sie in einen anderen Zug, der ein wenig schneller war. Abends erreichten sie müde und erschöpft Helmstedt in der britischen Besatzungszone. Sie waren am Ziel: Adrett gekleidete Krankenschwestern nahmen sie freundlich in Empfang, und – ganz wichtig – keiner sprach mehr Russisch. So musste die Freiheit aussehen, nach der sie sich lange gesehnt hatten. Für die Nacht wurden die Bauditz' in einer kleinen Turnhalle untergebracht. Sie kuschelten sich dicht aneinander, denn es wurde kalt, trotz der vielen Schichten Kleidung und der warmen Decken, die sie bekommen hatten.

Nach dem Frühstück erfolgte die Registrierung, dann nahmen sie gegen Mittag in einem Personenzug Platz, der sie nach Quakenbrück bringen sollte, einer Kleinstadt zwischen Osnabrück und Oldenburg. Es ging nun schnell voran durch eine schöne Landschaft, an Dörfern vorbei, die keine Spuren von Krieg zeigten. Alles sah friedlich aus, die Felder waren bereits bestellt und auf den Wiesen grasten Kühe. Nach ihrer Ankunft wurde die Familie gleich auf dem Bahnhof noch einmal registriert, dann zu ihren verschiedenen Quartieren gebracht. Dort erwartete man sie bereits, mehr oder weniger erfreut darüber, dass man nun zusammenrücken und Flüchtlinge aus dem Osten aufnehmen musste. Die Eltern konnten mit Winfried und Dieter bei einer Kriegerwitwe unterkommen, sie machten sich dort in Stall und Küche nützlich. Später würde man von ihnen als »den guten Flüchtlingen« sprechen, »die immer mit angepackt haben«. Leonie musste auf einen anderen Hof zu einem jungen Ehepaar, das sie freundlich aufnahm. Als Erstes lernte sie melken und alle auf dem Hof anfallenden Tätigkeiten, die von Frauen verrichtet wurden. Sie war den Leuten eine große Hilfe und fühlte sich bei der Familie wohl. Dann aber wollte sie wieder zur Schule gehen; die Bauern boten ihr Lohn, würde sie darauf verzichten. Doch Leonie wollte einen Abschluss, und so musste sie in eine andere Familie. Später zog sie noch einmal um, als die ganze Familie zwei Zimmer in einem Bauernhaus beziehen konnte.

Leonie verlobte sich 1950 – mit einem großen Fest auf diesem Hof, zu dem sie alle Verwandten, Freunde und Bekannten einladen durfte. »Ich habe meinem zukünftigen Mann – wir heirateten 1952 – lange nur erlaubt, mich zu küssen, er durfte mich nicht einmal anfassen.« Es dauerte lange, bis Leonie so viel Vertrauen hatte, dass sie ihm erzählte, was passiert war. »Mein Mann sagte: ›Wenn du nicht willst, brauchst du nicht mehr darüber zu reden, kannst es aber jederzeit tun.‹ Und ich habe immer wieder ›darüber‹ gesprochen, allerdings nie über den Akt an sich, das war unaussprechlich.«

Mit der Verlegung in das St. Johannes-Stift Niedermarsberg, eine psychiatrische Anstalt für Kinder und Jugendliche, begann für Heinz Jürgen Schubert eine lange Leidenszeit. Er wurde von den Schwestern und Erziehern so behandelt, wie er es als »Russenbaby« – sie sprachen das Wort deutsch aus –, als Besatzerkind also, in ihren

Augen verdient hatte: mit Strenge, Prügelstrafen, unzureichendem Essen, ohne geistige Anregung und Schulbildung.

Etwa tausendfünfhundert Kinder waren in den 1950er Jahren in der großen Anstalt untergebracht. Wer sich nicht schickte, wer weinte oder Forderungen stellte, erhielt bunte, leckere Bonbons. Die machten sehr schläfrig. Im Gegensatz zu anderen Kindern bekam Heinz Jürgen keinen Besuch, nicht einmal Post von seiner Mutter, die er mit zunehmendem Alter immer stärker vermisste. »Wenn ich fragte, warum ich keinen Besuch bekam«, erinnert sich Jürgen Schubert heute, »sagten die Schwestern: ›Du bist ein Russenbalg, ein Verbrecherkind, halt den Mund, zu dir braucht auch keiner zu kommen.‹« Die Ärzte nannten ihn Bastard, zum Glück wusste der Junge noch nicht, was das bedeutete.

Auch von den anderen Kindern im St. Johannes-Stift konnte Heinz Jürgen nichts lernen: »Die wippten ständig vor und zurück, die ließen unter sich, das stank fürchterlich. Und wenn man immer nur das Gleiche sieht, dann wird man auch so, hat man auch bald einen Vogel.« In der Anstaltsschule lernten die Zöglinge vor allem eins: Disziplin und Beten. »Die umliegenden Sonderschulen waren uns weit voraus, das habe ich später erfahren, dort lernten die Kinder auch Teilen und Prozentrechnung, wir nur Zuzählen und Abziehen.«

Mit fünfzehn Jahren war für Heinz Jürgen die Schulzeit beendet, von da an arbeitete er ab vier Uhr morgens in der Anstaltsbäckerei, nachmittags bei den Bauern in der Nähe. Abends um acht sanken die Jungen müde ins Bett. So wollte die Anstaltsleitung verhindern, dass sie Dummheiten anstellten. Dabei wurden die Jungen im Dorf schon an ihrer Kleidung erkannt. Niemand wollte mit ihnen etwas zu tun haben.

In Jürgen Schuberts Krankenakte wird mehrmals erwähnt, wie »liebebedürftig« und »anhänglich« er war. Ende 1952 lautete ein Vermerk: »Hansi ist ein lieber artiger Junge, den man gern haben muß. Schwierigkeiten bereitet er nicht.«[10] Doch im Unterschied zu anderen Kindern wurde Heinz Jürgen von seiner Mutter nicht aus dem Heim geholt.

Dabei wusste Maria Beier um die positive Entwicklung des Jungen, denn eine Schwester bemühte sich mehrmals, einen Kontakt zu ihr herzustellen. Zu den kirchlichen Festtagen oder wenn die Anstalt ihre Pforten für die Außenwelt öffnete, schrieb sie der Mutter, welche Fortschritte ihr Sohn gemacht hatte und wie sehr er sich über einen Brief oder einen Besuch freuen würde. Eine Antwort blieb aus.

Jürgen kam in die Pubertät, Anfang der sechziger Jahre ließ ihm das Schweigen seiner Mutter keine Ruhe mehr: »Fragt immer wieder nach der Adresse von seiner Mutter, die ihm aber nicht gegeben werden kann. Hat einen Brief an seinen Vormund geschrieben und Bilder beigelegt«, heißt es in seiner Akte. »Wartet täglich auf Antwort vom Vormund. Kann kaum noch schlafen. Träumt schwer und laut. Erhielt gestern abend eine Tabl. Vormopan. Hat danach sehr gut geschlafen.«[11] Und im Mai 1961: »Er grübelt viel nach und fragt immer wieder nach seiner Mutter. Es wurde ihm deswegen jetzt gesagt, daß sie ihm wohl gerne schreiben möchte, daß aber ihr Ehemann dieses nicht erlaubt. Er gibt sich nun damit zufrieden und will der Mutter keine Schwierigkeiten bereiten, wenn er an sie schreibt.«[12]

Dabei hatte Heinz Jürgen längst beschlossen, seine Mutter zu suchen. Unterstützung erfuhr er durch seinen Vormund, Hermann Keusch, dem es nach vielen Gesprächen gelang, Maria Beier zu einem Treffen mit ihrem Sohn zu überreden. »1963 war das, da habe ich sie zum ersten Mal getroffen. In Bad Oeynhausen, am Jordanstrudel. Sie kam zu spät, sie kam mit dem Fahrrad.« Jürgen Schubert sagt heute »sie«, wenn er von seiner Mutter spricht, oder »die Frau«. »Ich war erschrocken, wie sie aussah, klein und pummelig, ich hatte sie mir groß und schlank vorgestellt. Wir hatten uns nichts zu sagen.« Der großgewachsene Junge hätte sie umarmen können, aber er tat es nicht. »Wir haben uns die Hand gegeben, das war's.« Im selben Jahr starb Gerhard Beier, trotzdem kam es nicht zu einer Annäherung von Mutter und Sohn. Die Halbgeschwister – 1947 und 1949 hatte Maria Beier noch zwei weitere Kinder geboren – waren dagegen. Dennoch schrieben Mutter und Sohn einander Briefe,

Heinz Jürgen kam ein paar Mal am Wochenende zu Besuch. Doch stets fühlte er sich ausgegrenzt und die erhoffte Mutterliebe blieb ihm versagt.

Mit Hilfe seines Vormundes konnte Jürgen Schubert Ende 1964 das Stift verlassen. Er machte eine Bäckerlehre und bestand die Gesellenprüfung. Die Phase »meines Übergangs zu einem völlig normalen lebenswerten Leben dauerte ca. zwei Jahre, bis ich mich gesellschaftsfähig fühlte und hierzulande heimisch geworden war. Mir kam das vor wie eine Ankunft am hellen Tage nach einer finsteren Zeit«,[13] schrieb er später in seinen Lebenserinnerungen. Da war er bereits rehabilitiert, bei einer »neuro-psychiatrischen Untersuchung konnten keine Hinweise auf das Vorliegen einer Erkrankung in diesem Fachbereich festgestellt werden«.[14]

Kurz bevor seine Mutter 1989 starb, rief Jürgen Schubert sie noch einmal an, wollte mehr wissen über den Vater. »Wie sah er aus? So wie ich? Groß mit Segelohren? Und wie war er?« Doch die Mutter wies ihn wieder zurück: »Ich weiß nichts zu erzählen, lass mich in Ruhe.« Jürgen Schubert begann zu recherchieren. Ehemalige Nachbarn aus der Waldsiedlung berichteten, dass »der Russe gar nicht so schlimm gewesen sei. Ein großer hagerer Mann, mit abstehenden Ohren.«

Auch in Friedrichswartha, das heute Boguszyn heißt, suchte er nach Spuren seines Vaters. Gerne würde Jürgen Schubert noch mehr über ihn, den Soldaten der Roten Armee, wissen, doch die Zeit hat längst gegen ihn gearbeitet. Geblieben sind ihm allein seine Albträume von seiner verlorenen Kindheit und Jugend. »Mit zunehmendem Alter werden sie immer häufiger. Dann sehe ich mich wieder in dem riesigen Schlafsaal, es stinkt, die Nonnen toben und ich fühle mich mutterseelenalleine und verlassen.«

Fünf Frauen und Mädchen der Familie Bauditz durchlitten in den Wochen vor und nach dem Ende des Zweiten Weltkriegs mehr als eine Vergewaltigung durch sowjetische Soldaten. Alle fühlten sich als Freiwild in der Hand des Feindes: Leonie und ihre Mutter, ihre Cousine Hertha und die beiden Tanten Gertrud und Martha. Außer Leonie sprach keine mit ihrem Mann über das, was ihnen angetan wurde. »Tante Martha hat mir später erzählt, dass sie das ihrem Mann nicht erzählen konnte, weil der die Einstellung hatte, man könne keine Frau vergewaltigen, die das nicht will. Wie hätte sie ihrem Mann das begreiflich machen können?«

Lange Jahre litt Leonie unter Albträumen. Allerdings wusste sie, wenn sie aufwachte, nie, was sie geträumt hatte. »Mein Mann hat mich manches Mal nachts vom Fenster weggeholt, ich wollte immer weg, nur weg. Ich hätte wohl eine Therapie machen sollen.« Aber die gab es in der Zeit des Wiederaufbaus und des Wirtschaftswunders für kaum eine der Hunderttausende von Betroffenen.

Erst als Leonie ihre Geschichte aufschrieb,[15] ließen die Albträume nach. Inzwischen sind sie beinahe verschwunden und Leonie Bauditz, die heute Biallas heißt, kann über die Vergewaltigungen, die sie erlitt, offen sprechen. Manchmal wundert sie sich selbst, was sie alles durchgestanden hat, ohne den Verstand zu verlieren oder zu verzweifeln. »Vielleicht war ich nicht mehr zu jung, dann hätte ich mehr körperliche Wunden davongetragen, aber auch noch nicht zu erwachsen. Wenn ich älter gewesen wäre, hätte ich wie die anderen Mädchen befürchten müssen, dass mich der Mann, den ich liebe, verlässt, wenn er davon erfährt, dass ich vergewaltigt wurde oder gar ein Kind von einem Russen habe.«

2. Ostpreussen

»Wenn du's nicht aushältst, dann geh in die Alle«

Gelb, schwarz. Starke Farben, kräftige Striche. Ruth Irmgard Frettlöh malt. Sie malt ein kleines Mädchen. Es sitzt mit zusammengepressten Knien auf einem Stuhl. Sie malt sich – und das Trauma ihres Lebens.

»Trauer kann sich nicht lösen, blinde Flecken verdecken Geschichte, Qual entbindet sich nicht, mein Mund ist verschlossen, verriegelt, Atemnot. Gewalterfahrung lähmt, die Worte bleiben in meinen Fingern stecken, Scham und Schuldgefühle, meine Finger gleichen Stahlröhren, verkrampft im Schmerz. Ach, könnte ich mich verkriechen im Bauch meiner Mutter und neu werden.« Ruth Irmgard Frettlöh schreibt. Schreibt von der Frau, die als Mädchen vergewaltigt wurde.

Die alte Dame hebt die Arme, bewegt sich frei zur Musik. Sie schwebt durch den Raum und lächelt. Vor ein paar Monaten hat sie sich noch einmal verliebt. Sie gleicht dem lebenslustigen Mädchen, das sie gerne gewesen wäre.

Ihr Lebenstrauma ist fest mit dem 30. Januar 1945 verknüpft. An diesem Tag eroberte die Rote Armee die ersten Straßen des ostpreußischen Heilsberg, das heute in Polen liegt und Lidzbark Warmiński heißt. In die alte katholische Bischofsstadt war Ruth Irmgards Familie nach einem kurzen Aufenthalt bei den Großeltern in Königsberg gekommen, nachdem der Vater die Heimatstadt Elbing bald nach Hitlers Machtergreifung hatte verlassen müssen. »Die politische Polizei, die Vorläuferin der Gestapo, hatte meinen Vater gefangen genommen und verhört, weil er überzeugter Sozialdemokrat war. Freunde halfen ihm zu fliehen.« Von Beruf Bauingenieur, fand Leopold Perplies in Heilsberg eine gut bezahlte Stellung, die es ihm ermöglichte, seine schnell größer werdende Familie in einer modernen Wohnung in der Eberhardstraße unterzubringen. Als drittes Kind war Ruth Irmgard 1932 noch in Elbing auf die Welt gekommen, bald folgten ihre Brüder Siegfried und Heidulf. Während des Krieges wurden Leopold, Ilse und Erich geboren. Der Vater kam regelmäßig auf Heimaturlaub.

Als die Rote Armee am 12. Januar 1945 ihre Winteroffensive mit den Angriffszielen Schlesien, mittlere Oder und Ostpreußen begann, war Ruth Irmgards Vater irgendwo mit der Verstärkung des Westwalls beschäftigt. Seit dem Sommer 1944 hatte die Familie keine Nachricht von ihm. Auch ein ehemaliger Arbeitskollege, der Weihnachten 1944 auf seiner Flucht in den Westen kurz bei den Perplies' war, wusste nichts vom Schicksal des Vaters. Der Mann berichtete von den anrückenden sowjetischen Truppen und ihren Gräueltaten, das bekam Ruth Irmgard mit. Und dass ihre Mutter beschloss, mit den Kindern nach Königsberg zu den Großeltern zu fliehen. Dabei durften sie die Stadt nicht verlassen.

Für das Weihnachtsfest hatte Marta Perplies eine schön gewachsene Tanne gekauft und sie mit vielen Kerzen geschmückt, wahrscheinlich hatte sie ihren gesamten Vorrat aufgebraucht. Irgendwie hatte sie es auch geschafft, die Zutaten für zwei Blechkuchen zu organisieren und für jedes Kind ein kleines Geschenk unter den Baum zu legen. »Es duftete in der ganzen Wohnung herrlich nach Kuchen. Wie immer sagten wir unsere Gedichte auf und dann erhielten wir unsere Weihnachtsgeschenke. Ich bekam Mutters Nagelpflegeetui«, erinnert sich Ruth Irmgard Frettlöh, »fünf Wochen nur sollte es in meinem Besitz sein.«

Richtig feiern und fröhlich sein konnten in jenem Jahr nur Ruth Irmgards kleine Geschwister, sie ahnten nichts davon, dass die Front, dass der Krieg immer näher an sie heranrückte. Ruth Irmgard aber war schon alt genug, Beängstigendes aus den bleichen Gesichtern der Flüchtlinge herauszulesen, denen sie gemeinsam mit Bruder Siegfried auf dem Rodelschlitten heiße Getränke brachte.

Seit einigen Jahren war Ruth Irmgards Mutter ehrenamtliche Mitarbeiterin bei der NSV, der Nationalsozialistischen Volkswohlfahrt. Sie kümmerte sich um die Flüchtlinge, die bereits seit Monaten in den Kreis Heilsberg drängten, der als sicheres Evakuierungsgebiet galt. Für eine Nacht beschaffte sie den erschöpften Menschen eine Unterkunft, bevor diese weiterziehen durften. Marta Perplies selbst aber musste mit sechs ihrer sieben Kinder in der Stadt ausharren. Gert, ihren Ältesten, vermutete sie noch an einer Reichsführerschule in Westpreußen, tatsächlich versuchte der Junge bereits, in den Westen zu gelangen, dazu hatte ihm sein mutiger Ausbilder geraten.

Niemand in der Stadtverwaltung gab Marta Perplies eine Fluchtgenehmigung. Manche Stellen, an die sie sich wenden wollte, waren seit Tagen verwaist. Sie war der Verzweiflung nahe, als sie um den 20. Januar mit ihren sechs Kindern und einem vollbeladenen Schlitten auf dem Bahnsteig stand und zusehen musste, wie ein letzter, mit Soldaten nur halb besetzter Zug die Stadt verließ. Die Einwohner von Heilsberg ließ er zurück. Eine Flucht war von diesem Zeitpunkt an nur noch zu Fuß möglich, auch Familie Perplies wagte sie.

Es war eisig an jenem Tag, die Straßen lagen tief verschneit und die kalte Heimat machte ihrem Namen alle Ehre. Obwohl sie nur wenig Gepäck hatten, kamen die Perplies' mit dem Jüngsten im Kinderwagen nur langsam und beschwerlich vorwärts. Aus östlicher und nördlicher Richtung kamen ihnen Flüchtlinge entgegen, mit ihnen zogen lange Kolonnen deutscher Soldaten gen Norden. Nachschub zur Verteidigung der ostpreußischen Hauptstadt, die von den sowjetischen Truppen bereits weiträumig eingekesselt war. Marta Perplies erkannte bereits nach wenigen Kilometern, dass für sie und ihre Kinder keine Chance bestand, Königsberg jemals lebend zu erreichen. Der Weg war zu weit und führte, wie man ihr sagte, durch die Kampflinie. Es war zu kalt, ihre Kinder waren zu klein. So beschloss sie, nach Heilsberg zurückzukehren und zu Hause abzuwarten.

»Von unserer Wohnung aus konnten wir sehen, wie mehr und mehr Soldaten über die Chaussee fortzogen.« Das ängstigte Ruth Irmgard, »denn es blieb kaum jemand zurück, der uns und unsere Stadt hätte verteidigen können. Dabei hatte man uns immer versprochen, dass unsere Soldaten uns schützen würden.« Neben den beruhigenden Worten hatte es aber auch stets grausige Warnungen vor den »russischen Barbaren« gegeben. »Wir waren auf das Schlimmste gefasst, denn man erzählte sich, dass die Russen Zettel an ihre Soldaten verteilt hätten, auf denen stand, die deutschen Frauen seien Freiwild. Was das bedeutete, ahnte ich damals nicht.« Würden sie wie Rehe oder Hasen erschossen?

Was sich hinter diesen Worten verbarg, sollte Ruth Irmgard bald erfahren. Adolf Hitlers Jahrestagsrede, die am 30. Januar aus dem Volksempfänger ertönte, war mit der ostpreußischen Wirklichkeit nicht mehr in Übereinstimmung zu bringen. Das Mädchen vernahm seinen Appell an die Soldaten, weiterzukämpfen, die Aufforderung an »alle Frauen und Mädchen ... diesen Kampf so wie bisher mit äußerstem Fanatismus [zu] unterstützen«. Ruth Irmgard hörte den Führer beschwörend zur deutschen Jugend sprechen: »So schwer auch die Krise im Augenblick sein mag, sie wird durch unseren unabänderlichen Willen, durch unsere Opferbereitschaft und unsere Fähigkeiten am Ende ... gemeistert werden.«[16]

Mehr und mehr vermischten sich Hitlers Durchhalteparolen mit den herannahenden Detonationen und Einschlägen, bis sie von der Kriegswirklichkeit überlagert wurden. Ruth Irmgard und ihre Mutter sahen in der Stadt Brände ausbrechen, es wurde zu gefährlich, noch länger in der Wohnung im ersten Stock auszuharren. Voller Angst nahmen sie eine Dose mit Plätzchen und die wichtigsten Papiere, dann stiegen sie mit den Kleinen auf dem Arm zur Hausgemeinschaft in den engen Luftschutzraum hinunter.

Die sechs Perplies-Geschwister waren die einzigen Kinder im Keller. Alle hatten sie Angst, doch keiner weinte oder schrie. Ruth Irmgard fütterte den ein Jahr alten Bruder Erich mit vorgekauten Plätzchen. Dabei beobachtete sie ein altes Ehepaar, das in der Wohnung unter ihnen wohnte, wie es Fleisch aus einem Einmachglas aß. Niemandem gaben die beiden etwas von dieser Delikatesse ab. Auch die Perplies-Kinder aßen ihr Gebäck alleine.

Irgendwann waren keine Schüsse mehr zu hören, und eine unheimliche, bedrohliche Stille legte sich über die tief verschneite Stadt. Es war Nacht geworden, doch keiner im Keller dachte an Schlafen.

Als am Morgen des 31. Januar das erste Licht durch die Ritzen des mit Brettern und Sandsäcken verbarrikadierten Kellerfensters fiel, stieg Ruth Irmgard die Treppe hinauf. Vorsichtig öffnete sie die Haustür, schaute auf die Straße. Und sah, wie sich ein russischer Soldat dem Haus näherte. Voller Angst sprang das Mädchen die Kellertreppe hinunter. Nun war der Ernstfall eingetreten: Die Russen waren da!

Wer da als erster Russe zu den verschreckten Deutschen in den Keller hinabstieg, war ein Offizier. Ihm folgten andere, meist einfache Soldaten. Ruth Irmgards Mutter hielt den kleinen Erich auf dem Arm, trotzdem forderte einer der Eroberer die junge Frau auf, ihm die Wohnung im ersten Stock zu zeigen. Es dauerte lange, bis Marta Perplies in den Keller zurückkam. Immer wieder beruhigte Ruth Irmgard die Geschwister, sie musste stark sein, trotz all ihrer Angst. »Nachdem der Russe meine Mutter vergewaltigt hatte, versuchte sie, sich draußen im Schnee die Pulsadern zu öffnen, doch zum Glück hat sie das – wie die meisten Menschen – nicht richtig gemacht und ist schließlich zur Besinnung gekommen.« Notdürftig hatte sie sich das Handgelenk verbunden und war in den Keller zurückgekehrt. Ruth Irmgard bemerkte das Blut, doch sie stellte keine Fragen. Sie schwieg auch, als sie sich die Haare binden sollte, wie sie es seit Jahren nicht mehr tat. So fielen die Zöpfe nach vorne und machten sie kindlicher. Statt der Mutter hielt nun meist Ruth Irmgard den kleinen Erich auf dem Schoß. Sie hielt sich an dem Jungen fest, wenn wieder Russen in den Keller kamen.

Propaganda des Hasses

Gelb, schwarz ... Am dritten Tag nach dem Einmarsch der Russen passierte es: Zwei Soldaten forderten Ruth Irmgard auf, mit ihnen zu gehen. Sie hatte Todesangst, als die Männer sie in einen kleinen Nebenraum zerrten und einer der beiden ein Maschinengewehr in der Hand hielt. Der andere drückte die Zwölfjährige auf den Boden, riss ihr die Hose herunter. Das Maschinengewehr war bedrohlich nahe neben ihrem Kopf. Sie schlug um sich, schrie, flehte um Gnade. »Geht ins Hinterhaus zu den jungen Frauen«, rief sie in ihrer Panik. Später würde sie lange an dem Gedanken tragen, Schuld auf sich geladen zu haben, an der Vorstellung, die Frauen verraten zu haben. Aber hatten die Russen ihre Worte verstanden? Die beiden Soldaten ließen nicht von ihr ab. »Dieser Akt brannte sich auf ewig in meine Seele ein.« Nicht aber das Aussehen der beiden älteren Männer. Sie waren und blieben namen- und gesichtslose Feinde, nicht mehr und nicht weniger.

Als Ruth Irmgard in den Keller zurückkehrte, flüsterte ihr die Mutter zu: »Wenn du es nicht aushältst, dann geh in die Alle!« Doch die Tochter war stark. Sie hielt »es« aus. Sie hielt die Schmerzen aus. Sie hielt die Erniedrigung aus. Sie wollte leben. »Ich habe damals schon begriffen, dass das, was uns geschah, eine Ausnahmesituation war.« Dass sich die Sieger das Recht nahmen, mit den Besiegten zu tun, was ihnen gefiel. Das Recht, zu töten, zu vergewaltigen, zu quälen und Menschen zu verschleppen.

Nach wenigen Stunden standen die beiden Soldaten wieder im Keller, und wieder zerrten sie Ruth Irmgard aus dem Raum, diesmal schrie sie laut und lauter. Bald prasselten Gewehrkolbenhiebe auf ihren Rücken. Verzweifelt klammerte sie sich am Treppengeländer fest. Und sie schrie weiter. Sie wollte nicht mit. Nein, das, was sie erlebt hatte, wollte sie nicht noch einmal über sich ergehen lassen müssen.

Gelb, schwarz ... Sonne und Tod ... Wie eine Lichtgestalt erscheint ihr heute der sowjetische Offizier, der die beiden Vergewaltiger mit barschen Worten fortschickte. Dann fragte er Ruth Irmgard auf Deutsch nach ihrer Mutter. Voller Angst davor, was nun folgen mochte, ging das Mädchen weinend fort, um sie zu holen. »Er hat meiner Mutter dann gesagt, dass er mich nicht weiter schützen könne. Wir sollten das Haus und die Stadt sofort verlassen und aufs Land gehen. Da seien wir sicherer.«

Wer mochte dieser Offizier gewesen sein, der mit seiner anständigen Haltung Gefahr gelaufen war, von Kameraden wegen seiner Nachsicht gegenüber dem Feind denunziert zu werden? Jahrzehnte später las Ruth Irmgard Frettlöh die 1976 erschienene Autobiografie des russischen Dissidenten Lew Kopelew. In »Aufbewahren für alle Zeit« hatte er den Kampf um Ostpreußen geschildert. Sie glaubte, in ihm ihren Retter wiederzuerkennen, und fragte den Schriftsteller in einem Brief, ob er es vielleicht gewesen war, der sie vor weiteren Vergewaltigungen und vielleicht auch vor der Verschleppung nach Sibirien bewahrt hatte. Am 3. Januar 1996 – ein halbes Jahr vor seinem Tod im Kölner Exil – antwortete ihr Lew Kopelew: »Nicht ich war der Offizier, der Ihnen geholfen hat, denn in der Gegend bin ich nicht gewesen. Doch es freut mich immer, von solchen Fällen zu hören, denn es gab wirklich mehr anständige Menschen unter meinen Kameraden als Gewalttäter und Notzüchter, an die man leider viel öfter mit Recht erinnert wird.«

Kopelew gehörte zu diesen Anständigen, und gleichzeitig war er Angehöriger einer Armee, in der sich viele aufführten wie Söldner: »Wir gehören alle zusammen: der General, der auf dem Bahnhof das Einheimsen deutscher Koffer befehligte, der Pionieroberleutnant, der an den Internationalismus glaubt, die Panzergrenadiere, die hinter der Polin herrannten«, genau wie jene, die an der Front kämpften und »durch den Schnee mit den schwarzen Flecken frischer Einschläge vorstoßen, alle, die Königsberg erobern werden, die sterben, verbluten, und alle, die in den Etappen saufen und Frauen quälen«, beschrieb Kopelew den Ausnahmezustand jener Wochen. »Wir alle gehören zusammen, die Anständigen und die Schufte, die Tapferen und die Feiglinge, die Gutherzigen und die Grausamen. Wir alle zusammen, da gibt es kein Entrinnen, niemals und nirgendwohin. Ruhm und Schande lassen sich nicht voneinander trennen.«[17]

Wenige Wochen nachdem Kopelew sich für deutsche Frauen und Mädchen eingesetzt hatte, wurde er von einem Kameraden denunziert, der schrieb: »Auf der Rückfahrt aus Ostpreußen weinte er vor Mitleid mit den Deutschen, sagte, Genosse Stalin sei über die Lage nicht informiert, sei zu beschäftigt mit internationalen Angelegenheiten. Er nannte unsere Armee eine Machno-Bande[18] und beschimpfte in nicht wiederzugebenden Ausdrücken die militärische und politische Führung und den Genossen Ehrenburg.«[19] Aufgrund seiner redlichen Haltung wurde Kopelew vor ein Militärtribunal gestellt und zu zehn Jahren Lagerhaft verurteilt. Für ihn, der als überzeugter Kommunist in den »Großen Vaterländischen Krieg« gezogen war – wie die Russen den Zweiten Weltkrieg bis zum heutigen Tag nennen –, begann 1945 in Ostpreußen eine lange Leidenszeit. In einem Straflager des GULAG sollte er Alexander Solschenizyn kennenlernen, der am Kriegsende wegen seiner Kritik an Stalin verurteilt worden war.

Ruth Irmgard und ihre Mutter hatten einen dieser Anständigen und Gutherzigen getroffen, einen unbekannten Offizier, der sie beschützt und gewarnt hatte. Sie nahmen nichts mit, als sie aufbrachen, besaßen nur noch, was sie auf dem Leib trugen. Die Nachbarn schlossen sich ihnen schweigend an. Gemeinsam verließen sie das Haus durch den Hintereingang, durchquerten den Garten und das dahinterliegende Kartoffelfeld, in dessen Furchen sie mit dem Kinderwagen nur unter großer Mühe vorankamen. Marta Perplies trug den kleinen Erich auf dem Arm, Ruth Irmgard, die vor Schmerzen kaum laufen konnte, zerrte Ilse hinter sich her. Wenn die Zweijährige nicht mehr weiterwollte, musste Ruth Irmgard sie tragen.

Lew Kopelew hielt sich zur selben Zeit mit seiner Einheit in Allenstein auf, kaum fünfundvierzig Kilometer von Heilsberg entfernt. Dort begegnete er Frauen und Mädchen wie Ruth Irmgard und ihrer Mutter: »Mitten auf der Straße kommt eine Frau. In einer Hand trägt sie ein Bündel und eine Tasche, an die andere klammert sich ein Mädchen. Die Frau hat um den Kopf, quer über die Stirn, ein schon durchgeblutetes Tuch als Verband. Ihre Haare sind zerzaust.« Das vielleicht dreizehnjährige Mädchen mit den weißblonden Zöpfen hatte geweint. »Das kurze Mäntelchen ist schmutzig, die hellen Strümpfe an ihren langen Fohlenbeinchen sind blutig. Vom Bürgersteig her rufen Soldaten sie an, lachen. Die beiden gehen schnell, sehen sich aber immer wieder um, bleiben stehen.«[20]

Die Perplies' zog es fort von Heilsberg. Um die Stadt in südlicher Richtung verlassen zu können, folgten sie ein letztes Mal Ruth Irmgards altem Schulweg, der die kleine Gruppe an der Alle entlang zuerst zum Schloss führte. Da sie keinem Russen begegnen mochten, schlugen sie einen Weg entlang der Simser ein. Da kannte sich die Mutter aus, war sie doch oft sonntags mit dem Vater dort spazieren gegangen. Am Wegesrand lagen Leichen im Schnee. Auch an tote Pferde und Kühe kann sich Ruth Irmgard Frettlöh bis heute erinnern. Und daran, dass die kleine Gruppe von zwei russischen Soldaten aufgehalten und nach Wertgegenständen durchsucht wurde. Was die Soldaten gebrauchen konnten, steckten sie in ihre Rucksäcke, viel war es nicht. »Wir hatten nichts mehr, aber wir waren am Leben, das war das Wichtigste.« Neben dem Weg lagen nicht nur tote Soldaten, auch Frauen und Kinder waren darunter. Ihre Todesangst verschob Ruth Irmgards Blick auf das Erlebte, relativierte ihr Entsetzen über die Vergewaltigung.

Wie Lew Kopelew war Alexander Solschenizyn zu diesem Zeitpunkt mit seiner Einheit in der Nähe von Heilsberg unterwegs. Auch er hielt seine Eindrücke fest: »Seit fünf Tagen sind wir auf dem Vormarsch durch das brennende Ostpreußen. Und es gab nicht wenig Anlaß zum Feiern. ... Jenseits der ostpreußischen Grenze war es, als sei ein Wundervorhang aufgegangen: Deutsche Einheiten fielen auseinander. Vor uns öffnete sich ein unversehrtes, reiches Land, das uns geradezu in die Hände schwamm.« In steinernen Häusern fanden sie »Schlaf in weichen Betten, manchmal sogar mit Daunendecken; in den Kellern ungeahnte Köstlichkeiten, Eingemachtes; außerdem unentgeltliche Trinkgelage für den, der findet.« So marschierten sie durch Ostpreußen »in halb rauschhafter Euphorie, büßten die Exaktheit von Bewegungen und Gedanken ein. Nun ja, nach so vielen Jahren der Opfer und Entbehrungen darf man wohl etwas locker lassen. Das Gefühl, Belohnung verdient zu haben, hatte alle ergriffen, bis in die allerhöchsten Offiziersränge, und erst recht die einfachen Soldaten. Sie fanden, was sie suchten, und tranken.«[21]

Die Übergriffe auf die deutsche Zivilbevölkerung, insbesondere auf die Frauen, wurden aber nicht nur durch den Alkohol und die Propaganda des Hasses in Gang gesetzt, auch die Disziplinlosigkeit in der Sowjetarmee und die Gewalterfahrungen in stalinistischen Lagern trugen dazu bei. Fast zwanzig Millionen Sowjetbürger waren von Anfang 1935 bis Mitte 1940 in stalinistische Lager, Zuchthäuser und Gefängnisse geraten. Sieben Millionen starben, wer überlebte, hatte am eigenen Leib unbeschreibliche Grausamkeiten und Folter erlebt oder war zumindest ihr Zeuge geworden. Auch Hunderttausende der Sowjetsoldaten, die 1945 auf dem Territorium des Deutschen Reiches kämpften, hatten den Archipel GULAG durchlitten, und diese Erfahrungen prägten ihr Verhalten in der Armee. Ein wirksames Korrektiv in Gestalt fähiger, mutiger und angesehener Offiziere fehlte jedoch, da auch der größte Teil des Offizierskorps den großen Säuberungen, die die Spitze der Roten Armee insbesondere im Jahre 1937 getroffen hatten, zum Opfer gefallen war. Verhaftet worden waren drei von fünf Marschällen, fünf von sechzehn Armeekommandeuren, alle Korpskommandeure, fast alle Kommandeure von Divisionen und Brigaden, etwa die Hälfte aller Regimentskommandeure. Viele waren exekutiert worden.

Besonders, seitdem sie sich auf deutschem Territorium befand, hatte die Disziplinlosigkeit in der Roten Armee um sich gegriffen. Nur wenige Offiziere versuchten, Gewalt und Zügellosigkeit mit der Durchsetzung strenger Befehle beizukommen. Einer von ihnen war Konstantin Rokossowski, der selbst während der Großen Säuberung 1937 verhaftet, gefoltert und zu zehn Jahren Lagerhaft verurteilt worden war. 1940 hatte man ihn ohne Begründung vorzeitig entlassen. Anfang 1945 stand Marschall Rokossowski in Ostpreußen an der Spitze der 2. Weißrussischen Front, in der auch Alexander Solschenizyn und Lew Kopelew kämpften. Er gab den Befehl Nr. 006 aus, in dem er erklärte, dass zwar »Haßgefühle im Kampf gegen den Feind auf dem Schlachtfelde« durchaus legitim seien, für »Plünderungen, Gewalt, Raub und unnötige Zerstörung« hingegen drohte er drastische Strafen wie standrechtliches Erschießen an.[22]

Außerhalb des Dorfes Wernegitten, gut fünf Kilometer von Heilsberg entfernt, fand die kleine Gruppe, mit der Marta Perplies und die Kinder unterwegs waren, ein kleines, leer stehendes Gutshaus. Nun hatten sie wieder ein Dach über dem Kopf und – es grenzte an ein Wunder – Lebensmittel, die die Bewohner bei ihrer Flucht zurückgelassen hatten. Ohne Licht zu machen, kochten die Frauen nach Tagen die erste warme Mahlzeit. Währenddessen durchsuchten die Kinder das Haus nach Nützlichem. Schweigend nahm die kleine Schicksalsgemeinschaft das karge Essen zu sich. Bald versammelten sich alle in einem Raum zum Schlafen, zusammen fühlten sie sich sicherer.

Um nicht auf sich und das Haus aufmerksam zu machen, wurde nur nachts geheizt und gekocht. Tagsüber blieb der Ofen kalt und die kleine Gruppe fürs Erste unbemerkt. Die Stadtkinder erkundeten den Hof und die Wirtschaftsgebäude, sie entdeckten ein paar Hühner, die schon die ersten Eier gelegt hatten. Ein Huhn wurde geschlachtet. Das war zwar ein grausames Erlebnis für die Kinder, doch sie freuten sich über die kräftige Suppe.

Dann kamen weitere Flüchtlinge, alte Leute, Kinder, zwei jüngere Frauen. Ob die Russen, die bald darauf erschienen, den beiden gefolgt waren? Die Rotarmisten waren auf der Suche nach Frauen und nahmen zuerst die Neuankömmlinge mit. Nach einer Weile kam eine von beiden zurück. Irgendetwas hatte sie sich in die Scheide eingeführt, so erweckte sie den Eindruck, krank zu sein. »Das hat mich schon einmal vor einer Vergewaltigung bewahrt«, erklärte sie. Daraufhin musste Ruth Irmgards Mutter mit. Sosehr sie sich vor den Russen auch zu verstecken versuchte, in den folgenden Wochen wurde immer wieder sie mitgenommen und viele Male vergewaltigt. Schließlich stellte Marta Perplies fest, dass sie schwanger war. Sie war verzweifelt, wollte kein Kind von einem Russen.

Im besetzten Ostpreußen

Langsam wurde es Frühling. Der Krieg zog am Gutshof vorüber, nun tobte er weiter im Westen. Vor der Oder hielten die sowjetischen Truppen auf Anordnung Stalins bis Mitte April noch einmal inne, um dort über 2,5 Millionen Soldaten, sechstausend Panzer und mehr als siebentausend Flugzeuge in Stellung zu bringen. Am 16. April begann die Schlacht um Berlin, und die Endphase des Zweiten Weltkrieges brach an.

In Wernegitten war es friedlich. In dem kleinen Ort hatten die Russen auf einem großen Gutshof nach sowjetischem Vorbild eine Kolchose eingerichtet. Hier wie an vielen Orten in den eroberten Gebieten trieben Rotarmisten mit Hilfe von deutschen Kindern und Jugendlichen Vieh zusammen, denn von hier aus versorgten sie ihre Truppen, die die Festung Königsberg belagerten. Bereits seit dem 29. Januar war die ostpreußische Hauptstadt eingeschlossen. Kurz zuvor war es Ruth Irmgards Großeltern und Tanten noch gelungen, Königsberg auf dem Seeweg zu verlassen und die spätere »Ostzone« zu erreichen. Davon erfuhren die Perplies' allerdings erst gut ein Jahr später.

Die Kinder arbeiteten bei den Russen, misteten den Kuhstall aus, lernten melken, mussten beim Schlachten helfen. Das alles war hart. »Aber es gab genug zu essen, meine kleinen Geschwister bekamen sogar Milch. Und wir hatten ein Zimmer mit drei Betten.«

Abends bekamen sie manchmal Besuch von einem alten Koch, der aus einer der asiatischen Sowjetrepubliken stammte. Ohne Gegenleistungen zu erwarten, brachte er Speck und Zucker mit, setzte sich zu den Kindern und schaute sie freundlich an. Besonders gerne mochte er die Jungen. Siegfried und Erich erinnerten ihn an seine eigenen Söhne, eines Tages zeigte er den Perplies' ein Foto von ihnen.

Als dem Kommandanten zu Ohren kam, dass sein Koch die Deutschen besuchte und mit Lebensmitteln beschenkte, wurde der alte Mann versetzt, vermutlich an die Königsberger Front. An seiner Stelle führte nun ein junger Koch das Regiment in der Küche. Immer wieder versuchte er, Ruth Irmgard festzuhalten, kniff er sie schmerzhaft in die noch kaum vorhandenen Brüste. Die rechte Brust entzündete sich, langsam bildete sich ein Eiterherd, der schließlich operiert werden musste. Ihre Mutter schickte sie alleine zu Fuß nach Heilsberg, dort war gegenüber dem Krankenhaus eine kleine Arztpraxis geöffnet, das hatte sie zwischenzeitlich herausgefunden. Zum Glück gab es Äther, sodass Ruth Irmgard unter Narkose operiert werden konnte. Als sie aufwachte, durfte sie noch ein wenig liegen bleiben, bevor sie sich auf den kilometerlangen Weg zurück aufs Land macht. Die Wunden verheilten, doch die Narben blieben ihr Leben lang.

Der russische Kommandant von Wernegitten holte sich immer wieder deutsche Frauen und Mädchen, für ein paar Stunden oder eine Nacht, auf sein Zimmer oder in eine der Scheunen. »Einmal kam ich dazu, als er mit meiner Mutter aus der Scheune kam. Meine Mutter lächelte und sah sehr schön aus.« Ruth Irmgard war aufgebracht, niemals würde sie diese Situation vergessen, der Mutter vielmehr eines Tages den Vorwurf machen: »Warum hast du gelächelt, als du mit dem Kommandanten aus der Scheune kamst?« Und sie würde antworten: »Ich habe es für dich getan, um dich zu retten.«
 Die übrigen russischen Soldaten waren freundlich, bei ihnen konnte sich Ruth Irmgard sicher fühlen. Einer nahm sie manchmal mit, wenn er sein Pferdchen vor den Wagen spannte und die Gehöfte in der Umgebung nach Brauchbarem absuchte. Bei den Fahrten versuchte er sogar, ihr ein paar Brocken Russisch beizubringen, die Zahlen und ein paar wichtige Wörter wie Brot und Haus, gut und böse. Das machte so viel Spaß, dass Ruth Irmgard bis heute nichts Negatives mit dem Klang der russischen Sprache verbindet.
 Die Arbeit bei den Russen wurde nur durch das Feiern des Kriegsendes unterbrochen. Ob in Moskau oder im Ural, in Berlin, Königsberg, Neustrelitz, in Breslau oder Wernegitten, überall feuerten die siegreichen sowjetischen Soldaten in die Luft, sie jubelten, tanzten, tranken. Manch einer hatte vier Jahre an der Front verbracht, ohne ein einziges Mal seine Familie gesehen zu haben. Alle

hatten sie einen schrecklichen Krieg hinter sich, in dem siebenundzwanzig Millionen Sowjetbürger ums Leben gekommen waren.

Kurz nach dem 8. Mai mussten die Perplies' die »Kolchose« verlassen und in ein kleines, abseits stehendes Haus ziehen. Für die ersten Tage bekamen sie noch ein paar Lebensmittel, dann mussten sie selbst zurechtkommen. Doch es war Frühling, auf den Feldern war die Herbstsaat, die die Bauern noch hatten ausbringen können, längst aufgegangen, auch ein paar Kartoffeln, die im Boden geblieben waren, versprachen die eine oder andere Mahlzeit. Zu essen gab es Brennnesseln, Löwenzahn und Melde in allen Variationen, roh und gekocht. Irgendwo würden sich vielleicht ein paar Möhren und anderes Gemüse finden lassen, vor allem aber Korn, für Brot und Brei. Der Krieg war beendet, sie hatten überlebt. Irgendwie würde es weitergehen.

Dann wurde Marta Perplies von Männern des NKWD abgeholt. Wohin man sie brachte? Warum man sie mitnahm? Wann sie wieder zurückkäme? Niemand gab eine Erklärung. Ruth Irmgard blieb mit ihren Geschwistern alleine zurück. Wieder einmal würde sie, wollte sie die Mutterrolle übernehmen, die Brüder und die Schwester versorgen, die Tränen trocknen und Zuversicht ausstrahlen. »Abends sind wir auf den höchsten Hügel hinaufgestiegen und haben nach unserer Mutter Ausschau gehalten.« Doch die Mutter kam nicht, und Ruth Irmgard fiel es jeden Tag schwerer, die Kleinen zu trösten. Ihr selbst war zum Weinen zumute: »Nachdem meine Geschwister im Bett waren, drehte sich mein Herz, und mein Kopf spielte Karussell. Nur nicht weinen, habe ich mir da gesagt.« Als die Mutter auch am dritten Tag nicht zurückkehrte, gingen die Kinder immer öfter nach draußen, schauten, ob sie auf der Straße zu entdecken sei. Und dann erblickten sie sie fast gleichzeitig ganz in der Ferne. »Es war ein Freudenschrei der Erleichterung, als wir alle ›Mama! Mama!‹ riefen.« Alle umarmten einander, ganz fest, als wollten sie nie wieder loslassen. Sie weinten, auch die Mutter.

Erst kurz vor deren Tod im Jahre 1987 erfuhr Ruth Irmgard Frettlöh, dass die Russen ihre Mutter wieder und wieder befragt hatten, weil sie wissen wollten, was der Vater im Krieg gemacht habe. Mit der Auskunft, dass er bereits zu Beginn eingezogen worden sei, um im Westen Schutzwälle zu errichten, gaben sie sich nicht zufrieden. Erst als sie erfuhren, dass Leopold Perplies beobachtet und sogar sein ältester Sohn Gert nach seinen Eltern ausgefragt worden war, wollten sie andere Informationen und erteilten schließlich Frau Perplies den Auftrag, für sie zu spitzeln. »Mutter sollte Namen nennen von Nazis und Menschen, die Kriegsverbrechen begangen hatten. Sie wurde bedroht, dass sie andernfalls ihre Kinder nie mehr wiedersehen würde.« Ruth Irmgard Frettlöh nimmt heute an, dass ihre Mutter die entsprechenden Namen kannte, aber standhaft blieb. »Meine Mutter hat nichts gesagt, und die Russen haben ihr geglaubt. Sie haben ihr nicht nur nichts getan, sondern ihr nach dem letzten Verhör sogar einen Zettel gegeben, auf dem stand, dass wir Ostpreußen verlassen dürfen. Das hat uns später geholfen, als die Russen uns nicht in den Zug nach Westen lassen wollten.«

Marta Perplies erhielt die Auflage, sich alle vierzehn Tage bei der Kommandantur in Heilsberg zu melden. Diese hatten die Sowjets ausgerechnet in ihrem alten Haus in der Eberhardstraße eingerichtet. Ruth Irmgard schärfte sie ein, dass sie über nichts sprechen dürfe.

»Mutter hatte aber in Heilsberg erfahren, dass in den Tagen, nachdem wir die Stadt verlassen hatten, viele Frauen, Jugendliche sowie alte Männer gefangen genommen und nach Sibirien abtransportiert wurden.« Wenn sie heute darüber nachdenkt, sieht Ruth Irmgard Frettlöh paradoxerweise in ihrer Vergewaltigung auch etwas Gutes: »Das Schicksal der Deportation ist uns erspart geblieben. Meine Vergewaltigung hat uns letztlich gerettet.« Denn wäre dies nicht geschehen, hätten sie Heilsberg nicht verlassen.

Mindestens fünfhunderttausend »Reichs- und Volksdeutsche« wurden in Ost- und Westpreußen, in Danzig, Pommern, Schlesien und Brandenburg, in Jugoslawien, Rumänien und Ungarn während der letzten Kriegs- und der ersten Friedenstage von Sonderkommandos des NKWD gefangen genommen und allein auf Grundlage zweier Stalinbefehle deportiert. In Viehwaggons wurden sie nach Osten gebracht. Viele überlebten die Strapazen des Transports nicht. Erst nach wochenlanger Fahrt kamen die Verschleppten an ihre Bestimmungsorte: Arbeitslager in der Ukraine, in Stalingrad, im Kaukasus und im Ural, am Kaspischen und am Weißen Meer, in Sibirien, in Kasachstan und Usbekistan. Die meisten der Verschleppten waren junge Frauen und Mädchen, auch aus der Gegend um Heilsberg. Sie mussten gleichsam als »lebende Reparationsleistungen« für jene Verbrechen büßen, die in Hitlers Namen in der Sowjetunion begangen worden waren. Auch in den Arbeitslagern war der Tod allgegenwärtig. Besonders in den ersten Monaten starben viele der Internierten: an Krankheiten, Hunger und Entkräftung, aber auch an Hoffnungslosigkeit. Nachts wurden sie von Totenkommandos irgendwo in der Umgebung der Lager verscharrt. Höchstens ein Viertel der Deportierten kehrte schließlich nach Hause zurück. Von vielen fehlt bis heute jede Spur. Tausende von Vermisstenschicksalen bedürfen noch immer der Aufklärung.

Am 1. Juli übergaben die Sowjets das südliche Ostpreußen an Polen. Den nördlichen Teil behielten sie und gliederten ihn bald als Kaliningradskaja Oblast in das Staatsgebiet der Sowjetunion ein. Wie mit dem Lineal gezogen, verlief nun die Grenze zwischen den beiden Landesteilen.

»Als die Russen weg waren, wollte ich ein letztes Mal in unser Haus zurück, um nachzusehen, ob ich noch etwas finde.« Wie gerne wäre Ruth Irmgard durch die Wohnung gestreift, aber sie traute sich nicht. Sie hätte ihr ehemaliges Zuhause leer geräumt vorgefunden, sogar die Schaukel, die die Eltern im Türrahmen des Kinderzimmers befestigt hatten, war abmontiert worden. Nun erfreute sie russische Kinder. Allein der Blick aus dem Kinderzimmerfenster wäre vertraut gewesen. Von hier aus konnte man auf die Schrebergärten und das Heilsberger Schloss sehen. Es hatte den Krieg unbeschadet überstanden. Auf dem Schlosshof war Ruth Irmgard 1942 mit Hitlergruß vereidigt worden, als sie zu den Jungmädchen gekommen war. Ein wenig später hatte sie dort auf dem Weg zur Schule gesehen, wie eine Gruppe russischer Kriegsgefangener an ihr vorbeigetrieben wurde, die hageren Männer hatten ihr leidgetan.

In der modernen Wohnung gab es nicht nur eine Zentralheizung, sondern sogar ein Bad mit Wanne und Wasserklosett. Im Badezimmer hatte sich Ruth Irmgard oft eingeschlossen, um in Ruhe die *Warmia* lesen zu können – so hieß die örtliche Zeitung, heißt das Ermland in polnischer Sprache. Das Blatt war in Heilsberg gedruckt worden, in der Nähe der evangelischen Kirche, mitten im Stadtzentrum, wo auch Bäcker und Fleischer waren. Im Sommer 1944 hatte in der *Warmia* ein Artikel über das Attentat auf Hitler gestanden, den hatte das Mädchen gelesen. Hitler, der Führer, war stets ein wichtiges Thema gewesen, immer wieder hatten sie in der Schule seinen Lebenslauf aufsagen müssen.

Bevor Ruth Irmgard das Haus verließ, ging sie in den Keller hinunter. »Die Tür zu dem Raum, in dem ich vergewaltigt worden war, stand offen, vor einem Kleiderschrank lag ein Familienbuch.« Als sie es aufschlug, sah sie, dass es das Stammbuch ihrer eigenen Familie war. »Darin waren so viele Stempel mit Hakenkreuz, dass ich es hab liegen lassen, meine Mutter hatte dafür Verständnis.«

Der Sommer neigte sich dem Ende zu, und das Getreide, das rings um ihr Häuschen wild wuchs, konnte geerntet werden. Die Roggenmahd übernahm der elfjährige Siegfried, Ruth Irmgard das Dreschen. Beide Kinder mussten die ungewohnten Tätigkeiten erst mühsam lernen. Die Roggenkörner brachten sie zum Mahlen, das sie mit einem Teil des Mehls bezahlten. Marta Perplies buk Brot, das mit ein wenig Leinöl bestrichen eine Delikatesse war.

Jeden Morgen fütterte Ruth Irmgard ihren Bruder Erich mit Mehlbrei. Doch eines Tages wollte er nicht schlucken, der Kleine weinte und jammerte. Im Mund hatte er einen bräunlichen Belag. Die Mutter entschied, der Junge müsse sofort zu einem Arzt. Ruth Irmgard begleitete die beiden nach Heilsberg. »Der Arzt machte ein besorgtes Gesicht und stellte die Diagnose Diphtherie. Erich musste dort bleiben.« Als Mutter und Tochter wieder an ihrem Häuschen ankamen, mähte Siegfried immer noch tapfer Roggen. Die Kleinen trugen die Ähren zusammen, wenn sie nicht gerade spielten.

Als Siegfried erfuhr, wie es um seinen kleinen Bruder stand, sagte er ruhig, dass auch er Halsschmerzen habe. »Gehst du mit Siegfried noch einmal in die Stadt zum Arzt?« Ruth Irmgard Frettlöh sollte diese Frage ihrer Mutter nie vergessen. »Nein, Mama, ich kann nicht mehr«, antwortete sie ehrlich. Ein seltenes Mal war sie schwach, wollte einfach nicht mehr. Erst am nächsten Morgen machten sich alle zusammen auf den Weg nach Heilsberg. Da auch Siegfried Diphtherie hatte, wurden seine Geschwister gegen die hochansteckende Krankheit geimpft. Der Elfjährige musste auf der Krankenstation bleiben.

Am nächsten Tag machte sich Marta Perplies alleine auf den Weg nach Heilsberg, um nach ihren beiden Jungen zu sehen. Als sie nachmittags zurückkehrte, lief Ruth Irmgard ihr entgegen. Sie sah in das aschfahle Gesicht und wusste sogleich, was geschehen war: »›Erich ist tot‹, sagte meine Mutter leise, ›und Siegfried kämpft um sein Leben.‹«

Zwei Tage später ging Marta Perplies erneut ins Krankenhaus. Fünfmal bewältigte sie die fünf Kilometer lange Strecke innerhalb weniger Tage. Eine große Leistung für eine schwangere Frau, der eine Niere fehlte. Doch dann starb auch Siegfried. Er habe nicht sterben wollen, habe lange gekämpft und sei dann erstickt, erzählte die Mutter später. Nur ein Luftröhrenschnitt hätte sein junges Leben retten können, doch den wagte der einzige Arzt der Stadt nicht. Die beiden Brüder starben an Kehlkopfdiphtherie, der eine wurde nicht einmal zwei, der andere keine zwölf Jahre alt.

Erich und Siegfried liegen am Rande des Heilsberger Friedhofs in einem gemeinsamen Grab, auf dem zwei Bäume dicht nebeneinander stehen. Es ist ein schöner Friedhof, ein wenig hügelig, wie ein kleiner Laubwald angelegt. Eine Polin, die in der Nähe lebte, pflegte das Grab der beiden Brüder jahrzehntelang. Sie hatte es Ruth Irmgards Mutter im Jahre 1945 versprochen.

Marta Perplies konnte sich nicht der Trauer um die beiden Jungen überlassen – sie musste an ihre lebenden Kinder denken. Bald erfuhr sie, dass im nahe gelegenen Allenstein in unregelmäßigen

Abständen Güterzüge Halt machten, die manchmal Deutsche in den Westen mitnahmen. Noch während des Krieges hatte die Familie vereinbart, dass sich nach Kriegsende alle in Bremen bei einem Bruder von Leopold Perplies einfinden sollten. Wenige Wochen nach dem Tod von Erich und Siegfried machte sich Marta Perplies mit Ruth Irmgard, Heidulf, Leopold und Ilse auf den gut fünfundvierzig Kilometer langen Weg über Guttstadt nach Allenstein. Dorthin, wo sie einen Güterzug zu finden hoffte, der sie in den Westen bringen würde.

Die Brote, die die Mutter gebacken hatte, das Mehl und die wenigen anderen Habseligkeiten passten in den Kinderwagen. Über die alte Landstraße ging es nur sehr langsam voran, mehr als sieben oder acht Kilometer pro Tag legten sie nicht zurück, mussten unterwegs in leer stehenden Häusern übernachten. Der neunjährige Heidulf war krank, fieberte schließlich so stark, dass sie sich in der Nähe von Guttstadt eine Unterkunft für länger suchen mussten. Unterkapkeim hieß der Weiler, der zu Glottau gehörte.

Die kleine Kate, die man den Perplies' zuwies, war sehr alt, sie bestand aus einem Zimmerchen und einer Küche, unter deren Bretterfußboden ein Kellerloch verborgen lag. Überall huschten Mäuse herum, doch viel schlimmer waren die Ratten, die den Menschen ihre Lebensmittelvorräte streitig machten. »Trotzdem waren wir sehr froh, dass wir in der Nähe von anderen Menschen waren, wir fanden ein paar Bettgestelle und Federbetten. Mein Bruder konnte seine Rippenfellentzündung auskurieren.« Die Genesung dauerte lange Wochen, über die es Winter wurde. Den Kindern gelang es noch, einen kleinen Vorrat an Kartoffeln und Rüben anzulegen, selbst Heidulf und die inzwischen hochschwangere Mutter mussten beim Ausgraben mithelfen. »Meine Mutter sagte immer: ›Wer schwach ist und liegen bleibt, der stirbt.‹« Mit diesen Worten hat sie ihren Jungen immer wieder angetrieben und seinen Lebenswillen geweckt. »Unsere Mutter hatte einen sehr starken Willen, den sie auf uns übertrug.«

Der Speiseplan in jenen Tagen war nicht sehr abwechslungsreich. Außer Brot, Kartoffeln und Rüben gab es Kohl und Zwiebeln. Fett war Mangelware und kam höchstens in Form von Öl auf den Tisch. Milch, Quark oder ein Ei gab es für die Kinder nie, und wie Fleisch schmeckte, hatten sie beinahe vergessen. Bis zu dem Tag, an dem Ruth Irmgard einen toten Hund fand und ihn nach Hause schleppte. Nun war sie froh, den Russen beim Schlachten zugesehen zu haben. Ohne zu zögern, zog sie dem toten Tier das Fell ab und zerlegte es in kleine Portionen. Ihre Mutter kochte Hundesuppe, alle kamen ein wenig zu Kräften, auch Heidulf hatte es nun geschafft.

Bei ihren Streifzügen durch leer stehende Häuser nahmen die Kinder alles mit, was ihnen nützlich erschien. Das war vor allem Essbares – aber auch Geistesnahrung in Form von Büchern. Die waren für ihre Mutter bestimmt, die seit Kindesbeinen eine Leseratte war. Nun las sie bei Tageslicht und erzählte abends, was sie gelesen hatte. Oder sie erzählte aus ihrer Jugend, von ihren Opern- und Operettenbesuchen in Berlin und Königsberg. Manchmal sang sie auch selbst ein paar Strophen, um dann den Kindern vom Leben ihrer eigenen Mutter und Großmutter zu erzählen, die beide in Königsberg gelebt hatten und so schön singen konnten, dass die Leute auf der Straße stehen geblieben waren.

1903 geboren, hatte Ruth Irmgard Frettlöhs Mutter bereits den Ersten Weltkrieg miterlebt, da war sie genauso alt wie ihre Tochter im Zweiten Weltkrieg. Damals war es den Russen nicht gelungen, große Teile Ostpreußens einzunehmen, Angst vor ihnen hatte man trotzdem gehabt. Aus der Zeit des Ersten Weltkriegs und aus den zwanziger Jahren wusste Marta Perplies, was Hunger bedeutete, nie hat sie im Laufe ihres Lebens einen Kanten trockenen Brotes fortgeworfen.

Wie ein kleines Wunder erscheint es Ruth Irmgard Frettlöh im Rückblick, dass ihre Mutter in der Lage gewesen war, das »Russenkind« auszutragen. Später erzählte ihr die Mutter, dass der Arzt in Heilsberg sich geweigert hatte, einen Schwangerschaftsabbruch vorzunehmen. »Zwölfjährige Mädchen müssen ihr Kind austragen«, hatte der Mann gesagt. »Sie auch!« Im katholischen Ermland war selbst nach einer Vergewaltigung durch einen Russen der Abbruch unmöglich. In anderen, evangelischen Gegenden Deutschlands und in Berlin wurde dies großzügiger gehandhabt. Manche Frauen legten aber auch selbst Hand an oder gingen zu einer »Engelmacherin«. Das kam für Marta Perplies nicht infrage, und nach dem Gespräch mit dem Arzt akzeptierte sie das Kind, das in ihrem Bauch heranwuchs, relativ bald als ihr eigenes.

Als sie eine Woche vor Weihnachten merkte, dass die Geburt kurz bevorstand, erklärte sie der inzwischen dreizehnjährigen Tochter, welche Vorbereitungen sie treffen und wie sie ihr bei der Entbindung helfen sollte. Doch Ruth Irmgard hatte Glück, diese Verantwortung musste sie nicht übernehmen. Eine Frau aus dem Dorf eilte zur Hilfe, weil sie das Schreien und Stöhnen der Mutter gehört hatte.

Da die Kate der Perplies' nur das eine Zimmer hatte, erlebten alle Kinder mit, wie das Geschwisterchen, ein gesundes Mädchen, auf die Welt kam. Es war ein merkwürdiger Tag, alle freuten sich über die Schwester und waren traurig, weil sie an Siegfried denken mussten. Einen Tag später wäre er zwölf Jahre alt geworden. Das Mädchen erhielt den Namen Notburga. Obwohl sie aus der Kirche ausgetreten war, nachdem ein Elbinger Pastor sich angesichts ihres zweiten, an plötzlichem Säuglingstod verstorbenen Kindes allzu unsensibel verhalten hatte, stimmte Marta Perplies zu, dass eine katholische Frau aus dem Dorf eine Nottaufe vollzog. Ruth Irmgard und die jüngeren Geschwister hatte sie nie taufen lassen.

Zum ersten Nachkriegsweihnachtsfest holten Ruth Irmgard und Heidulf einen kleinen Tannenbaum aus dem Wald. Wie im Vorjahr schmückte die Mutter den Baum mit Kerzen, die sie aus einer Rolle Docht und etwas Wachs gezaubert hatte. Sie waren so dünn, dass sie mit Draht verstärkt werden mussten. Eine Weile verbreiteten sie ihren hellen Schein. Langsam verzehrten alle das diesjährige Weihnachtsessen, eine ganze Scheibe Brot. Ihre Weihnachtsgeschenke waren die kleine Schwester und die Tatsache, dass ihre Mutter die Geburt schwach, aber ohne Komplikationen überstanden hatte.

Marta Perplies stillte ihre Tochter, so gut sie konnte, doch die Kleine schrie immer häufiger, weil sie noch hungrig war. Dann wurde ihr Schreien schwächer, seltener. Schließlich verstummte sie. Verhungert, keine vier Wochen alt. Ihr Name wurde in der Familie von nun an nicht mehr erwähnt. Doch sie blieb unvergessen: »Meine Mutter legte, um die letzte Milch zu nutzen, zuerst ihre Jüngste, Ilse, dann Leopold, Heidulf und mich an ihre Brust.« Jeder Tropfen, jeder Krümel musste verwertet werden, so wenig gab es im Hungerwinter 1945/46 zu essen. Ruth Irmgard Frettlöh ließ den Namen ihrer Halbschwester mit denen der beiden Brüder nach dem Tod ihres Mannes auf den gemeinsamen Grabstein setzen.

Bald begann der zweite Frühling auf dem Land, der erste Nachkriegsfrühling. Inzwischen hatten sich Polen aus dem Osten des Landes, der infolge der Westverschiebung des polnischen Staates sowjetisch geworden war, in den von den Deutschen am Kriegsende verlassenen Häusern eingerichtet. Die Polen setzten sich mehr und mehr durch, bedrängten Ruth Irmgards Mutter sogar eines Tages, mit ihren Kindern die polnische Staatsbürgerschaft anzunehmen. Das aber wollte sie auf keinen Fall. Nun war es endgültig an der Zeit zu handeln. Nach kurzer Zeit fand sie heraus, dass weiterhin Reparationszüge zwischen der sowjetischen Besatzungszone und der Sowjetunion hin- und hergingen. Als sie schließlich erfuhr, dass das Deutsche Reich in Übereinstimmung mit den Beschlüssen der Alliierten auf der Konferenz von Jalta längst in vier Besatzungszonen geteilt, das nördliche Ostpreußen unter sowjetische, die Gebiete östlich von Oder und Neiße sowie das südliche Ostpreußen unter polnische Verwaltung gestellt waren und dass das Potsdamer Protokoll bestimmte, die »Überführung der deutschen Bevölkerung nach Deutschland auf geordnete und humane Weise« zu vollziehen, wollte sie umgehend in den Westen. Doch sie erhielt keine Erlaubnis zur Ausreise. Damit fand sich die willensstarke Frau nicht ab.

Eines Tages ging Marta Perplies mit einigen Frauen aus dem Dorf nach Allenstein zum Markt, um dort Pullover zu verkaufen. Von dem Erlös erstand sie eine kleine Flasche Schnaps. Damit hatte sie ihre Pläne.

Unbemerkt verließen Ruth Irmgard, ihre Mutter und die Geschwister Unterkapkeim. Ihre einzige Wegzehrung war ein Brot, das ihnen eine Nachbarin geschenkt hatte. Nach etlichen Ruhepausen hatten sie die gut zwanzig Kilometer bewältigt und erreichten Allenstein. Für eine Nacht wurden sie von einer Familie, die in der Nähe der Bahn lebte, beherbergt. Dann sollte der Güterzug kommen, der sie mitnehmen würde, falls die Bestechung mit dem Schnaps gelänge. »Als wir auf den Bahnsteig kamen, stand der Zug schon da. Die Tür eines Viehwagens war geöffnet. Weil wir die Menschen darin deutsch sprechen hörten, wussten wir, dass auch wir in diesen Waggon hineinmussten.« Zwei bewaffnete Russen wollten ihnen den Weg versperren, doch »meine Mutter zeigte ihnen geistesgegenwärtig die Ausreisebescheinigung, die sie im Vorjahr nach den Verhören beim NKWD erhalten hatte«. Einer der Russen las den Zettel, dann zählte er die Kinder, schüttelte den Kopf und versuchte Marta Perplies klarzumachen, dass die Zahl nicht stimme. »Geistesgegenwärtig machte meine Mutter eine Geste über ihren Bauch, um ihre Schwangerschaft anzudeuten. Dann zeigte sie auf einen der Soldaten, sagte ›Russki‹ und wiegte die Flasche Schnaps wie ein Baby im Arm. Als sie mit einer Handkante über ihren Hals fuhr, um damit das Sterben anzudeuten, lachten die beiden Männer. Sie muss es so gemacht haben, wie man in der Sowjetunion Volltrunkenheit andeutet.« Die Soldaten nahmen die Flasche Schnaps – die Perplies' durften einsteigen.

Als sich der Zug endlich in Bewegung setzte, schien der Traum von der Ausreise wahr zu werden. Doch es ging nur langsam voran. Immer wieder blieb der Zug stehen, bis es gar nicht mehr weiterging. Die Lokomotive hatte einen Schaden – und die Polen wollten den Russen keinen Ersatz zur Verfügung stellen. Tage und Nächte vergingen. Nächte, in denen die Frauen den sowjetischen Soldaten, die den Zug begleiteten, Gesellschaft leisten mussten. Das war, ein Jahr nach Kriegsende, noch immer eine Selbstverständlichkeit. Zu ihrem Glück musste Ruth Irmgard nicht mit. Doch sie hatte wieder die gleiche große Angst wie damals, zu Hause in Heilsberg, als die Russen Ende Januar 1945 in den Keller kamen. Denn wieder hieß es: »Frau, komm!«

Bald war der gesamte Reiseproviant, der vor allem aus Brot bestanden hatte, verbraucht. Wieder mussten die Perplies' hungern, bis eine polnische Frau zum Waggon kam und ihnen Milch und Kartoffeln anbot. Sie bat um Kleidung für ihre Kinder und erhielt alles, was entbehrlich war.

Elf Tage vergingen, ohne dass eine Ersatzlokomotive kam. Dann wurde an einem der Waggons geschossen. Wer auf wen schoss, war nicht herauszufinden. Als sich die Situation beruhigt hatte, wurden die Deutschen aufgefordert, in einen anderen Zug zu steigen, der sie schließlich nach Küstrin brachte. Über das große Auffanglager für ausreisende Deutsche im nun polnischen Stettin gelangten Ruth Irmgard, Heidulf, Leopold, Ilse und ihre Mutter in den Westen.

Im schleswig-holsteinischen Lager Hohn fanden sie eine erste Bleibe. Man wies ihnen in einer Baracke eine Ecke zu, nach anderthalb Jahren schliefen sie zum ersten Mal wieder in sauberen, weiß bezogenen Betten. Auch zu essen gab es von nun an wieder regelmäßig, Brot mit Margarine, Kartoffeln und Suppe, manchmal reichte es sogar zum Sattessen. Als die ersten kleinen Portionen Butter und Marmelade auf dem Tisch standen, aßen sie langsam, genießerisch, fast ehrfürchtig. Das Einzige, was fehlte, waren Nachrichten vom Vater und von Gert, ihrem Bruder. Kurz nach Erichs Geburt im Januar 1944 waren beide zum letzten Mal zu Hause gewesen.

Es war bereits Sommer und abends so warm, dass Ruth Irmgard oft auf den Stufen vor der Baracke saß. Eines Abends hockte sie wieder dort und malte traumverloren mit einem Stöckchen Wörter und Figuren in den Sand. »Plötzlich sah ich Schuhe vor mir. Ich hob den Kopf. ›Papa, Papa!‹, rief ich und fiel meinem Vater um den Hals.« Die beiden weinten vor Freude. Nun war der Krieg für Familie Perplies zu Ende. Vater, Mutter und fünf ihrer Kinder hatten ihn überlebt. Gert, der Älteste, verdankt dem Unterscharführer Leininger sein Leben. Der hatte die ihm unterstellten Jugendlichen vor dem Einmarsch der Russen in Westpreußen ermutigt, die Waffen fortzuwerfen und in den Westen zu flüchten. Zwanzig bis dreißig Jungen gelangten so ins Ruhrgebiet, unter ihnen auch Gert Perplies.

Wege in ein neues Leben

In Ruth Irmgard lebte das Trauma der Vergewaltigung fort. Meist verbarg es sich hinter dem Alltag eines schwierigen Neuanfangs, der die Perplies' bald nach Husum führte, wo sie ein Zimmer unter dem Dach gefunden hatten. Klein wie es war, bot es nur Platz für einen Tisch, einen Kleiderschrank, ein dreistöckiges Bett, in dem die Kinder schliefen, das Sofa für die Eltern und den kleinen Kochherd, mit dem gleichzeitig der Raum geheizt wurde.

Vier Jahre lebte die Familie auf diesen rund fünfzehn Quadratmetern, bis im Jahre 1950 Werner geboren wurde. Da war Marta Perplies bereits siebenundvierzig Jahre alt. Ihre inzwischen achtzehnjährige Tochter Ruth Irmgard schämte sich, als ihre Mutter wieder schwanger wurde. »Werner habe ich als Geschenk für Siegfried und Erich erhalten«, würde sie ihr später einmal erklären. Vorerst aber verdrängte Marta Perplies die verlorenen Kinder. Sie war zutiefst erschrocken, als sie für die Ausstellung neuer Urkunden zur Zahl ihrer Kinder befragt worden war. Ruth Irmgard hatte im Unterschied zur Mutter die Kinderzahl mit neun angegeben. Sie hatte den an plötzlichem Säuglingstod verstorbenen Bruder Bernd und auch Siegfried, Erich und Notburga mitgezählt. Von dem »Russenkind« aber hatte ihre Mutter dem Vater nichts berichtet. Wahrscheinlich nicht einmal von den Vergewaltigungen. Dieses Thema gehörte zu den großen Tabus nicht nur der Nachkriegszeit.

»Es war ein sehr einfaches Leben, das wir in Husum führten, man kann sich das heute kaum noch vorstellen«, erzählt Ruth Irmgard Frettlöh. »Wollten wir zum Plumpsklo, so mussten wir durch die Küche der Vermieter, gewaschen haben wir uns hinter einem Vorhang in der Schräge, in einer kleinen Schüssel, das Wasser wurde auf dem Herd heiß gemacht.« Sie erinnert sich, dass ihre Mutter den kleinen Garten, den sie »zu Hause« in Heilsberg hatten, sehr vermisste, allzu gerne hätte sie Kartoffeln, Obst und Gemüse angebaut. Zum Glück durften die Perplies' ein paar Kaninchenställe im Hof aufstellen, sodass dann und wann ein Braten auf den Tisch kam. »Das Wichtigste für mich aber war – ich konnte wieder zur Schule gehen!«

Bereits im Frühjahr 1947, da war sie gerade in die Untertertia gekommen, schrieb Ruth Irmgard einen Aufsatz über das Thema »Mein schlimmstes Kriegserlebnis«. Mit diesem Text nahm die Fünfzehnjährige an einem Preisausschreiben teil, das sie in einer Illustrierten gesehen hatte, die ihr zufällig irgendwo in die Hände geraten war. Ruth Irmgard hatte im Krieg viel Schlimmes erlebt, Hunger und Todesangst, den Tod ihrer beiden Brüder, das langsame Sterben der kleinen Notburga. Doch sie schrieb über ihre Vergewaltigung und die Rettung durch den russischen Offizier. »Ich war voll davon. Immer hatte ich den Drang gehabt, über die Vergewaltigung zu sprechen, aber es sprach niemand mit mir darüber. Meine Mutter nicht und meine Geschwister erst recht nicht. Ich hätte es am liebsten in die Welt hinausgeschrien, und so war dieser Wettbewerb für mich eine Art Überdruckventil.« Darüber, dass ihr Aufsatz in der Zeitschrift veröffentlicht werden könnte, dachte sie nicht nach; sie erfuhr auch nie, ob er gedruckt wurde, da die Eltern kein Geld für Zeitschriften hatten.

Es dauerte nicht lange, da wurde Ruth Irmgard zum Direktor gerufen. Sie hatte den Wettbewerb gewonnen und erhielt aus seiner Hand den ersten Preis, einen Füllfederhalter. Dann sagte er ihr, dass die Zeichenlehrerin sie auf dem Heimweg begleiten werde. Sie fragte das Mädchen aus, Ruth Irmgard berichtete. »Sie beendete unser Gespräch mit dem Satz: ›Du darfst zu niemandem darüber sprechen!‹«

Ruth Irmgard freute sich sehr über ihren Preis, doch gleichzeitig fragte sie sich, warum die Schule von der Zeitschrift darüber unterrichtet worden war. Und warum verbot man ihr, über die Vergewaltigung zu sprechen? Warum behandelte man sie anders als die Kinder, die in Schleswig-Holstein aufgewachsen waren? Warum erinnerte man sie immer wieder daran, dass sie ein Flüchtlingskind war? Das Mädchen schwieg, die Zeit des Fragenstellens war noch nicht gekommen.

Mit siebzehn hatte Ruth Irmgard ihren ersten Freund. Er war auch ein Flüchtling, das verband. Und er war Musiker, in einer Sphäre zu Hause, die Ruth Irmgard lange verschlossen war, hatte ihre Mutter ihr als Kind doch nicht einmal gestattet zu singen. Küsse erlaubte Ruth Irmgard dem jungen Mann, mehr nicht. »Bei einem Geburtstag war ich erstaunt und verwundert, was andere Mädchen alles zuließen. Ich blieb ziemlich steif auf meinem Sessel sitzen. Danach nahm ich keine gemischte Einladung mehr an. Ich wäre doch nur Spielverderberin gewesen.«

Als ihre Mutter durch die Geschwister von dem Freund erfuhr, zitierte sie die Tochter zum Gespräch unter vier Augen. Unmissverständlich erklärte sie: »Ich möchte nicht, dass du vor einundzwanzig Jahren mit einem Jungen läufst! Wenn du mündig bist, kannst du machen, was du willst. Aber vorher nicht. Verstanden? Du weißt doch, was passiert, wenn Mann und Frau zusammen sind.« – »Warum musst du gleich ans Kinderkriegen denken?«, entgegnete Ruth Irmgard. »Ich kann mit einem Jungen auch andere Dinge machen!« Doch die Mutter ließ nicht locker, argumentierte weiter: »Es gibt Situationen, wo es miteinander so schön ist, dass die Frau dem Drängen des Mannes nachgibt.«

Da konnte Ruth Irmgard nicht mehr an sich halten: »Ja, du hast dein Vergnügen mit dem Kommandanten gehabt! Ich sehe noch heute dein strahlend glückliches Gesicht vor mir, als ihr beide aus der Scheune kamt!« Vier Jahre war das her, Ruth Irmgard hatte diese Situation nicht vergessen. Als sie die Rechtfertigung ihrer Mutter hörte, verschlug es ihr die Sprache: »Ich habe es um deinetwillen getan. Er wollte dich! Um dich zu schützen, musste ich besonders nett zu ihm sein!«

Mit zwanzig ließ Ruth Irmgard sich heimlich taufen, bestand 1953 als Erste in der Familie das Abitur und ging anschließend nach Hamburg auf die Höhere Handelsschule. Aus finanziellen Gründen musste sie die Ausbildung abbrechen. Wenig später fand sie eine Arbeitsstelle als Sekretärin und studierte gleichzeitig Deutsch und Religion. 1957 wechselte sie zum Studium der Volltheologie, nach den beiden Staatsexamina wurde sie promoviert – in der Nachkriegszeit eine außergewöhnliche Karriere für ein Flüchtlingsmädchen.

Die Ehe, die sie bald einging, war unglücklich – die Albträume von Vergewaltigung ließen sie nicht los. »Ohne dass es mir zum Bewusstsein kam, muss mein Körper sich immer wieder vergewaltigt gefühlt haben. Viele, viele Male.« Ruth Irmgard stürzte sich in ihren Beruf, wurde Pastorin in Hamburg-Wandsbek. Sie hatte den falschen Mann geheiratet, das hatte ihr Kopf längst begriffen. Nun revoltierte der Körper. Sie trennte sich von ihrem Mann. Dann musste die Gebärmutter entfernt werden. Ein eigenes Kind, das sie sich so sehr gewünscht hatte, würde sie niemals haben.

Nach der Scheidung fühlte Ruth Irmgard sich befreit. Sie studierte noch Sozialpädagogik und arbeitete viel mit Frauen und Mädchen, Ausländern, alten und behinderten Menschen. Sie unternahm Reisen nach Asien, verschrieb sich dem interreligiösen Dialog. Das Jahr achtundsechzig brachte nicht nur die politische Revolte, sondern auch die Aufhebung der Tabus, über Körper und Sexualität zu sprechen. Ruth Irmgard lernte mehr und mehr, ihren Körper wahrzunehmen. In Heidelberg heiratete sie ihren zweiten Mann, einen Pfarrer. Sie nahmen die gehörlose Birgit als Pflegetochter auf.

Als sie Ende der achtziger Jahre in Leningrad den Piskarjowski-Friedhof besuchte, auf dem etwa eine halbe Million Menschen begraben sind, die während der neunhunderttägigen Belagerung Leningrads durch die Wehrmacht Hungers starben, erfuhr sie von der Reiseleiterin eine mögliche Begründung für ihre Kinderlosigkeit: »Die Mädchen, die die Hungerzeit in Leningrad überlebten, konnten keine Kinder bekommen. Der Hunger hat sie unfruchtbar gemacht.« Ruth Irmgard fühlte sich mit diesen kinderlosen Frauen aus Leningrad verbunden.

1997 erkrankte Ruth Irmgard Frettlöh an Brustkrebs. Beide Brüste waren betroffen und sollten abgenommen werden, andernfalls sei der Krebs nicht zu besiegen, erklärten die Ärzte. Doch Ruth Irmgard hatte nach dem Krieg die Brüste ihrer Mutter als Quelle des Lebens erfahren, in eine Amputation konnte sie nicht einwilligen. Gegen den Rat ihrer Ärzte entschied sie sich für die lokale Entfernung der Tumoren und eine alternative Krebstherapie. Obwohl sie nie gezeichnet oder gemalt hatte, ging die Pensionärin zu einer Maltherapie. Mutig beschritt sie Neuland und wagte sich gleichzeitig auf eine Reise in ihre Vergangenheit: Das Thema der Vergewaltigung, der Vergewaltigung mit zwölf Jahren, spielte in vielen ihrer Bilder und in den Texten, die sie gleichzeitig zu schreiben begann, eine große Rolle.

Im Verlauf des Therapieprozesses, mit dem sie ursprünglich »nur« den Krebs hatte besiegen wollen, fand Ruth Irmgard einen neuen Zugang zu ihrer Sexualität. Langsam begann sie vieles, was ihr das Zusammenleben mit einem Mann erschwert hatte, zu begreifen.

Nach drei Jahren war die Krebstherapie beendet. Ruth Irmgard Frettlöh interpretiert sie heute als einen langen Reinigungsprozess, der sie zu neuem Leben geführt hat. »Ich habe meine Therapie als eine spannend beglückende Lebensreise mit vielen überraschenden Einsichten erlebt. Dabei habe ich unzählige Tränen vergossen. Ich ahnte nicht, wie viele Traumata mich so stark geprägt haben, dass ich stets annahm, mit diesen Störungen auf die Welt gekommen zu sein.«

In dem Maße, wie sie in die Lage versetzt wurde, ihre eigenen Verwundungen von außen zu betrachten, erkannte sie auch die Traumatisierung ihrer Mutter, die sie gemeinsam mit ihrem Mann gepflegt hatte. Marta Perplies war die letzten Jahre ihres Lebens überwiegend bettlägerig gewesen. Ihre großen Schmerzen hatte sie mit einer immer höheren Dosis Tabletten bekämpft. Dabei war ihr Kopf klar geblieben, sie las viel, ihr phänomenales Gedächtnis war weiterhin voll intakt. Wenige Tage vor ihrem Tod schnitt sie ein Thema an, das ihr viele Jahre ihres Lebens auf der Seele gebrannt haben musste. Nie hatte sie über die eigenen Nöte und Ängste gesprochen, sondern stets die Devise verfolgt: »Probleme muss jeder mit sich alleine ausmachen. So haben wir es gelernt.« Doch nun, für ihre Tochter vollkommen unerwartet, sprach sie nach bald vierzig Jahren von dem Vorwurf, den Ruth Irmgard ihr gegenüber erhoben hatte: »Du hast gelächelt, als du mit dem Kommandanten aus der Scheune kamst!« Und wieder beteuerte die Mutter, dass sie es um ihretwillen getan habe. Auch angesichts des bevorstehenden Todes brachte Ruth Irmgard kein Wort heraus, dabei hätte sie ihr so gerne ein paar tröstliche und versöhnliche Worte gesagt.

Den Rat ihrer Mutter an sie, die damals zwölfjährige Tochter – »Wenn du es nicht aushältst, dann geh in die Alle!« –, hatte sie nie angesprochen. Heute begreift Ruth Irmgard Frettlöh ihn als das Aufzeigen eines naheliegenden Auswegs aus dem Unglück. »Ich finde diesen Rat zwar erschreckend, aber verständlich. Mit diesem Rat gab meine Mutter mich, ihre Tochter, frei.« Frei, zu entscheiden zwischen Weiterleben oder Freitod. Zwischen Gelb und Schwarz.

3. Pommern

»Ich habe immer nur nach vorne gesehen«

Tagelanges Schießen großkalibriger Waffen ... Fünf, zehn, vielleicht auch zwanzig Kilometer vom Dorf entfernt ... Sollte der Krieg doch noch an ihnen vorüberziehen? Hoffnung kam auf ...

Doch dann, am 1. März 1945, war es auch hier so weit: Die Russen kamen mit ihren Panzern und beschossen Alt Zowen, ein kleines pommersches Dorf im Kreis Schlawe, zwischen Stolp, Köslin und Pollnow. Die fünfzehnjährige Wanda Schultz und ihre Eltern hatten sich wie alle Dorfbewohner und einige französische und ukrainische Kriegsgefangene in einen großen Kartoffelkeller geflüchtet, der halb unter der Erde lag. Als die Waffen endlich schwiegen, gingen die sowjetischen Soldaten von Haus zu Haus und jagten die Deutschen nach draußen. Die Zivilisten sperrten sie in die Kirche des Dorfes.

Die Gegend um Pollnow war ein großes Kartoffelanbaugebiet, in jedem größeren Ort gab es Spiritusbrennereien. Nun rächte es sich, dass der Alkohol in den Wirren der letzten Kriegsmonate weder abgeholt noch vernichtet worden war: Die Russen betranken sich derart, dass sie in ihrem Rausch den Ort und die umliegenden Güter in einer einzigen Nacht verwüsteten. Dann stürzten sie sich auf Frauen und Mädchen. »Das war die schlimmste Nacht meines Lebens, die ich da verbracht habe. In der Kirche die Vergewaltigungen, es war schrecklich. Sie haben mich auch noch ins Dorf geschleppt, wo das Gleiche geschah. Da habe ich gedacht, es ist aus mit mir ... Eigenartigerweise hatte ich keine Angst. Mit meinen fünfzehn Jahren habe ich nur gedacht: ›Jetzt erschießen sie dich, denn so, in diesem Zustand, können sie dich nicht mehr zu deinen Eltern lassen.‹ Aber sie brachten mich wieder in die Kirche zurück.«

Am nächsten Morgen ließen die Russen alle Deutschen wieder frei. Sie scheuchten das Geflügel zusammen, um es zu schlachten. Den Frauen befahlen sie, es zu rupfen und zu kochen, doch dann verschlangen sie das Fleisch halbroh, gleich aus dem Topf. Als Wanda das Brüllen der Kühe hörte, ging sie mit dem Vater los, um nachzusehen, wie es auf dem elterlichen Hof aussah: »In den Hühnerställen standen lauter Fahrräder. Danach waren die Russen ganz wild. Dann kamen wir an den Schweineställen vorbei. Die Schweine hatten Risse auf den Rücken und bluteten, denen haben sie im Suff die Haut aufgeschlitzt. Die Pferde waren vor den beladenen Wagen gespannt, der schon zur Flucht bereitgestanden hatte. Auf dem Dunghaufen klebten die Federn aus den Oberbetten und vor dem Haus lag alles durcheinander, Wäsche und Bilder und das Radio und Saftflaschen und Eingewecktes.« Wanda und ihr Vater wollten gerade mit dem Melken beginnen, da erschien ein Russe, der das Mädchen wieder vergewaltigen wollte. Erst als der Vater einen Offizier herbeiholte, ließ der Soldat von Wanda ab. Sie flüchtete sich wieder in die Kirche, in der Hoffnung, dort nun Schutz zu finden.

Wenig später jedoch hieß es aufbrechen, alle Einwohner sollten sich ins Nachbardorf begeben. Dort trafen Wanda und ihre Eltern auf Onkel und Tanten, die sich in den Keller des Gutsschlosses geflüchtet hatten. Da ohne Unterlass Sowjettruppen über die Chaussee zogen und die ankommenden Soldaten über die Frauen herfielen, beschloss Wandas Familie, nachts in den Wald zu fliehen. Drei Tage hielten sie es unter einer großen Fichte aus. Gesprochen wurde nur im Flüsterton. Der Hund, der die Familie überallhin begleitet hatte, wurde von einem der Männer getötet, aus Angst, er könne die Menschen verraten.

Als auch im Wald gekämpft wurde, machte sich die Gruppe auf den Weg nach Pollnow. Vierzehn Kilometer waren es bis dorthin, ein Tagesmarsch. »Wir trafen ein paar alte Leute, die kamen von Pollnow und sagten: ›Da wird man registriert und dann wieder nach Hause geschickt.‹ Was sie nicht sagten, war, dass die Russen die jungen Leute alle dabehalten hatten, deshalb gingen wir beruhigt weiter.«

Als die Familie in Pollnow ankam, war es wie erwartet: Jeder Einzelne wurde registriert, Name, Vorname, Vatersname und Geburtsdatum notiert. Aber anschließend wurden die Frauen und Mädchen in der Turnhalle der Mittelschule eingesperrt. Die Männer schloss man in einer anderen Halle ein. Und es kamen immer mehr Menschen dazu.

»Wir sind dann zwei Tage dort geblieben und wurden abends immer verhört, auf einem Dachboden, wo die Ziegel rausgeschossen waren. Wir sahen, dass die ganze Stadt lichterloh brannte.« Bereits am 27. Februar war Pollnow von der Roten Armee eingenommen worden. Es hieß, das Zentrum sei auf Geheiß einer russischen Politkommissarin mit Benzin und weißem Phosphor in Brand gesetzt worden. Wenig später begannen die Russen, Eisenbahnschienen und Anlagen von Fabriken und Handwerksbetrieben zu demontieren und als Kriegsbeute und Reparationsleistungen in die Sowjetunion zu schaffen. Im September 1945 sollte die ausgeplünderte Stadt der polnischen Verwaltung übergeben werden.

Bei den Verhören wurde Wanda von den NKWD-Männern gefragt, ob sie im Bund Deutscher Mädel gewesen sei, was sie bejahte. Ihr Vater, der Standesbeamte des Ortes, hatte es nicht gerne gesehen, wenn Wanda zum Dienst gegangen war. »Mein Vater war kein Parteigenosse, doch er musste den Ortsgruppenleiter trauen, das war eine große Veranstaltung bei uns im Gasthaus. Sogar der Fanfarenzug der Napola – der Nationalpolitischen Erziehungsanstalt – kam aus Köslin. Ich bin mit allen anderen in Uniform aufmarschiert. Und mein Vater saß im schwarzen Anzug als Standesbeamter davor und hat die amtliche Trauung vorgenommen. Da habe ich gezittert. Wir hatten immer Angst, mein Vater könnte abgeholt werden.« Wandas Vater war gegen das NS-Regime, auch wenn sein Widerstand in kleinem Rahmen blieb. So ließ er die beiden Zwangsarbeiter aus Polen und der Ukraine, die auf seinem Hof arbeiteten, mit am Tisch essen, obwohl dies streng verboten war. Herr Schultz wurde mehrfach verwarnt, aber er scherte sich nicht um die Drohungen von Seiten der Partei.

Der junge Ukrainer war bereits zu Beginn des Russlandfeldzuges im Herbst 1941 in Wandas Familie gekommen. Als die Soldaten der Roten Armee ihn bei der Einnahme des Dorfes fanden, nahmen sie ihn mit von Haus zu Haus, und der Junge musste über die Menschen, die dort lebten, Bericht erstatten. Ob er etwas Negatives über den Gutsbesitzer gesagt hatte, ist unbekannt. Tatsache ist, dass jenem die Augen ausgestochen wurden, bevor er erschossen wurde. Wandas Eltern beerdigten ihn später auf dem alten Friedhof.

Bereits am 11. Januar 1945 war der NKWD-Befehl Nr. 0016 erlassen worden: »Über Maßnahmen zur Säuberung des Hinterlandes der kämpfenden Roten Armee von feindlichen Elementen und die Einsetzung von NKWD-Frontbeauftragten«. Damit war die Grundlage für die Internierung von deutschen Zivilisten geschaffen. Zur Umsetzung dieses Befehls wurden an den einzelnen Fronten insgesamt sechzigtausend Mann des SMERSCH, der militärischen Spionageabwehr, und des NKWD-Etappenschutzes abkommandiert. Die Mitgliedschaft in NSDAP, BDM, HJ oder der Gruppe Werwolf galt offiziell als Begründung, einen Zivilisten zu deportieren. Wer die Zugehörigkeit zu einer NS-Organisation nicht gestand, aus dem wurde die Aussage oft genug herausgeprügelt. Stalins Schergen hatten Routine darin, entlarvende Indizien zu finden und damit die Schuld eines Unschuldigen festzustellen. Manche Frauen und Männer wurden gezwungen, Protokolle in russischer Sprache zu unterzeichnen, in denen stand, dass sie aus freiem Willen zur Wiedergutmachung der Verbrechen, die in Hitlers Namen begangen worden waren, in der Sowjetunion arbeiten wollten. Ihre Mitgliedschaft im BDM war wohl der Grund, weshalb Wanda Schultz unter den Menschen war, die sich schließlich in zwei großen Kolonnen in Bewegung setzen mussten.

Im Zug der Gefangenen marschierten Männer und Frauen getrennt. Unter den vielen jungen Mädchen waren auch einige Klassenkameradinnen von Wanda. Ihre Mutter sah den Strom von Menschen vorüberziehen und glaubte ihre Tochter am Kopftuch erkannt zu haben. Danach verlor sich ihre Spur für viele Jahre.

»Wir sind jeden Tag fünfundvierzig Kilometer zu Fuß marschiert.

Das war sehr, sehr schwierig, besonders für die Älteren. Ich habe gesehen, wie die Polen hinter allen, die nicht mehr konnten, mit Knüppeln her waren. Keiner wollte der Letzte sein. Ich habe nie zurück, sondern immer nur nach vorne geschaut.« Wanda trug das, was sie bei ihrer Gefangennahme angehabt hatte. Einen warmen Mantel fand sie gleich zu Beginn des Marsches am Wegrand. Zu ihrem großen Glück hatte sie gute Schuhe. Trotzdem litt auch das Mädchen unter dem Marschpensum, zumal es weder Essen noch Wasser gab. Am ersten Tag ging es bis nach Bublitz im Kreis Köslin, das bereits Ende Februar von den Russen erobert und dann größtenteils niedergebrannt worden war. Dann zogen sie weiter bis Neustettin, wo man sie ins Gefängnis sperrte.

Nach der Ankunft wurde eine Kuh geschlachtet und gekocht. Doch nur wer ein Gefäß hatte und vorne in der Reihe stand, konnte sich um Mitternacht Suppe und ein paar Pellkartoffeln holen. Am nächsten Tag stürzten sich die Gefangenen ausgehungert auf die Mieten mit Kartoffeln und Futterrüben, die sie am Straßenrand fanden. Ihre Bewacher – Polen in Zivilkleidung – ließen sie gewähren. Um ihren Durst zu stillen, kratzten Wanda und ihre Leidensgenossen die Schneereste zusammen, die inzwischen von Dreck ganz schwarz waren. Überall lagen Leichen, darunter viele deutsche Soldaten, die meisten barfuß, weil die Russen ihnen die Stiefel ausgezogen hatten. Über totes Vieh, Pferde, Kühe, Ziegen, ging es hinweg. Übernachtet wurde nun in Scheunen, und plötzlich hatten alle Läuse – Ungeziefer, das Wanda erst jetzt kennenlernte.

Der nächste Halt war in Konitz, im ehemaligen Reichsgau Danzig-Westpreußen. Hier wurden die Frauen zum ersten Mal geduscht und entlaust. Sie mussten sich vor den Polen ausziehen, doch die meisten behielten BH und Schlüpfer an. Als man ihnen die Wäsche vom Leib riss, gab es ein fürchterliches Geschrei. Zwei Tage blieben die Gefangenen in Konitz, dann wurden sie in einen Viehwaggon verladen und nach Soldau transportiert, wo sich die Eisenbahnlinien Danzig–Warschau und Thorn–Lyck kreuzten.

»In Soldau waren wir wieder in Gefängnissen, und da habe ich auf dem Weg zur Toilette meinen Onkel noch einmal gesehen. Die Toiletten waren große Gräben mit Brettern darüber, wo man sich draufhockte, einer hinter dem anderen, wie es auch in Russland war. In Soldau kriegten wir auch ein Stückchen Brot, das hatte ich mir in die Tasche gesteckt und wollte es meinem Onkel geben, aber der war schon sehr schwach, er sagte: ›Ich kann nichts mehr essen.‹ Er hat das Brot nicht angenommen, zog dann aus der Brusttasche einen Kamm, nahm die Mütze ab und sagte: ›Mir haben sie die Haare abgeschoren, ich brauche ihn nicht mehr, aber du hast deine Haare noch und kannst ihn noch brauchen.‹ Danach habe ich meinen Onkel nicht mehr gesehen.«

Inzwischen war es Ende März und Ostern geworden, das wusste Wanda, da einige der Gefangenen die Tage mitgezählt hatten. Der Kriegsverlauf – Danzig war gerade gefallen, der Kampf um Königsberg stand kurz bevor – interessierte niemanden mehr, für sie war der Krieg längst verloren, sie waren Beute, Kriegsbeute in den Händen der künftigen Sieger.

Zur selben Zeit erlebten Hunderttausende von Deutschen in den Ostgebieten Ähnliches. Sie wurden verhaftet und verhört. Einem Gewaltmarsch folgte der Transport ins Ungewisse. Genauso war es wenige Jahre zuvor rund drei Millionen Menschen aus Polen, der Ukraine, Weißrussland und Russland ergangen, die von den Sonderkommandos der Wehrmacht als Zwangsarbeiter nach Großdeutschland deportiert worden waren. Die Sowjets verfuhren nun nach den biblischen Worten »Auge um Auge, Zahn um Zahn«. In Zuchthäusern, Konzentrationslagern und Zwangsarbeitslagern, die erst kurz zuvor von der Roten Armee befreit worden waren, internierte man jetzt die Deutschen.

Wieder mussten Wanda und ihre Kameradinnen in Viehwaggons einsteigen. Zwischen zweistöckigen Bretterpritschen stand in der Mitte ein kleiner Ofen. Für die Notdurft gab es ein Loch an der Seite. Mehr als vierzig Personen waren jeweils in einen Waggon gepfercht. Zu essen gab es alle vier Tage steinhart getrocknetes Brot in großen Scheiben und einen Esslöffel Zucker. Wasser holten sich die Gefangenen nachts in einem Eimer von der Lokomotive. Wanda hatte eine Brotbüchse dabei, darin weichte sie ihr Brot ein, den Zucker verwahrte sie in einem Taschentuch. Da stippte sie den Finger hinein und leckte ihn bis auf den letzten Krümel ab. »Wo es hinging, wussten wir nicht, und ich habe auch nicht viel darüber nachgedacht. Am Anfang hatte ich irgendwie einen Schock bekommen, in dieser ersten Nacht mit den vielen Vergewaltigungen. Die Menschen haben geweint, geweint, aber ich habe keine Träne mehr rausbekommen.« Einige starben auf dem Transport vor Hunger, Heimweh und Verzweiflung. Wanda aber konzentrierte ihre gesamte Kraft nur auf eines, das nackte Überleben.

An ihrem sechzehnten Geburtstag, am 17. April 1945, bereitete sie sich ein kleines Festessen zu: »Ich habe das Brot in der Büchse eingeweicht und vier Löffel Zucker darübergegeben. Das habe ich ganz langsam aufgeleckt.« Währenddessen rollte der Zug irgendwo südlich von Moskau durch die noch schneebedeckte Landschaft. In ihrem apathischen Zustand nahmen die Frauen von der Fahrt kaum etwas wahr, nur selten schauten sie durch die Ritzen des Waggons. Am 25. April erreichte der Transport sein Ziel, Kopejsk, einen kleinen Ort im Südural, ganz in der Nähe von Tscheljabinsk.

Das Gebiet rund um die Industriestadt, die bis Anfang der 1990er Jahre Ausländer nicht besuchen durften, war eine Lagergegend, eine der großen Inseln des Archipel GULAG. Bereits im Sommer 1941 – eine Woche nach dem deutschen Überfall auf die Sowjetunion – hatte die sowjetische Regierung eigens eine Administration für die Belange von Kriegsgefangenen und Zivilinternierten geschaffen. Die GUPWI – Glawnoje Uprawlenie po delam wojennoplennych i interniowannych: Hauptverwaltung für Angelegenheiten der Kriegsgefangenen und Internierten – funktionierte nach den gleichen Gesetzen wie der GULAG, seit Solschenizyn das Synonym für das Straflagersystem der Stalin-Diktatur. In ein GUPWI-Lager kamen die deutschen Zivilistinnen, unter ihnen Wanda Schultz.

Jahrelang gab es keinen Hinweis auf das Schicksal der verschleppten Deutschen. Während die Kriegsgefangenen bereits in den ersten Jahren Karten an ihre Angehörigen schreiben durften, erlaubte man dies den Zivilinternierten erst sehr viel später. Von vielen fehlt bis heute jede Spur, Tausende gelten noch immer als vermisst. Sie wurden bei irgendeinem Lager verscharrt, manch einem wurde nach Jahren in der Sowjetunion die deutsche Staatsangehörigkeit abgesprochen. Man geht von vier- bis fünfhunderttausend verschleppten Deutschen aus. Nach neuesten russischen Angaben trafen 267 000 Deutsche aus den ehemaligen Reichsgebieten und 112 000 Deutsche aus Südosteuropa in der Sowjetunion ein. Da weder auf den Märschen noch in den Sammellagern die Toten registriert wurden, nicht einmal auf den Transporten oder in den ersten Monaten in der Sowjetunion, liegt die Zahl der Zivildeportierten wohl eher bei einer halben Million Menschen.

In der Grubenstadt

Nach gut drei Wochen, die sie fast ausschließlich auf den Pritschen eingezwängt verbringen mussten, konnte kaum eine der Frauen bei ihrer Ankunft in Kopejsk laufen, die meisten mussten mit offenen Lkw in das Kolchos-Lager transportiert werden. Auf dem Gelände befand sich eine Lazarettbaracke, in die Wanda aufgrund ihrer Schwäche sogleich für vierzehn Tage eingewiesen wurde. Bald musste wegen vieler Typhuserkrankungen eine Isolierstation eingerichtet werden. Es starben Dutzende von Frauen und Mädchen. Auch von den vier Schwestern aus einem Nachbardorf, die Wanda gut kannte, überlebten die beiden jüngsten den Typhus nicht. Sie waren im selben Alter gewesen wie Wanda. »Es war schrecklich, die Toten wurden jeden Tag rausgetragen. Und es waren viele Tote.« Die meisten kannte Wanda nicht, sie waren mit Transporten aus Ostpreußen und Schlesien gekommen.

Die Russen widmeten dem Sterben in diesen Lagern kaum Beachtung, sie feierten das Kriegsende und freuten sich, dass sie überlebt hatten, während fast siebenundzwanzig Millionen sowjetische Opfer zu beklagen waren: knapp neun Millionen Soldaten, vier Millionen Kriegsgefangene und mehr als dreizehn Millionen Zivilisten. Allein während der Blockade Leningrads durch die Wehrmacht starben eine Million Männer, Frauen und Kinder. Michail Gorbatschow war der Erste, der diese erschütternden Zahlen anlässlich der Feierstunde des Obersten Sowjets am 8. Mai 1990 nannte. Denn erst zu Zeiten der Perestroika konnte eine Historikerkommission unter Generaloberst G. F. Kriwoschejew die Untersuchung der Kriegsverluste der Sowjetunion aufnehmen. Bis dahin waren andere Zahlen genannt worden: Stalin hatte am 14. März 1946 in der *Prawda* sieben Millionen Tote angegeben, eine Zahl, die erst unter Chruschtschow auf zwanzig Millionen korrigiert wurde. Obwohl die Akten heute nicht mehr der Geheimhaltung unterliegen, sind sie noch immer nicht ohne Weiteres zugänglich. Nur so erklärt es sich, dass der russische Historiker und Demograf Boris Sokolow zu ganz anderen Ergebnissen kommt: Er hat 1996 errechnet, dass sich die sowjetischen Verluste – nicht geborene Kinder eingerechnet – auf mehr als dreiundvierzig Millionen Menschen belaufen![23]

Vom Kriegsende erfuhr Wanda im Lazarett. »Am 8. Mai, nachts um zwölf, kam der Offizier rein und sagte: ›*Wojna kaputt, skoro damoj!*‹ Aber auf dieses ›*Skoro damoj!* – Bald nach Hause!‹ haben wir lange warten müssen. Er fühlte noch meinen Puls und sagte ›*Temperatura jest* – Du hast Fieber!‹ Dabei hatte ich nur noch um die achtunddreißig Grad, es ging mir schon viel besser.« Vor Fieber, das würde Wanda bald lernen, hatten die Russen große Furcht, es war neben Typhus und anderen Seuchen ein sicherer Grund, in die Krankenbaracke zu kommen. Und vor allem – nicht arbeiten zu müssen.

Bis in den Juli war Wanda mit ihren Kameradinnen auf der Kolchose, die am Rande eines lichten Birkenwaldes lag. Sie säten Kohl und Rüben, pikierten die Pflänzchen und setzten sie auf den endlosen Feldern aus. Einmal sollten mitten in der Nacht Saatkartoffeln geholt werden. Wanda meldete sich freiwillig zu dem Einsatz in der Hoffnung, ein paar Kartoffeln einstecken zu können. »Ich habe mir den Mantel umgehängt und einen Ärmel mit Kartoffeln vollgepackt. Doch einer der Russen kam auf mich zu, schüttelte den Kopf und fragte ›*Schto takoj?*‹, was in dem Ärmel sei. Dann musste ich wieder in den Keller zurückgehen und die Kartoffeln ausschütten. Dabei hatte ich doch freiwillig auch noch nachts gearbeitet.«

An einem heißen Sommernachmittag hielten plötzlich Lastwagen am Feld. Ein paar Soldaten und Offiziere stiegen herunter, schnell wurden Tische und Bänke unter den Birken aufgestellt. Die Offiziere holten Listen aus ihren Ledertaschen und riefen einige Frauen auf: Sie sollten entlassen werden. Eine Mutter mit einem zwölfjährigen Jungen war darunter, daran erinnert sich Wanda, denn er war recht klein, ein Kind noch. Die Zurückbleibenden aber unterschieden sich in nichts von denen, die nun auf den Lkw davonfuhren. Warum ausgerechnet sie bereits im Juli 1945 nach Hause durften, würden Wanda und die anderen Frauen nie erfahren. Die überwiegende Mehrheit der Deportierten musste in der Sowjetunion bleiben. Wie lange noch? – Niemand gab den Frauen eine ernst gemeinte Antwort. Wahrscheinlich hieß es deshalb immer tröstend: »*Skoro damoj!* – Bald nach Hause!«

Im Sommer 1945 erlebte Kopejsk mit seinem halben Dutzend Arbeitslagern eine schlimme Typhusepidemie. Die Lager waren überfüllt mit ausgehungerten Menschen, die unter denkbar unhygienischen Verhältnissen hausten. In manchen Lazaretten starben täglich bis zu vierzig Gefangene, aber es kamen genauso viele wieder hinzu. Noch immer trafen Transporte mit Zivilisten ein, die meisten kamen aus anderen Lagern, einige wenige aus dem ehemaligen Reichsgebiet. Die meisten Ankömmlinge waren in einer schlechten Verfassung, und angesichts der Strapazen, die auf sie zukamen, hatten sie wenig Chancen, die Lager lebend zu verlassen.

Auch die siebzehnjährige Ostpreußin Waltraud Unrau wurde in einem dieser Kopejsker Lager interniert. In Pommern war sie festgenommen worden, sie wurde vergewaltigt, man trennte sie von ihren Familienangehörigen und drohte ihr mehrfach, sie zu erschießen. »Eigentlich dachte ich, schlimmer könne es nicht mehr kommen, doch da hatte ich mich geirrt.« Gleich nach der Ankunft in Kopejsk mussten Waltraud und ihre Schicksalsgenossinnen vor dem Lagertor in Fünferreihen Aufstellung nehmen. Erst wurden sie lange und umständlich gezählt, dann ging ein russischer Arzt durch die Reihen, blieb bei Waltraud stehen und sagte zu ihr: »Du gehst im Lazarett arbeiten!« Waltraud wollte nicht, sie hatte keine Ahnung von Krankenpflege und das sagte sie auch. Doch der Arzt blieb bei seiner Anweisung. »Ich hoffte dann, dass ich im Lazarett vielleicht Medikamente gegen meine Herzattacken bekommen würde, die hatte ich seit einiger Zeit, obwohl ich noch so jung war.« Beschwerden, die sie heute noch quälen. »Der Arzt brachte mich in die Baracke. Er wies mir ein Bett im Sanitätszimmer zu und sagte mir, ich sollte mich erst einmal ausschlafen. Dass fast nur Typhuskranke im Lazarett lagen, hat er mir nicht gesagt.« Am nächsten Morgen waren der Arzt und das gesamte Personal verschwunden, Waltraud stand alleine da. Als sie die Tür zur Krankenstation öffnete, ergoss sich der Inhalt der Toiletteneimer vor ihren Füßen. »Das waren große Holzzuber, die im Laufe der Nacht übergelaufen waren. Ich hab dann versucht, durch die Zimmer zu gehen und zu schauen, wie es den Kranken ging. Die Frauen schrien, sie brauchten Hilfe, einige hatten bereits Halluzinationen …« Wer dieses Stadium der Krankheit erreicht hatte, war meist zum Tode verurteilt, das würde Waltraud bald wissen.

Fast dreihundert Patientinnen lagen in dem Lazarett, verteilt auf vierzehn Räume. Allein auf sich gestellt, das war Waltraud klar, würde sie nichts ausrichten können, deshalb suchte sie Unterstützung aus anderen Baracken. Zwei Frauen erklärten sich bereit. Zu dritt verteilten sie ein wenig Brot und Suppe und versuchten die Baracke sauber zu machen. »Wir fanden achtzehn Tote auf den Pritschen, sie lagen zwischen den Lebenden.« Im Laufe des Vormittags kam ein russischer Arzt in Begleitung eines Offiziers zur Kontrolle. »Der fragte mich nur: ›Wie viel Tote?‹ Und ich sagte: ›Achtzehn!‹ Als er fragte: ›Warum nicht mehr?‹, wusste ich keine Antwort, so wütend und entsetzt war ich.«

Im ganzen Lager Kopejsk gab es keine Seife, beste Bedingungen für Läuse und Wanzen, die den geschwächten Körpern zusetzten. Wie sehr, stellte Waltraud fest, als sie eine neu ankommende Patientin wusch: »Wir zogen der Frau das Kopftuch runter, und da fiel der Läusekot auf die Schultern und über den ganzen Körper, die Läuse steckten mit den Köpfen in der Kopfhaut. Da waren keine Haaransätze mehr zu sehen, das waren nur noch Läuse.« Die Frau starb am nächsten Tag. »Da ist wohl zu viel Sekret in ihr Blut gekommen, sodass sie das nicht überstanden hat.« Wieder ein Leichnam, der abgeholt wurde.

»Die Namen der Leute, die dort gestorben sind, wurden nie aufgeschrieben, ich kannte keine der Frauen, die wir gefunden hatten. Auch die Frau mit dem Kopftuch nicht«, erzählt Waltraud Heschel. »Nie werden die Angehörigen erfahren, was mit ihnen geschah. Die Leichen wurden von den Pritschen gezogen und in den Totenkeller geworfen, einfach die Treppe herunter, und wie sie da aufschlugen, so blieben sie liegen, sie hatten nichts an. Im Winter wurden sie auseinandergehackt, weil sie zusammengefroren waren. Stückweise wurden sie auf den Wagen geworfen und weggebracht.«

Zur selben Zeit wie Waltraud kam auch Hildegard Krebs in das Arbeitslager Kopejsk, in dem sie ihre jüngere Schwester Anneliese wiedertraf. Die beiden hatten sich auf dem Transport aus Elbing in einem der Sammellager verloren. »Meine Schwester war psychisch zerstört. Ein blondes Mädchen, wir haben immer gesagt, ein typischer Russentyp, klein und zierlich«, erzählt Hildegard Krebs mit einigem Sarkasmus. »Sie hatte erfrorene Füße. Und sie hatte eine Infektion.« Hildegard durfte zu ihr, jedes Mal versuchte sie, Anneliese Mut zu machen. Vergeblich. »Sie hat immer wieder gesagt, nein, ich will nicht nach Hause. Und dann hat sie aufgehört zu atmen und war tot.« Der Leichnam wurde entkleidet, nackt auf eine Bahre gelegt und hinausgetragen. Annelieses Kopf schlug auf den Bretterboden. Eine Szene, die Hildegard nie wieder losließ. »Meine Schwester war die erste Tote, die ich sah, die mir etwas bedeutete. Es ist so unendlich schwer, alleine zu trauern, und damals gab es niemanden, dem ich mich mitteilen konnte, dabei war ich doch selbst noch so jung.« Doch der Tod der Schwester ließ Hildegards Überlebenswillen wachsen: »Da, an ihrem Brettertotenbett, da hab ich gesagt: ›Eine verlieren meine Eltern, zwei dürfen meine Eltern nicht verlieren!‹ Und dann habe ich alles getan, um am Leben zu bleiben.«

Bereits wenige Wochen später wäre Hildegards sehnlichster Wunsch beinahe in Erfüllung gegangen: Ihr Name stand auf der Liste derjenigen, die nach Hause zurückkehren durften. »Ich habe Hildegard kennengelernt, als sie in unser Lager kam«, erzählt Waltraud Heschel, »als sie nur noch Haut und Knochen war und sich kaum mehr auf den Beinen halten konnte. Alle, die auf der Liste standen, mussten vor eine ärztliche Kommission. Wir haben ihr zugeredet: ›Halt durch, Hildegard, halt durch! Du willst doch zu deinen Eltern nach Hause!‹ Sie hat es aber nicht geschafft, sie ist vor den Ärzten zusammengebrochen, und wir haben sie dann wieder auf ihre Pritsche in der Baracke zurückgebracht.«

Als im Herbst die Arbeit auf der Kolchose getan war, ging es für Wandas Brigade zu Fuß weiter zu einer neuen Arbeitsstelle, einem Kohlenschacht. Ein paar Nächte schliefen die Frauen unter freiem Himmel, dann erreichten sie ihr Stammlager, ein sogenanntes Erdbunkerlager. Alle Baracken waren angelegt wie die Kartoffelmieten zu Hause. Sie lagen halb unter der Erde, der oberirdische Teil war mit Gras bewachsen. In den beiden Wohnbaracken trafen die Deutschen auf Russen, die gerade aus dem Schacht gekommen waren. Schmutzig und mit schwarzen Gesichtern saßen sie auf der Erde und lausten sich. »Wie wir da reinkamen, haben wir gesagt: ›Hier kommen wir nicht mehr lebend raus!‹ Davon waren wir überzeugt. Die Russen mussten dann ausziehen, und wir mussten diese Baracken sauber machen.«

Die beiden Erdhöhlen – eine war für die Arbeiterinnen aus Schacht 204, die andere für diejenigen aus Schacht 201 bestimmt – bestanden jeweils aus einem einzigen Raum, in dem sich zweistöckige Holzpritschen befanden. Es gab keine Matratze, keine Decke, nicht einmal einen Strohsack, die Frauen lagen in ihrer Kleidung auf den blanken Brettern, binnen kürzester Zeit hatten sie offene, durchgelegene Stellen an den Hüften. Der Boden bestand aus gestampftem Lehm, der mit Strohbesen gekehrt wurde. Für zweieinhalb Jahre sollten die Erdbunker Unterkunft für Wanda und ihre Schicksalsgenossinnen sein.

»Grubenstadt« könnte man den Namen »Kopejsk« ins Deutsche übertragen. Anfang des 20. Jahrhunderts gegründet, erlangte die Ansiedlung mit zunehmender Industrialisierung der Sowjetunion große Bedeutung wegen ihrer Kohlenschächte. Zwölf- bis dreizehntausend Tonnen Kohle sollen in Kopejsk während des »Großen Vaterländischen Krieges« täglich gefördert worden sein. Eine Leistung, die nur erbracht werden konnte, weil hier in den Gruben immer noch Frauen ihren Mann standen. In anderen europäischen Ländern arbeiteten seit Mitte des 19. Jahrhunderts ausschließlich Männer unter Tage. Die Losung der Kopejsker Schachtarbeiterin Jekaterina Podorwanoba »Mädels, auf in den Stollen!« kannte jeder in Stalins Riesenreich.

Bevor auch die deutschen Frauen in den Schacht hinabmussten, wurden sie eingekleidet. Jede bekam einen Anzug aus derbem Baumwolldrillich und – falls sie noch keine hatte – eine Schappka, eine Kappe. Diese Sachen zogen die Frauen über die Unterwäsche, die sie noch von zu Hause hatten. Nur wenn es einmal in der Woche zum Entlausen ging, zogen sie die Arbeitskleidung kurz aus. Da sie nichts anderes anzuziehen hatten, schliefen sie in ihren Zivilkleidern.

»Das erste Mal, als wir runtermussten, bekamen wir eine Lampe. Unsere Lampen hatten aber im Unterschied zu denen der Russen und der Wolgadeutschen keinen Schornstein, wie wir das Drahtgeflecht mit Glas nannten. Die guten Lampen reichten nicht für uns alle. Ich erinnere mich genau, es war ein Sonntagmorgen, und wir mussten Holzleitern hinabklettern. Das ging ein Stück runter, dann um die Ecke, dann war da die nächste Leiter. Aber dann kam der Windzug, der *wosduch*, irgendwie von unten, und unsere Lampen waren aus.«

Voller Angst drückten sie sich an die Wand, sie wussten nicht, wohin sie traten, ob sie – wenn sie sich vorwärts bewegten – vielleicht irgendwo in die Tiefe stürzten. Währenddessen stieg die Russin, die sie begleitete, weiter hinab, und die Russen, die ihnen folgten, stiegen den Deutschen in der Dunkelheit auf die Köpfe. »Die haben furchtbar geflucht, mit ihren russischen Ausdrücken, damals wusste ich noch gar nicht, was das bedeutete. ›*Jop ani, Fritzy!*‹ – Fick sie, die

Fritzen!‹ Wir waren *Fritzy* und *njemzy* damals.« Nach ein paar Minuten in der Dunkelheit kam die Russin, die Wanda und ihre Kameradinnen geleitet hatte, wieder nach oben. Sie gab ihnen Licht und holte sie herunter in den Flöz. Das Klettern war nun leichter, weil die meisten Arbeiter bereits unten waren.

Das letzte Stück ging es gebückt über glitschige Holzplanken, dann waren sie an ihrem neuen Arbeitsplatz angekommen. Wanda wurde mit einem anderen Mädchen dazu eingeteilt, Grubenholz zu fahren. Das wurde von oben auf fünfundvierzig Meter Tiefe abgeseilt. Von dort wurden die Frauen mit ihren Loren voller Holz an Seilen auf die verschiedenen Sohlen heruntergelassen, wo man je nach Dicke der Kohlenschicht entsprechendes Material bestellt hatte. Das gab es in Längen von achtzig Zentimetern, das war meist leichtes Knüppelholz, bis zu 2,40 Metern. Und je länger das Holz war, desto dicker und schwerer war es. Die Arbeitsnorm aber wurde nach Stückzahl festgelegt. »Wenn wir dickes und knorriges Holz hatten, passten manchmal nur fünf Stück auf die Lore, von dem dünnen aber konnten wir, wenn's gut ging, hundertzwanzig Stück daraufladen.«

Im Winter, die Temperatur sank über Tage oft unter minus dreißig, ja minus vierzig Grad, war das Holz vereist, wenn es herabgelassen wurde. Auch die Wände des Schachts waren von einer dicken Eisschicht überzogen. Und wo Wasser tropfte, bildeten sich dicke Zapfen wie in einer Tropfsteinhöhle. Wenn die Frauen mit ihrer Lore bis zur nächsten Sohle hinunterfuhren, fing die Fracht oft an zu rutschen. »Was haben wir uns gequält mit dem schweren Holz. Unsere Handschuhe waren aus starrem Sackzeug, die waren steif gefroren. Unten stand das Wasser, und wir sind oft da durchmarschiert, die Füße waren dann nass trotz der Gummigaloschen, die an uns verteilt worden waren.« Die gab es nur in einer Größe, und deshalb wurden so viele Lappen um die Füße gewickelt, bis sie passten. Rutschten die Füße immer noch hin und her, klauten die Frauen unter Tage Telefonkabel, um die Gummischuhe festzubinden, denn nur so konnten sie damit laufen.

Sie arbeiteten rund um die Uhr in drei Schichten. Die Tagschicht dauerte von acht bis sechzehn Uhr, die Spätschicht von sechzehn Uhr bis Mitternacht und die Nachtschicht von Mitternacht bis acht Uhr morgens. Gut anderthalb Stunden vor Arbeitsbeginn verließen die Frauen das Lager, da sie sich umziehen und zur Besprechung ins *kabinett*, das Büro des Schichtführers, mussten. Da erfuhren sie dann, was zu tun war, wo Holz fehlte.

An den ersten Meister unter Tage erinnert sich Wanda gerne, »er hieß Schumow, und er war sehr, sehr gut zu uns. Dem hat's leidgetan, wie wir da schufteten. Und wir hatten einen Maschinisten, dessen Tochter Medizin studierte. Seine Mutter war schon weit über sechzig Jahre alt, aber sie ging noch in den Schacht. Sie ließ unsere Loren runter und saß dann frierend oben, in ihrer schweren *schuba*, ihrem Pelz, und mit dem dicken, gestrickten Kopftuch aus grauem Ziegenhaar. Manche Tage war es schrecklich kalt. Wenn wir nach Hause gingen, sind uns im Winter bei bis zu zweiundfünfzig Grad Kälte dann die Fußlappen an den Galoschen festgefroren.«

Im Großen und Ganzen war das Verhältnis zwischen Deutschen und Sowjetbürgern gut, auch wenn einige Männer die *Fritzy* nicht mochten. Vielleicht hatten sie oder ihre Familien während des Krieges schlimme Erfahrungen mit Wehrmachtssoldaten oder SS gemacht. Die meisten, die zur damaligen Zeit im Ural lebten, waren entlassene Sträflinge oder dorthin verbannt worden. Kaum jemand war da geboren. Neben Russen gab es Mongolen, Tataren, Kasachen, Kirgisen, Ukrainer, Weißrussen, Baschkiren und sehr viele Wolgadeutsche, die Ende August 1941 von Stalin dorthin verbannt worden waren, da er befürchtete, sie könnten zur Wehrmacht überlaufen. Über Nacht hatten sie ihre Häuser verlassen müssen, waren mit ein paar Habseligkeiten in Viehwaggons gepfercht und fortgebracht worden. Zu Wanda und ihren Kameradinnen sagten sie oft: »Wir kommen nicht mehr nach Hause an die Wolga, und ihr kommt auch nicht mehr nach Hause.« Viele von ihnen blieben nach ihrer Freilassung und nach Aufhebung der Meldepflicht bei der Kommandantur im Januar 1956 im Ural, sie leben noch heute dort.

Eine der »Reichsdeutschen« – so nannte man die Frauen, die aus dem Deutschen Reich kamen, im Unterschied zu den Volks- oder Wolgadeutschen – hatte mit einem Wolgadeutschen schon zwei Kinder, als sie nach Hause zurückkehren durfte. Die beiden hatten sich bei der Arbeit kennengelernt. Er war *sawojtschik*, Hauer, während sie die Kohle in die Loren schaufelte. Als die Frau mit den Kindern nach Deutschland fuhr, wollte ihr Mann, der ja auch deutscher Volkszugehörigkeit war, mitkommen, das wurde ihm jedoch verwehrt. Ob er in späteren Jahren aussiedeln konnte, ist nicht bekannt.

Es hieß immer: »Wer gut arbeitet, kommt früher nach Hause!« Zutreffend war aber eher das Gegenteil. Es gingen zwar immer wieder Transporte nach Deutschland, doch es fuhren die Schwachen, die Kranken, auch ein paar Schwangere. Wer wie Wanda gut und ehrlich arbeitete, zu den »Bestarbeitern« gehörte, der blieb bis zum Schluss. »Wir versuchten immer unsere Norm zu erfüllen oder sogar überzuerfüllen. Denn dann gab es kleine Sonderrationen Essen. Bei hundertfünfzigprozentiger Normerfüllung – was nur ganz selten vorkam – erhielten wir zum Beispiel dreißig Gramm Speck, das ist ein kleines Scheibchen, und einen Esslöffel Zucker zusätzlich. Für uns war das damals viel.« Heute muss sie darüber lachen.

Speck und Zucker bedeuteten eine kleine Abwechslung auf dem Essensplan, der tagein, tagaus Kohlsuppe bot, die den Frauen in ihre Konservenbüchsen gefüllt wurde. Teller hatten sie nicht, nicht einmal Blechnäpfe. Neben der Suppe gab es stets einen Löffel Brei, *kascha*, wie man auf Russisch sagt. Hirsebrei, etwas Gutes, oder dicke Graupen, die nannten die Frauen aus unerfindlichen Gründen »Kälberzähne«. Sehr selten bekamen sie Hafergrütze. Die war zwar gesund, hatte aber meist viele Spelzen. Gab es einmal Nudeln statt Brei, so war das bereits ein Festessen. Je ein halber Fingerhut Öl wurde zur Suppe und zum Brei ausgeteilt. Wer unter Tage schuftete, bekam tausendzweihundert Gramm Brot pro Tag, also doppelt und dreifach so viel wie die anderen Arbeiter. Das scheint eine Menge, war in Wirklichkeit aber nur ein Stück – das Brot war nass.

Nach der harten Eingewöhnungszeit war Wanda froh, unter Tage zu arbeiten. Vor allem wegen der größeren Brotration und weil sie weder der extremen Kälte im Winter noch der großen Hitze im Sommer ausgesetzt war. In ihrer arbeitsfreien Zeit hatten die Frauen verschiedene Aufgaben zu verrichten. So mussten im Winter fast täglich die festgefrorenen Kothaufen aus den Bretterhäuschen, die inzwischen um die Donnerbalken gebaut worden waren, mit Brechstangen entfernt werden. Eine unangenehme und schwere Arbeit, zu der Wanda immer wieder eingeteilt wurde. Vielleicht, weil sie sie ohne großes Murren verrichtete.

Ende des Jahres 1945 waren viele der Zivildeportierten so krank oder schwach, dass die Lagerleitung sie ins Lazarett oder in die Krankenhäuser von Kopejsk einweisen musste. Die Deutschen litten unter der katastrophalen Ernährungssituation, die auch die sowjetische Bevölkerung zu erdulden hatte, und unter der ungewohnten Kälte.

An Weihnachten waren die Frauen in besonders gedrückter Stimmung. Über die Erdbunker tobten Schneestürme hinweg, sodass rund um die Uhr jemand Wache halten musste, damit sie nicht einschneiten. Die Frauen saßen apathisch und deprimiert auf ihren Pritschen, denn selbst an diesen Feiertagen hatten sie nichts, keinen grünen Zweig, keine Kerze – und nichts zu essen. Am schwersten jedoch wog die Tatsache, dass sie keine Post, nicht einmal eine kurze Nachricht von ihren Angehörigen hatten. Niemand wusste, wo sich die Eltern, die Geschwister, der Mann oder die Kinder aufhielten, ob sie überhaupt noch lebten. »Eine junge Frau hatte ihre zwei kleinen Kinder zu Hause lassen müssen. Was hat die geweint, einmal wäre sie fast durchgedreht«, erinnert sich Wanda. »Ich habe eine ganz fürchterliche Härte in mir gehabt, dass ich da so mit fertig geworden bin.«

Wie jeden Tag schaufelten die Frauen und Mädchen schwitzend den Eingang zum Lager frei, dann gingen sie zur Arbeit. »Wir haben an allen Feiertagen gearbeitet, egal ob Weihnachten, Ostern oder Pfingsten. Nur am 1. Oktober stand der Schacht einmal still. Wir mussten Aufräumungsarbeiten verrichten, die Russen hatten einen freien Tag.« Nach der Schicht aßen die Frauen schweigend ihr Brot und ihre Kohlsuppe, dann warfen sie sich auf die nackten Holzpritschen. Überall hörte man nur noch Schluchzen. »Was haben die anderen viel geweint, und ich, ich konnte nicht weinen. Ich habe keine Träne rausbekommen, ich lag da und habe den Mantel, mit dem ich mich zudeckte, über den Kopf gezogen.«

Zur selben Zeit saß Hildegard Krebs mit Waltraud Unrau und rund hundert jungen Frauen und Mädchen wieder in einem russischen Transportwaggon. Sie verließen das Lager, in dem sie beinahe verhungert wären, in dem Hildegard ihre Schwester hatte sterben sehen, in dem Waltraud an Typhus und Fleckfieber erkrankt war. Doch es hieß noch nicht »*damoj* – nach Hause«, die Deutschen wurden nur verlegt, an den Rand des Urals, nach Karabasch. Der kleine Ort wird heute noch von einem riesigen Kupferschmelzwerk dominiert, dessen Abgase an manchen Tagen den ganzen Talkessel erfüllen. Dann fällt das Atmen schwer, und selbst im Sommer rieselt es weiß vom Himmel. Heute muss der Rohstoff herangeschafft werden, in der Nachkriegszeit aber kam das Kupfererz aus den vielen Schächten der Stadt, in denen zahllose Deutsche arbeiteten, vor allem Kriegsgefangene, aber auch Hildegard Krebs, die Weihnachten 1945 aus Kopejsk hierher gebracht wurde.

Viele Jahre später beschrieb sie, wie sie diese Weihnachtstage erlebt hatte: »Ein winziger Säugling wimmert – Folge einer Vergewaltigung.« Obwohl alle wussten, dass Weihnachten war, sprach es niemand aus. Der Zug hielt auf der Strecke, durch den Türspalt schauten sie hinaus. »Vor unseren Augen breitet sich ein dick verschneiter Tannenwald unter frostig klarem Himmel aus. Durch den tiefen Schnee stapfen vermummte Männergestalten, die einen frisch geschlagenen Weihnachtsbaum tragen.« Es sind deutsche Kriegsgefangene. »Ein Gefühl der Verbundenheit durchströmt uns. Wir bekommen gefrorenes Brot in den Waggon gereicht – unzählige eiskristallene ›Weihnachtssterne‹ glitzern darin. In der Illusion haben wir den Duft von Weihnachtskuchen und Kerzen … Wärmende Tränen rinnen über unsere jungen Gesichter. Wir falten die Hände. Mehr ist an diesem Weihnachten 1945 nicht möglich.«[24]

Bestarbeiterin in Kopejsk

So wie sich in den einzelnen Lagern Unterbringung und Essen unterschieden, so galten auch spezifische Regelungen bei der Bewachung, der Arbeitszeit und im Umgang mit dem Briefverkehr der Internierten. In Wandas Lager wussten die Frauen sich zu helfen. Sie baten die deutschen Kriegsgefangenen, die sie bei der Arbeit und später auch im Lager trafen, auf ihren Karten schreiben zu dürfen. Auf diesem Weg erhielten sie ebenso Antwort, bis sie selbst die Erlaubnis hatten, Post zu schicken und zu empfangen.

Die Nachrichten von ihren Angehörigen gaben ihnen den so nötigen Aufschwung. Die meisten wussten nun, dass man in der fernen Heimat auf sie wartete. Einige wenige wurden enttäuscht, sie erfuhren, dass ihre Männer oder Verlobten gefallen oder vermisst waren, andere Frauen geheiratet hatten.

Wanda Schultz half ihr Glaube: »Ich bin christlich erzogen, wir sind zum Kindergottesdienst gegangen, aber ich bin sicherlich keine fromme Christin. Doch ich habe damals in allen meinen Briefen immer wieder auch Gott erwähnt, der uns Kraft gibt und auch Hoffnung. Ich glaube an Gott, er hat mir damals die nötige Kraft gegeben, und ich spüre auch heute, wenn ich wirklich einmal in Nöten bin oder vor Problemen stehe, dass ich von ihm Hilfe bekomme. Durch ein Gebet.«

Von schlimmen Krankheiten blieb Wanda Schultz verschont. Vielleicht hatte sie eine besonders kräftige Konstitution, oder aber die zahlreichen Impfungen schlugen bei ihr an. »Nach dem Impfen hatten viele abends hohe Temperatur und brauchten nicht zur Arbeit. Vor der Nachtschicht durften wir Fieber messen. Ich habe mich immer geärgert, ich bekam kein Fieber. Ich hatte nur ein bisschen Schmerzen im Arm.« Ihre einzige Erkrankung im Lager blieb neben der Dystrophie eine Furunkulose, nichts Ungewöhnliches in den Augen der Russen.

Für die Lagerleitung gab es keinen Grund, die Frauen, die sich an die harte Arbeit und das karge Essen gewöhnt hatten, nach Hause zu schicken. Die meisten schufteten, wie man es von ihnen erwartete, und ersetzten damit die überall fehlenden Arbeitskräfte. Heute weiß man, dass sich der Arbeitseinsatz von Zivilinternierten für die Sowjetunion in der Summe nicht gelohnt hat. Selbst Anfang 1946, als bereits viele der Gefangenen verstorben und die ganz Schwachen nach Hause geschickt worden waren, arbeiteten in der Regel weniger als achtzig Prozent. Vierzehn Prozent arbeiteten nie, hauptsächlich weil sie krank waren oder keine warme Kleidung hatten. Weniger als fünfunddreißig Prozent der deutschen Zivilarbeiter waren in der Lage, die Arbeitsnorm zu erfüllen oder gar zu übertreffen wie Wanda Schultz. In seinen offiziellen Berichten zog der stellvertretende Leiter der GUPWI, Generalmajor Ratuschni, allerdings eine andere Bilanz, da hieß es, die Grenze zur Rentabilität sei im zweiten und dritten Quartal des Jahres 1946 überschritten worden.[25] Ergebnisse, die sicherlich auch Stalin vorgelegt wurden.

Zweieinhalb Jahre hausten Wanda und ihre Leidensgenossinnen in ihren Erdbunkern, dann durften sie sich – in ihrer knapp bemessenen arbeitsfreien Zeit – Holzbaracken bauen. Auch wenn es niemand aussprach, neue Unterkünfte konnten nur bedeuten, dass es für die Frauen noch lange nicht nach Hause ging. Ihr Leben verbesserte sich nur geringfügig. Zur Arbeit gingen sie von nun an ohne bewaffnete Aufseher, und ein wenig Kultur sollte die Gefangenen aufmuntern. In der neu erbauten Clubbaracke, die mit roten Spruchbändern geschmückt war, auf denen von der friedliebenden Sowjetunion die Rede war, studierten Mitgefangene auf Anregung der Lagerleitung Theaterstücke ein, schließlich befanden sich auch Schauspielerinnen und Sängerinnen unter den Zivildeportierten. Es gab kleine Konzerte, ein Mann spielte Akkordeon, ein anderer versuchte sich auf der Balalaika, ein paar Mädchen sangen deutsche Volkslieder. Einmal kam ein Filmvorführer mit seinem Wagen vorbei. Er zeigte irgendeinen Film von Roman Karmen über die Kämpfe um Leningrad, Moskau oder Berlin. »Manchmal gab es auch Aufrufe der Antifa, sie lud uns ein, wir sollten zu ihren Veranstaltungen kommen, die im Clubraum abgehalten wurden. Aber wir wollten nichts damit zu tun haben. Es wurde ja alles nur beschönigt, dabei ging es uns in Russland nicht gut, wir lebten unter ganz unglücklichen, unmenschlichen Verhältnissen.«

Die Todesfälle unter den Zivilinternierten nahmen 1947 ab, es blieb die Dystrophie. Fast alle Frauen in den Lagern litten daran. Auf den Fotos, die einige wenige nach Hause schicken konnten, waren pausbackige, wohlgenährte Gesichter zu sehen. Man musste die Bilder lesen können, um zu erkennen, dass nicht die gute Versorgung, sondern die Wassersucht die Gesichter rund werden ließ. Das Hungerödem war eine Folge des ständigen Eiweißmangels.

Im Spätherbst 1948 kamen erneut Gerüchte auf, dass die deutschen Frauen nach Hause entlassen würden. Doch auch diesmal gab es nur einige wenige glückliche Heimkehrerinnen, Mütter wurden von Töchtern getrennt und Schwester von Schwester. Den Zurückbleibenden zerriss es das Herz. »Wir mussten alle antreten, und dann durften sie sich von uns verabschieden, das war sehr, sehr bitter. Denjenigen, die fahren durften, haben wir Nachrichten für unsere Eltern mitgegeben. Die haben sie sich in die Kleider eingenäht. Uns vertrösteten die Russen wieder mit ihrem ›skoro damoj‹ – bald geht's nach Hause‹. Wir konnten die Worte in diesem Moment kaum ertragen. Als die Gruppe weg war, mussten wir unsere Baracken verlassen. Statt nach Hause kamen wir ins nächste Lager, Lager 81.«

Ihre Unterkünfte wurden mit jungen Russen belegt, die ebenfalls im Schacht arbeiteten, sich aber durch ihre blauen Arbeitsanzüge von den anderen Bergarbeitern unterschieden. Sie waren den Deutschen nicht geheuer. Besonders wenn die Frauen nach Ende der Spätschicht um Mitternacht ins Lager zurückgingen, hatten sie Angst vor einer Begegnung mit den russischen Männern, die Erinnerungen an die Vergewaltigungen am Kriegsende wachriefen. Daher baten sie die deutschen Kriegsgefangenen, abends eine Eskorte zu stellen. So blieben sie unbehelligt.

Inzwischen erhielten die Frauen in Kopejsk hin und wieder einige Rubel Lohn für ihre Arbeit. Davon wurde zwar ein Teil für Unterkunft und Verpflegung einbehalten, aber sie konnten sich jetzt Nähnadeln kaufen. Als Stoff hatten sie nur die sackförmige russische

Nesselunterwäsche: Unterhemden, die an allen Öffnungen zugebunden wurden und daher Puffärmel hatten, und lange Unterhosen. Denen schnitten sie im Sommer die Beine ab und nähten sich daraus Brot- und Zuckerbeutel oder Blusen. Später kauften sich die Frauen auf dem Basar bunten Baumwollstoff für ihre Blusen. Darin fühlten sie sich ganz chic, insbesondere, wenn sie sich die Haare in Locken gelegt hatten.

In dem neuen Lager standen statt der Holzpritschen eiserne Bettgestelle, je zwei Betten waren so dicht zusammengestellt, dass die Frauen darin zu dritt auf Strohsäcken schlafen konnten. Jede erhielt sogar eine Wolldecke. Nach den blanken Brettern waren diese Betten luxuriös, in ihnen konnte man von den weißbezogenen Matratzen, Kopfkissen und Federbetten träumen, die die meisten von zu Hause kannten. Die Mitte des Raumes beherrschte ein großer Ofen, doch gab es selten genügend Kohle, um den Raum ausreichend zu heizen. Im Winter glitzerten die Wände, sie waren vereist. »Obwohl es verboten war, nahmen wir uns unter der Jacke versteckt dann und wann ein Stück Kohle mit, damit wir es doch ein wenig warm bekamen. Schließlich hatten wir mitgeholfen, sie zutage zu fördern!«

Auch 1948 gingen die Frauen Weihnachten arbeiten wie an allen anderen Tagen. Im Laufe der Jahre hatten sie sich damit abgefunden und eine neue Strategie entwickelt, mit diesem sentimentalen Tag fertig zu werden: Unten im Schacht malten sich Wanda und ihre Kameradinnen die schönsten Dinge aus. Sie schwärmten von allen erdenklichen Kuchen und von Weihnachtsplätzchen, tauschten die Rezepte aus.

Späte Heimkehr

Am 12. August 1949 wurden mit dem »Genfer Abkommen über den Schutz der Zivilpersonen in Kriegszeiten« die Rechte der Zivilinternierten geregelt. Dieses IV. Genfer Abkommen wurde auch von der Sowjetunion unterzeichnet. Nun sollte es nur noch wenige Monate dauern, bis die Mehrzahl der deutschen Zivilisten und auch der Kriegsgefangenen aus den Lagern entlassen und zurück nach Deutschland gebracht wurde.

Wie ein Lauffeuer verbreitete sich im Oktober 1949 die Nachricht, das ganze Lager 81 solle geräumt werden. Doch es vergingen Wochen, ohne dass etwas geschah. Der erste Schnee fiel und türmte sich bald um die Baracken. Dann wurde eines Morgens beim Appell eine lange Liste mit den Namen derjenigen verlesen, die freikommen sollten. Auch Wandas Name stand darauf. Und es wurde das Datum genannt, an dem der Heimkehrerzug Kopejsk verlassen sollte: der 2. Dezember 1949. Mit zwiespältigen Gefühlen warteten die Frauen ab, allzu oft schon hatten sie sich gefreut, und ihre Hoffnungen waren enttäuscht worden. So blieben die meisten wie Wanda skeptisch. »Zwei Tage vor diesem Datum mussten wir die Arbeitsanzüge und die Lampen abgeben. Aber es wurden auch Werkzeuge verlangt, die wir nie besessen hatten, zum Beispiel Beile, die mussten dann bezahlt werden.«

Nachdem sie ihre »Schulden« beglichen hatten, blieben noch ein paar Rubel übrig. Die mussten ausgegeben werden, da die Ausfuhr streng verboten war. Ihre wenigen Habseligkeiten steckten sie in die Holzkoffer, die ihnen die deutschen Kriegsgefangenen gemacht hatten. Wanda besaß den Kamm, den ihr der Onkel gegeben hatte, einen Löffel, die Brotbüchse, die sie aus Pommern mitgebracht hatte, selbstgenähte Blusen und einen Mantel.

Dann wurden die Baracken gesäubert, die Holzböden gescheuert. Anschließend versammelten sich alle im Clubraum. Wartend saßen sie auf ihren Koffern – nichts geschah. Nervosität und Angst machten sich breit. Was hatten die Russen mit ihnen vor? Nach zwei Tagen kam der langersehnte Zug. Aus unerfindlichen Gründen hielt er an Schacht 41, sodass die Frauen sich mit ihren Koffern durch den Schnee kämpfen mussten, eine hinter der anderen. Es herrschte keine Eile, und so konnten sie noch einige Zentner Kohle einladen, um die kleinen Öfen in den Waggons zu heizen. »Die Russen hatten, obwohl es dort gar keine Tannen oder Fichten, nur ein paar Maulbeerbäume und Birken gab, die Waggons mit Tannen und roten Spruchbändern geschmückt. Dort stand wieder etwas von

›friedliebend‹, alles friedliebende Worte, es war ja damals noch der Vater Stalin. Das Wort ›friedliebend‹ klingt mir heute noch in den Ohren. Am 5. Dezember wurden wir mit viel Tamtam als Bestarbeiter verabschiedet.«

Ein wenig mehr Komfort hätte die Sowjetunion den Bestarbeitern gönnen dürfen. Die Waggons waren genauso spartanisch wie auf der Hinfahrt. Es gab die gleichen zweistöckigen Holzpritschen, das gleiche harte Brot mit Wassersuppe. Wieder gingen die Frauen zur Lokomotive, um sich dort Trinkwasser zu holen. Und trotz der Öfen war es kalt in den Waggons. »Ich habe oben an der Seite gelegen und sehr gefroren, weil es durch die Ritzen zog. Nachts habe ich mich immer freiwillig zum Heizen gemeldet.« Der Zug bewegte sich nur langsam vorwärts und hielt oft auf freier Strecke. Dann durften die Heimkehrer aussteigen und schnell ihre Notdurft verrichten. Wenn der Zug nachts stundenlang auf einem Nebengleis stand und andere Züge vorbeiließ, wurden die Passagiere unruhig, sie wollten so gerne noch vor Weihnachten zu Hause ankommen. Wanda berichtete den anderen, was sie durch ein Fensterchen sehen konnte: tagelang nichts als verschneite Steppe. Dann aber, nach etwa zehn Tagen, fuhren sie durch Warschau, überquerten bald die Warthe und kamen endlich an die Oder.

Als Wanda Schultz 1949 in Frankfurt ankam, stand Weihnachten vor der Tür. Ein Transport nach dem anderen fuhr in den Bahnhof ein. »Wir hatten keine Ahnung, dass es eine DDR gab, dass es Ost- und Westdeutschland gab. Wir glaubten, jetzt sind wir in Deutschland. Von denen, die nach Hause zurückgekehrt waren, hatten wir in Briefen erfahren, dass wir mit belegten Brötchen und Kakao empfangen werden. Aber wir bekamen wieder unser schweres Russenbrot. Da waren wir mächtig enttäuscht und konnten es nicht begreifen.«

Nach der obligatorischen Entlausung erhielten die Heimkehrerinnen ihre desinfizierte Kleidung zurück. Wattehose, Wattejacke, die unförmige Unterwäsche, Fußlappen und Schappka – die Frauen waren kaum von den Kriegsgefangenen zu unterscheiden. Noch am selben Tag ging es zu Fuß weiter in das wenige Kilometer entfernte

Auffanglager Gronenfelde. Von dort aus durfte, wer die Anschrift von Familienangehörigen oder Freunden kannte, ein Telegramm schicken. Wer keine Westanschrift angeben konnte, musste vorerst in der DDR bleiben. »Ich wusste, wo ich hinwollte, und so konnte ich gleich an den nächsten Tagen weiter Richtung Friedland – mit einem richtigen Personenzug.« Zuerst aber machten sie noch Station in Heiligenstadt. Dort wurden die Ankömmlinge mit Musik und fünfzig Mark Ostgeld begrüßt, die sie noch in der Nacht ausgeben mussten. Dafür erstand Wanda schwarze Zigarren, Seife und sehr süße Zuckerpralinen. Geschenke für Vater und Mutter und für sie selbst. »Für uns war das noch etwas Besonderes, wir wussten gar nicht, was gut und was schlecht war. Wir packten das alles in unsere Holzkoffer, die wir aus Russland mitgebracht hatten. Und wir trugen noch immer unsere Russenmontur.«

Von Heiligenstadt ging es am nächsten Morgen noch ein kleines Stück mit dem Zug bis zur deutsch-deutschen, der innerdeutschen Grenze, dann die letzten Meter – über den Grenzstreifen – zu Fuß. »Und da standen dann Omnibusse, da mussten wir uns reinsetzen, und da gab's die belegten Brötchen, und es gab Kakao, also, jetzt waren wir wieder in Deutschland. Auch wenn es nicht die Heimat war, für uns war es schon eine Befreiung.«

Im Grenzdurchgangslager Friedland wurde Wanda registriert, medizinisch untersucht und frisch eingekleidet. Wie sie betraten hier in den Jahren nach dem Krieg viele Hunderttausend Kriegsgefangene, Deportierte, Flüchtlinge und Vertriebene westdeutschen Boden.

Fünfzig Mark bekam sie auch hier schon wieder, DM. Davon kaufte sich die inzwischen Zwanzigjährige sogleich einen neuen Koffer aus Pappe, ihren verwanzten Holzkoffer wollte sie nicht zu den Eltern mitnehmen. »Nachmittags war dann eine Adventsfeier von britischen Offizieren. Da stand ein Weihnachtsbaum, der Posaunenchor spielte, da sind schon die ersten Tränen gekommen, als wir ein Weihnachtslied hörten. Und wir bekamen alle ein Paket – mit Konserven und Gebäck drin. Es war eine sehr, sehr schöne Weihnachtsfeier, und die Glocken läuteten in Friedland.«

Ihre Pritsche mit weißem, sauberem Bettzeug bezog sie an diesem Abend in einer der Nissenhütten, so hießen die Wellblechbaracken mit dem halbrunden Dach, die allerorten als Notunterkünfte dienten.

Ein paar Tage nur war Wanda in Friedland, dann hielt sie ihren Entlassungsschein in der Hand. Als sie gerade ihre von Bundesbürgern gespendeten Kleidungsstücke sortierte und verpackte, hieß es um zehn Uhr abends: »Alle, die Richtung Hamburg fahren, raustreten!« Blitzschnell war der Koffer zu, und Wanda lief mit vielen anderen zu den Zügen, die ganz in der Nähe standen. In ihrer Gruppe waren vor allem Mädchen aus Ostpreußen, einige aus Wandas Lager in Kopejsk. Auch die junge Hildegard, die ihre beiden ein und zwei Jahre alten Kinder zurücklassen musste, als die Russen sie 1945 mitnahmen, hatte es geschafft und war nach Hause gekommen.

Im schleswig-holsteinischen Rendsburg hatte Wandas Vater einen Neuanfang gemacht, als er 1946 mit seiner Frau und dem Sohn aus Pommern in den Westen kam. Der ehemalige Standesbeamte war inzwischen Rentner und verdiente sich bei der Stromversorgung der Stadt noch ein wenig Geld hinzu. Er hatte es sich zur Angewohnheit gemacht, jeden Abend auf dem Weg zu der Baracke, in der sie lebten, zum letzten Zug zu gehen, um zu schauen, ob seine Tochter Wanda käme. »Im Zug habe ich gefragt, wann ich aussteigen müsse, und da hieß es: ›Wenn Sie über die Hochbrücke fahren, dann kommt gleich danach der Bahnhof von Rendsburg.‹ Als ich unten an die Sperre kam, sah ich meine Eltern schon. Und dann haben wir uns in den Armen gelegen.«

Da der letzte Bus schon weg war, gingen Wanda und ihre Eltern zu Fuß. Eine Stunde waren sie unterwegs. »Weinen konnte ich die ganzen Jahre in Russland nicht. Damals habe ich immer gedacht: ›Weinen kannst du nicht mehr, wenn du nach Hause kommst.‹ Doch als ich dann in Rendsburg nach fünf Jahren Russland meine Eltern sah, da habe ich zwei Stunden lang ununterbrochen nur geweint. Bis sich alles gelöst hatte. Und seitdem kann ich auch wieder weinen.« So wie jetzt, als sie fast sechzig Jahre später über ihre Heimkehr spricht.

In der Baracke erwarteten sie Bekannte aus dem Nachbardorf, die mit Wandas Eltern zusammen in den Westen gekommen waren. Auch am nächsten Tag besuchten sie frühere Nachbarn, die inzwischen in Schleswig zu Hause waren. Wanda sollte erzählen, erzählen, erzählen. Doch vorerst berichtete sie nur wenig. Erst später, als sie ihren Mann kennenlernte, sprach sie mit ihm über das, was sie in sowjetischer Gefangenschaft erlebt hatte.

Während der ganzen Jahre in Russland hatte Wanda von Pellkartoffeln mit Butter geträumt, ob die Mutter ihr diese Leibspeise Weihnachten 1949 kochte? Wanda Hoffmann erinnert sich nicht mehr. Gegenwärtig ist ihr die Enge in der kleinen Baracke, wo neben den Eltern und ihrem kleinen Bruder auch noch zwei Schwestern des Vaters in einem kleinen Zimmer Platz fanden. Nun, nach fast fünf Jahren des Bangens und Wartens, kam sie hinzu, und alle rutschten, ohne zu murren, noch ein wenig dichter zusammen. Zum Glück nur ein paar Tage, noch vor dem Jahreswechsel erschien eine Kommission, die bestimmte, dass Wandas Tanten in eine andere Baracke verlegt würden. An Wohnungen war nicht zu denken, Rendsburg hatte siebzehntausend Menschen aufgenommen: Flüchtlinge und Vertriebene, ehemalige Kriegsgefangene und Zivildeportierte, fast so viel, wie die Stadt vor dem Krieg Einwohner gehabt hatte.

»Nun kam schon der Heiligabend, und wir wollten in die Kirche gehen, das war überwältigend. Meine Eltern konnten mir nichts mehr kaufen, und so bin ich in meinem kurzen Mäntelchen, das mir Hildegard in Kopejsk genäht hatte – inzwischen war eine längere Mode – zur Kirche gegangen. Die Straße war beleuchtet mit Sternchen und allem, und die Kirche war überfüllt. Ich habe während des ganzen Gottesdienstes gestanden, alle Gänge waren voller Menschen. Und da wurde auch der Gefangenen gedacht, in Gedanken waren wir bei denjenigen, die da gestorben sind. Das waren Mädchen, die ich kannte und die nicht mehr mit nach Hause konnten …«

Waltraud Unrau wurde 1948 nach Deutschland entlassen, Hildegard Krebs kam von Karabasch in ein drittes Lager, nach Magnitogorsk. Sie kehrte wenige Monate früher zurück als Wanda Schultz.

Als sie nach Hause kam, war Wanda ein halbes Jahr lang »mit dreißig Prozent krankgeschrieben, wegen der Dystrophie. In meinem Körper waren Unmengen von Wasser, Wasser, Wasser, ungefähr zehn Jahre hat es gedauert, bis es abgebaut war.« Bei der ersten Untersuchung konnte der Arzt kaum glauben, dass nur das Wasser ihren Körper aufgeschwemmt hatte. Da Wanda ihre Regel nicht hatte, tippte er auf eine Schwangerschaft. »So, wie ich erzogen worden war, wurde ich böse. Ich habe dem Arzt gar nichts darauf geantwortet, sondern hab um eine Überweisung zur Gynäkologin gebeten. Wir haben ja die ganzen Jahre ausgesetzt mit der Menstruation, wir hatten keine Regel, und das war sehr, sehr gut, weil es nichts gab, da im Lager. Bei einigen hat sie sich zum Schluss wieder eingestellt. Aber bei mir erst wieder, als ich zu Hause war.«

Wanda war nun zwanzig Jahre alt und ohne Schulabschluss. Der Unterricht war im Herbst 1944 eingestellt worden. Doch ihr Vater hatte glücklicherweise vorgesorgt und seine Tochter jedes Jahr von Neuem auf der Schule in Rendsburg angemeldet. Als sie gesundheitlich einigermaßen wiederhergestellt war, besuchte Wanda ein Jahr die Haushaltungsschule, es schloss sich ein halbes Jahr private Handelsschule an. Da sie keine vollständige Ausbildung hatte, konnte Wanda anschließend nur als Bürogehilfin arbeiten. Doch das reichte ihr nicht, sie wollte mehr. Als sie von einer Bekannten von der Möglichkeit erfuhr, Krankenschwester zu werden, bewarb sie sich um einen Ausbildungsplatz. Trotz aller Bedenken der Schule wurde sie angenommen. Nach dem Examen, das Wanda mit »sehr gut« bestand, war sie zehn Jahre als Krankenschwester tätig.

»Bewältigt habe ich das Ganze, weil ich, nachdem ich die Vergewaltigungen in der Kirche überlebt hatte, die ich als Rache der Sieger an uns Deutschen begriff, nichts mehr an mich herankommen ließ. Ich habe immer nur nach vorne gesehen, ich wollte zu meinen Eltern nach Hause!«

4. KÖNIGSBERG

»In mir brach eine Welt zusammen, als es hieß ›sieben Jahre‹«

Wer der alten Ringstraße folgt und genau hinschaut, findet noch heute Spuren der Festung Königsberg. Die alten Forts – nach dem Deutsch-Französischen Krieg 1870/71 erbaut – gaben der Stadt ihren Beinamen, auf Russisch und auf Deutsch. Die Festung Königsberg galt als schwierig zu erobern, zumal sie bis zum Ersten Weltkrieg eine der stärksten Garnisonen des Deutschen Reiches beheimatete. Obwohl die Russen im Sommer 1914 gefährlich nahe an Königsberg heranrückten, mussten die Befestigungsanlagen ihre Uneinnehmbarkeit nicht unter Beweis stellen.

Als schließlich gut dreißig Jahre später die Rote Armee anrückte und die Stadt am 29. Januar 1945 vollständig einkreiste, hatten die meterdicken Festungsmauern nur mehr symbolische Bedeutung. Die Zivilbevölkerung, die vom Festungskommandanten Otto Lasch erst am 21. Januar aufgefordert worden war, die Stadt zu verlassen, saß in der Falle. Wer noch die Flucht wagte, kam oft nicht weit. Die Zugverbindungen in den Westen und der Landweg nach Pillau wurden bald von den sowjetischen Truppen unterbrochen. Zwar gelang es der Wehrmacht, einen Fluchtkorridor in die Hafenstadt freizukämpfen, sodass Flüchtlinge auf diesem Weg und über den Seekanal nach Pillau gelangen konnten, doch wurden sie immer wieder durch sowjetische Artillerie und Tiefflieger angegriffen. Und selbst wer es schaffte, einen Schiffsplatz zu ergattern, war noch längst nicht in Sicherheit. Nicht nur die Passagiere der »Wilhelm Gustloff«, auch viele Menschen, die auf kleineren Schiffen unterwegs waren, fanden ihr Grab in der Ostsee.

Zwei Monate lang versuchten die in der ostpreußischen Hauptstadt Eingeschlossenen, so etwas wie ein »normales Leben« zu führen. Sie gingen ins Kino, tanzten, lachten. Die Lebensmittellager wurden geöffnet, jeder bediente sich, obwohl dies offiziell nicht erlaubt war. Manche Nationalsozialisten wählten den Freitod. Die meisten Königsberger aber lebten in vollen Zügen, frei nach der ausgegebenen Parole: »Genießt den Krieg, der Friede wird fürchterlich.«

Am Morgen des 5. April 1945 starteten die Truppen der 3. Weißrussischen Front unter dem Kommando von Marschall Alexander Wassiljewski den Angriff auf die alte Stadt am Pregel. Erst vier Tage später war Festungskommandant Lasch, der in einem Bunker vor der neuen Universität saß, bereit, die Kapitulation zu unterzeichnen. 42 000 Wehrmachtssoldaten waren an den fünf Kampftagen getötet worden. 92 000, so viele wie in Stalingrad, gingen in Gefangenschaft. Auch Zehntausende Zivilisten starben in Königsberg, die wenigsten allerdings durch direkte Kriegseinwirkung. Die meisten verloren in den ersten Nachkriegsjahren ihr Leben.

Waltraud Kondak und ihre Eltern waren wie Abertausende in Richtung Pillau geflohen, hatten die Hafenstadt, die etwa fünfzig Kilometer von Königsberg entfernt liegt, aber nicht erreicht. Bis Anfang April harrten sie mit anderen Zivilisten und einem Trupp Wehrmachtssoldaten auf einem Gutshof in der Nähe von Drugehnen aus, keine dreißig Kilometer von Pillau entfernt. Dann endlich – um Königsberg wurde schon gekämpft – hatten die Soldaten einen Bunker fertiggestellt. Er bot Schutz, doch nur für kurze Zeit – eine russische Sprengbombe zerstörte den Eingang und verschüttete seine Insassen. Einige Soldaten wurden bei dem Angriff getötet, die sechzehnjährige Waltraud und ihre Eltern hatten Glück, sie waren von den herumfliegenden Splittern nur verletzt worden.

Ein verzweifelter Versuch der Wehrmachtssoldaten, die Verwundeten in die Festung Pillau zu transportieren, misslang. Das Fahrzeug, auf dem neben Waltraud und ihrer Mutter nur Soldaten waren, wurde von russischen Tieffliegern angegriffen. »Der Fahrer schrie noch ›Runter vom Wagen!‹, und meine Mutter und ich sind sofort gesprungen. Trotz der großen Schmerzen, wir hatten doch offene Wunden.« Die beiden waren nur ein kurzes Stück gelaufen, da explodierte der Jeep, und die Schwerverwundeten, die sich nicht hatten retten können, verbrannten. »Wir sind um unser Leben gelaufen. Die Tiefflieger kamen immer wieder, wir hätten sie fassen können, wenn wir gestanden hätten. Aber wir haben uns gegen die toten Pferde und gegen die toten Soldaten geworfen, haben uns tot gestellt und sind Schritt für Schritt weitergegangen, wir wussten nicht, wohin.«

Kurz vor Fischhausen erreichten die beiden ein Haus, das verlassen schien. Doch als Waltraud die Tür zum Keller öffnete, sah sie dort Frauen und Kinder sitzen, verstört und erschrocken. Die Russen waren bereits im Dorf. »Ich musste mich gleich auf die Erde legen, schwere, schmutzige Kohlensäcke wurden auf mich gepackt. Meine Mutter hat sich draufgesetzt, und so hat sie mich gerettet vor der Vergewaltigung.« Die anderen jungen Frauen aus dem Keller aber nahmen die Rotarmisten mit in ein Zimmer im Erdgeschoss. Waltraud hörte sie schreien, ahnte, was ihnen dort angetan wurde. Als die russischen Soldaten fort waren, flüchtete sie sich mit ihrer Mutter auf den Dachboden eines zerstörten Hauses, wo sie abwarteten, bis sich die Lage beruhigt hatte.

Zur selben Zeit waren die zehnjährige Helga Woweries, ihre Mutter und der kleine Bruder auf dem Rückweg nach Königsberg, von wo auch sie Ende Januar 1945 geflohen waren. Bis in die westlich von Danzig gelegene Kaschubische Schweiz waren sie gelangt. In Mirchau hatte die Rote Armee sie eingeholt und nach Hause geschickt, so wie alle übrigen Flüchtlinge. »*Damoj, damoj*, sagten die immer. Und dann sind wir los, wir hofften ja auch, dass wir unseren Vater in Königsberg wiedertreffen würden. Wir haben den ganzen Weg zu Fuß zurückgelegt, erst Richtung Dirschau, dort wollten wir über die Weichsel. Doch die Brücke war zerstört, und so sind wir den Fluss entlang, bis uns ein Pole mit einem kleinen Boot übergesetzt hat. Dann weiter die Nogat hoch bis Marienburg.«

Kurz nachdem die Russen die Stadt am 9. April eingenommen hatten, erreichten die Woweries' Königsberg. Angesichts der Zerstörungen waren sie erschüttert. Aber dann sahen sie bereits von Weitem die Lutherkirche, die bis auf ein paar fehlende Ziegel unversehrt war, und hofften, dass auch ihr Haus am Viehmarkt noch stünde. Doch es war ausgebrannt, der Keller qualmte noch. Vom Vater gab es keine Spur. Für ein, zwei Nächte fanden die drei Unterschlupf in einer hinter dem Hauptbahnhof gelegenen Wohnung, dann wurden sie von den Russen vertrieben, angeblich sei das ganze Häuserkarree vermint, sie sollten nach Schönfließ weiterziehen.

»Für die Russen waren wir Deutschen immer die Bestien, wir sahen das umgekehrt.« Helga Hering erinnert sich an die Grausamkeiten, die die Rotarmisten in ihrem Beisein verübten. »Meine Mutter wurde vergewaltigt. Einmal wollten sie sie sogar erschießen, als sie sich weigerte mitzugehen. Doch sie sagte dem russischen Soldaten, er solle zuerst uns, ihre Kinder, erschießen, danach sie. ... Ein andermal suchten sie Frauen und gingen durch den Raum, in dem wir saßen. Sie wollten sich mich vornehmen, leuchteten zuerst mir ins Gesicht, dann einer anderen Frau. Ein alter Mann flüsterte mir zu, ich solle mich schnell unter seinem Stuhl verstecken, deshalb haben sie mich nicht gefunden, die waren ja fast immer angetrunken.« Ein fünfjähriges Mädchen überlebte die Vergewaltigung nicht, als die russischen Soldaten ihm hinterher einen Kleiderbügel in die Scheide schoben.

Besonders dramatisch war die Situation in den Krankenhäusern im Stadtzentrum. In seinem 1948 verfassten Bericht, der damals in Fortsetzungen in den *Aachener Nachrichten* veröffentlicht wurde, schilderte Professor Johann Schubert, was sich dort abspielte: »Frau Linden erzählt mir, daß russische Soldaten die Mutter dieses Kindes vor einer halben Stunde in das gegenüberliegende Zimmer gedrängt hätten, zusammen mit einer Reihe anderer deutscher Frauen. Auch unsere Russinnen habe man hineingezerrt. Seither gehe Entsetzliches dort vor.« Als er versuchte, in das Zimmer zu gelangen, wurde er von einem Russen weggestoßen. Auf einer Bank davor saßen die Rotarmisten »Schlange« und warteten bis sie an die Reihe kamen. »Im Städtischen Krankenhaus werden die Frauen ebenso wie im Kopernikusbunker auf der Geburtshilflichen Station laufend vergewaltigt. ... Es scheint mir nicht übertrieben, zu behaupten, daß 80 Prozent der deutschen Frauen in diesen Tagen Gewalt geschah.«[26] Auch die katholischen Ordensschwestern im Elisabethkrankenhaus wurden nicht verschont.

In den Königsberger Stadtteil Juditten, wo Familie B. lebte, kamen die Russen erst am 14. April. Zwar war der erste Siegesrausch verflogen, doch sie jagten die Deutschen auf die Straße und trieben sie zum Hammerweg, wo sie sich aufstellen mussten. Gisela B. erinnert sich heute noch daran. »Sie drohten uns, sie würden uns alle erschießen. Wir hatten große Angst, aber es passierte nichts.« Nachdem Männer und Frauen getrennt waren, wurden die Männer fortgetrieben. »Da hat mein Vater ›Ade nun, mein lieb' Heimatland‹ gesungen. In dem Moment wusste er, dass es falsch gewesen war, in Königsberg zu bleiben.« Frauen und Kinder jagten die Soldaten in einen Bombentrichter. Über ihren Köpfen kreisten Tiefflieger.

Am nächsten Morgen ging es los, tagelang trieb man die Frauen und Kinder über Chausseen, durch Wiesen und Wälder rund um Königsberg. »Propagandamärsche« nannten es später die, die in solchen Kolonnen viele Kilometer kreuz und quer, offenbar ziellos, zurücklegen mussten. Und das war fast die gesamte Bevölkerung. In Königsberg durfte niemand zurückbleiben. Damit hatten die Rotarmisten freie Bahn, sie plünderten und steckten den größten Teil der Stadt in Brand. Professor Johann Schubert, der im Krankenhaus der Barmherzigkeit noch seinen Dienst tat, spricht von offiziellen und inoffiziellen Brandkommandos. Er schätzt, dass schließlich nur noch fünf Prozent der Königsberger Häuser unbeschädigt waren, dreißig Prozent der Stadt waren schon durch die Bombenangriffe der Royal Air Force im August 1944 und weitere dreißig Prozent durch die Kampfhandlungen im April 1945 zerstört worden. Das um Dom und Schloss gewachsene Stadtzentrum existierte nicht mehr. Erst heute beginnt man die riesige Brachfläche an den Ufern des Pregel teilweise nach historischen Vorbildern neu zu bebauen.

Die Königsberger sahen ihre Stadt in Flammen aufgehen, während sie auf Gewaltmärschen ins Samland getrieben wurden. Es gab nichts zu essen, sie tranken Wasser aus Tümpeln und Pfützen. Bald brachen Ruhr und Typhus aus. Welchen Weg sie nahmen, durch welche Orte sie kamen, weiß Gisela B. bis heute nicht. »Nachts schliefen wir in Scheunen oder auch im Wald. Die Schreie der Mütter, die von ihren Kindern fortgerissen und vergewaltigt wurden, höre ich immer noch.« Am Straßenrand lagen Tote – Soldaten, alte Leute und immer wieder vergewaltigte Frauen und Mädchen, die sich vielleicht gewehrt hatten. »Meine Mutter blieb mehrmals zurück, weil sie jemandem helfen wollte. Sie war so sensibel und hatte Mitleid mit denjenigen, die auf diesem Marsch nicht mehr weiter konnten. Ich trieb sie voran: ›Mama, komm! Mama, komm!‹, und so blieben wir zusammen.« Giselas Vater führten die Russen in einer anderen Marschkolonne nach Süden aus der Stadt hinaus in das Gefangenenlager Preußisch-Eylau, in dem zwischen zehn- und vierzehntausend Kriegsgefangene und Zivilisten festgehalten wurden. Dort erschlug man ihn wahrscheinlich bei einem Verhör.

In den letzten Apriltagen hieß es, alle Deutschen sollten dorthin zurückkehren, wo sie hergekommen waren, und so schleppten sich die B.s – nun ohne Bewachung – wieder in ihre Heimatstadt. Bevor sie ihr Zuhause erreichten, hielt ein Jeep der Roten Armee neben dem Grüppchen von Frauen und Kindern. Soldatenhände griffen nach Giselas Mutter, zerrten sie auf den Wagen. »Irmgard, meine Schwester, und ich haben uns mit aller Kraft an sie geklammert, haben geschrien, aber sie war weg. Wir dachten für immer.« Hilflos und verzweifelt gingen die beiden Mädchen weiter, schlossen sich einer Nachbarsfamilie an. Ihr Haus in der Juditter Kirchstraße stand sogar noch, erst am 8. Mai wurde es ein Opfer der Flammen. Feiernde russische Soldaten steckten es an.

Eine Woche nachdem ihre Mutter entführt worden war, hörte Gisela, dass sie ganz in der Nähe, in einem kleinen Auffanglager in der ehemaligen Fleischerei Norkeweit sei. Als die Zehnjährige dort nach ihr suchte, ging sie an ihr vorüber. Gisela erkannte ihre Mutter nicht mehr, sie war eine gebrochene Frau, ganz weiß geworden, nach der Angst um ihre Kinder und den vielen Vergewaltigungen. Das Mädchen beschaffte sich einen kleinen Leiterwagen, legte die Mutter darauf und brachte sie in die Wohnung. Beinahe jede Nacht kamen russische Soldaten und holten sich Frauen aus dem Haus, Gisela und Irmgard hörten ihre Schreie. »Ich bin in kurzer Zeit gewachsen von einem verspielten Kind zu einem jungen Mädchen, ich habe überall zugefasst und selbst dann nicht aufgegeben, als meine Mutter und meine Schwester Ruhr hatten. Da habe ich sie eine nach der anderen zu einer russischen Ärztin in der Nähe gebracht.« Die hatte wohl Mitleid mit dem Mädchen und schlug vor, Mutter und Schwester in ein Behelfskrankenhaus zu bringen, das die Russen im ehemaligen Finanzpräsidium am Nordbahnhof eingerichtet hatten. Am Kriegsende war hier der deutsche Hauptverbandsplatz gewesen, nun war es das »Deutsche Zentralkrankenhaus«. Gisela willigte ein. An die Worte ihrer Mutter erinnert sie sich bis heute: »Sei ein liebes, hilfsbereites Kind«, dann hob man die kranke, schwache Frau auf die Ladefläche eines Lkw.

Wie fast überall im besiegten Deutschland war auch in Königsberg der Mai 1945 wunderschön, alles blühte, es war mild, nur nachts wurde es noch kühl. Gisela machte sich an einem dieser Frühlingstage auf den Weg zum Krankenhaus, um Mutter und Schwester zu besuchen. Da hieß es: »›Eine ist tot.‹ Es war meine Mutter.« Vom Vater hatten sie nichts mehr gehört, seit er von ihnen getrennt worden war, nun hatte Gisela nur noch ihre dreizehnjährige Schwester Irmgard, die mit dem Tod rang.

In der Wohnung in der Gottschedstraße, in der sie mit alten Leuten und Kindern untergekommen war, schlief Gisela unter einem Schneidertisch, über dem ein Jesusbild hing. »Ich habe immer davor gebetet: ›Bitte, bitte, lieber Gott, mach meine Mutter und meine Schwester gesund!‹, und als Mutter tot war, habe ich lange gehadert. Warum hatte Gott meine Bitte nicht erhört? Heute denke ich, es war eine Gnade für meine Mutter zu sterben, nach all dem, was sie durchgemacht hatte. Sie hätte sich die weiteren Hungerjahre in Königsberg nur gequält und dann doch nicht überlebt.«

Giselas Mutter wurde in einem Massengrab am Nordbahnhof

verscharrt. Zweiundvierzig Jahre war Frieda B. alt geworden, eine zarte, feine Frau, still und bescheiden. Ihre Tochter Irmgard überlebte die Ruhr und kehrte aus dem Krankenhaus in die Judittener Wohnung zurück.

Nichts als überleben

Erst Mitte Mai mussten Waltraud und ihre Mutter in der Nähe von Fischhausen zur Registrierung antreten. Name, Vorname, Wohnort und Staatsangehörigkeit wurden festgehalten, einen Ausweis erhielten die Deutschen nicht. Am nächsten Tag trieben die Russen alle Königsberger zusammen und befahlen auch ihnen, in ihre Heimatstadt zurückzugehen. Waltraud und ihre Mutter machten sich mit den ausgehungerten Frauen, Mädchen und alten Männern auf den beschwerlichen Weg. Ihre Wunden schmerzten genauso wie der Anblick der Toten, die links und rechts neben der Chaussee lagen. Männer, Frauen, Kinder, auch die Opfer von Vergewaltigungen. Waltraud schaute nicht hin.

Mehrere Tage waren sie die vierzig Kilometer bis Königsberg unterwegs, ein kurzes Stück von bewaffneten Soldaten begleitet, dann auf sich gestellt. Immerzu trieb Waltraud die Mutter vorwärts, wenn die nicht mehr weiter konnte, bis sie den nördlichen Stadtrand erreichten. In der Aula der Burgschule hatten Hunderte zurückgekehrte Flüchtlinge ein Dach über dem Kopf gefunden. Sterbende, Verletzte, Kranke – sie waren sich selbst überlassen. Waltrauds Mutter musste dort bleiben, ihr dick geschwollenes Bein, in dem ein Granatsplitter steckte, war blauschwarz angelaufen.

Waltraud ging trotz ihrer Verletzung weiter, wollte nachschauen, ob die Wohnung in der Stägemannstraße 37a bewohnbar war. Was sie vorfand, war eine Ruine, die Russen hatten das Haus in Brand gesetzt. Waltraud brach in Tränen aus, nun verließen auch sie die letzten Kräfte. Doch sie hatte Glück, eine Nachbarin, die von den Russen als eine Art Straßenkommandantin eingesetzt worden war, erkannte sie. Die Frau wies ihr und der Mutter ein kleines Zimmer im zweiten Stock eines Hauses ganz in der Nähe zu, das unversehrt geblieben war. Waltraud war erleichtert. »Ich war mit meiner Mutter allein, wir hatten ein Dach über dem Kopf, ich habe alles organisiert, was zu organisieren ging. Ich bin durch die Kellerfenster gekrochen und habe nach Essbarem, nach Eingewecktem gesucht. Einen Vorrat an Obst oder auch Kaninchen hatten früher alle Familien. Und ich habe alles rangeschleppt. Meine Mutter konnte nicht, das Bein wurde dick und dicker, weil der Splitter noch drin war. Ich habe Kohlen herangeschafft, Lattenzäune abgerissen und sogar für den Winter vorgesorgt.«

Schließlich brachte Waltraud ihre Mutter auf einem geliehenen Kinderwagen quer durch die zerstörte Stadt in eine Krankenstation. Dort arbeiteten ehemalige deutsche Militärärzte. Heimlich steckte einer der Männer Waltraud eine Salbe und ein paar Mullbinden für ihr geschwollenes Knie zu.

In ganz Königsberg gab es weder Gas noch Strom, noch fließendes Wasser, die Kanalisation funktionierte nicht mehr. Auch wurden fast keine Lebensmittel zugeteilt, da die Reserven nicht groß genug waren, um die sowjetische Garnison und die deutsche Bevölkerung zu versorgen. Nachschub aus der kriegszerstörten Sowjetunion kam nur spärlich. So wurden von deutsch-russischen Kommandos die deutschen Lebensmittellager inspiziert, das Vorhandene – vor allem Kartoffeln – aufgelistet und zu Sammelstellen gebracht. Vieles verschwand in dunklen Kanälen. Die sogleich nach Kriegsende verordnete Ration von vierhundert Gramm Brot für die arbeitende Bevölkerung wurde nur selten ausgegeben. Zweihundert Gramm sollten Kinder erhalten, wenn sie auf der Lebensmittelkarte der – arbeitenden – Mutter standen. Starb die Mutter, wurden die Kinder auf der Bezugskarte einer anderen Frau eingetragen. Ganz Königsberg hungerte, selbst die Menschen im ländlichen Umland, der einstigen Kornkammer Deutschlands. Vielen Deutschen schien es, als wollten die Russen sie in diesem Riesengefängnis Hungers sterben lassen.

Aus lauter Not bettelten Gisela und Irmgard sogar in der »Russenküche«, die sich im ehemaligen Gartenlokal Corinth befand. Vor dem Krieg konnte man hier seinen mitgebrachten Kaffee aufbrühen lassen, für das heiße Wasser und das Porzellangeschirr berechnete der Wirt zehn Pfennig. Nun wurde in der Küche für die russischen Soldaten gekocht. Die Männer aßen aus ihrem Essgeschirr oder von Blech- und Aluminiumtellern. »Einmal habe ich meine Schwester gesehen, wie sie mit einem Soldaten aus einem Essgeschirr aß, ich bin hingegangen und habe dann auch was abbekommen«, erinnert sich Gisela B. Dass sie von den Russen zu essen bekamen, war jedoch eine große Ausnahme, meist mussten sie sich mit Abfällen begnügen, die aus der Küche in den Hof gekippt wurden.

Gisela grub in Juditten den Garten ihres Elternhauses um, wo die Mutter eingewecktes Fleisch versteckt hatte – und fand es unter Büschen von Dill, der die Beete überwucherte. Mit ihrer Schwester durchsuchte sie die Häuser in der Umgebung nach Essbarem, die beiden Mädchen fischten Muscheln aus dem Königsberger Schlossteich, bettelten und stahlen. Was sie auftrieben, brachten sie zu den alten Leuten, die dann die Lebensmittel zuteilten. Oft gab es nur »Schlunz-Suppe« aus Wasser und Mehl, in der manches Mal auch eine Maus mitgekocht wurde. Kurz vor dem Essen fischte die Köchin das kleine Fell heraus, das hatte Helga einmal gesehen. Fleisch war Mangelware, es war den Russen vorbehalten oder denjenigen, die etwas hatten, was sie auf dem Schwarzmarkt eintauschen konnten.

Im Sommer beobachtete Gisela hinter der alten Fleischerei, wie ein Russe ein Schaf schlachtete. »Ich habe ihn angebettelt. Auf Russisch. ›*Dai*, gib mir ...‹, habe ich zu ihm gesagt. Da hat er mir den ganzen Schafskopf in mein Kleid gelegt, ich bin fast in die Knie gegangen und habe dann diesen Schatz nach Hause gebracht.« Die Köchin freute sich, daraus ließen sich viele Suppen kochen. Als sie Gisela von dem Fleisch nichts gab, dachte diese kurz nach: »Wir Kinder betteln und stehlen und schaffen Essen heran, und die teilen das nicht gerecht auf.« Dann bediente sie sich ohne schlechtes Gewissen selbst und nahm das Fleisch aus der Suppe. Das liebe, folgsame Kind hatte dazugelernt, es wollte überleben. Aus Trotz. Vor allem aber, um die Schwester nicht im Stich zu lassen. Angst vor dem

Tod oder dem Sterben hatte Gisela nicht. Das sah sie überall. »Ein adeliges Fräulein schlief mit mir in einem Bett. Kurz bevor es starb, kam der Pfarrer Flach, der wenig später mit seiner Mutter selber verhungert ist. Ich höre noch heute seine Worte: ›Das Kind liegt mit der Sterbenden in einem Bett.‹ Aber ich hatte keine Angst. Die vornehme Frau war eine Schriftstellerin, eine Frau mit viel Phantasie, sie sagte zu ihrer Freundin: ›Frau Schumann, jetzt komme ich ins Himmelreich, ich sehe die Engelchen.‹« Kurz darauf starb die alte Dame, wie all die alten Menschen, mit denen Gisela und Irmgard in der Wohnung lebten. Einer nach dem anderen.

Bis zum Sommer 1946 bestand in Königsberg Arbeitspflicht für alle einsatzfähigen Deutschen, russische Kräfte standen bis dahin kaum zur Verfügung. Waltraud erinnert sich, wie die Russen sie zwangsverpflichteten. »Die Russen sind in jedes Haus, in jede Ruine reingegangen, wo junge Mädchen waren, die Männer waren weg. Dann hieß es, rauf auf die Lastwagen und ab in die Innenstadt. Da haben wir die Straßen säubern, die Ziegel abklopfen und stapeln müssen, die wurden dann abtransportiert. Das war meine erste Arbeit.« Später fischte sie mit Enterhaken im Pregel treibende Mehlsäcke heraus, die den Russen nicht hatten in die Hände fallen sollen, aber nicht untergegangen waren. Das Mehl wurde in frische Säcke gefüllt; was sie tragen konnte, durfte Waltraud als Lohn nach Hause schaffen. Und sie schaffte viel, einmal schleppte sie einen ganzen Kopfkissenbezug voll Mehl in das kleine Zimmer. Vier Kilometer weit.

Schließlich arbeitete Waltraud in der Zellulosefabrik am Pregel, wo sie Baumstämme schälen musste, und sie konnte endlich ihre Mutter aus dem Krankenhaus abholen. Arbeiten konnte die fünfundvierzigjährige Frau jedoch nicht. Waltrauds Lohn waren die vierhundert Gramm Brot, die nun für sie und ihre Mutter reichen mussten. Als die Mehlvorräte schwanden, obwohl sie nur dazu dienten, die Brennnessel- und Meldesuppen anzudicken, schlich Waltraud jeden Morgen auf bloßen Füßen zu einem nahe gelegenen Schulhof, um die Kartoffelschalen zu stehlen, die die Russen dort hinkippten. Mutter und Tochter wuschen und schrubbten die Abfälle, drehten sie durch den Fleischwolf und rösteten sie. Sie mussten viel davon essen, um dann und wann einmal satt zu werden. Meist hungerten sie, wie fast alle Deutschen in Königsberg und im nördlichen Ostpreußen.

Als Waltraud erfuhr, dass am anderen Ufer des Pregel deutsche Mädchen und Frauen in den Getreidespeichern arbeiteten, ging sie kurzentschlossen auch dorthin. Statt der eigenen Schuhe in Größe 37 trug sie von nun an Herrenschuhe in Größe 44, in denen konnte sie unbemerkt Getreide nach Hause bringen. Mutter und Tochter wurden endlich einmal wieder satt.

Die zweihundert Gramm Brot, die ihnen zugeteilt waren, bekamen Gisela und Irmgard nur unregelmäßig und erst nach stundenlangem Anstehen. Das Brot wurde aus dem angeschwemmten Mehl, das Waltrauds Arbeitsbrigade aus dem Pregel gezogen hatte, mit Petroleum gebacken. »Einmal stand ein sehr alter Mann vor mir in der Brotschlange, da habe ich das Läuserennen auf seinem Mantel beobachtet.«

In der Universitätsstadt Königsberg waren gleich nach Kriegsende nicht nur Läuse und Wanzen aufgetaucht. Die Ratten hatten sich so stark vermehrt, dass sie Säuglinge und Schlafende angriffen. »Sie kamen mit den Russen«, sagten die Deutschen. Auch Seuchen, die die Zivilbevölkerung von Königsberg nie gekannt hatte,[27] griffen um sich, vor allem Typhus und Fleckfieber. Syphilis- und Tripperinfektionen häuften sich wegen der vielen Vergewaltigungen. »In dem Ambulatorium für Geschlechtskrankheiten stehen täglich Frauen Schlange. Jede, die eine Bescheinigung über ihre Krankheit erhält, ist glücklich. Vielleicht bleiben sie hierdurch vor weiteren Vergewaltigungen verschont. Auch manche Gesunde erhält den Schein«,[28] berichtete Professor Schubert.

Dem leitenden Arzt der beiden Königsberger Infektionskrankenhäuser St. Elisabeth und Yorck, Professor Wilhelm Starlinger, schien es, »als ob Schicksal und Natur prüfen wollten, was Menschen ertragen können und wie sie sich dabei gegen frei schaltende Seuchen verhalten«.[29] Bis März 1947, als die Sowjetbehörden ihn verhafteten, zählte er von April 1945 an 13 200 Deutsche, die vor allem an Bauchtyphus, Fleckfieber und Malaria litten. Jeder Vierte der an Typhus oder Fleckfieber Erkrankten starb und wurde in einem der Bombentrichter in der Innenstadt verscharrt.

In der Tat waren die im nördlichen Ostpreußen zurückgebliebenen Deutschen Gefangene. Die Menschen hatten keine Ausweise, nicht mal mehr Papiere, all das hatten ihnen die Russen abgenommen. Keiner durfte das sowjetisch besetzte Gebiet verlassen. Vor dem Krieg lebten hier etwa eineinhalb Millionen Menschen, die fast alle vor der heranrückenden Roten Armee geflohen waren. Gut 137 000 Deutsche und fünfzehntausend Ausländer, vor allem französische Kriegsgefangene und Zwangsarbeiter, wurden auf dem Territorium bei Kriegsende vom NKWD registriert. Weder die sowjetische Militärverwaltung noch die spätere Zivilverwaltung waren in der Lage, die Frauen, Kinder und alten Männer zu ernähren und medizinisch zu versorgen. Fünfunddreißigtausend Deutsche – mehr als jeder Vierte – starben in den Hungerjahren 1945 bis 1948 oder wurden in sowjetische Arbeitslager verschleppt. Etwa 102 000 Deutsche wurden schließlich innerhalb eines Jahres bis zum 21. Oktober 1948 ausgesiedelt. Von da an galt das Gebiet Königsberg, das 1947 in Kaliningrad umbenannt worden war, als frei von Deutschen. Heute würde man von einer ethnischen Säuberung sprechen. Nur einige Dutzend deutsche Fachleute und mit Russen verheiratete Frauen blieben offiziell zurück. Und diejenigen, die sich – wie die »Wolfskinder« – zum Betteln nach Litauen aufgemacht hatten und nicht rechtzeitig wieder zurückgekehrt waren.

Die Kriegswaisen von Königsberg

Die Nachkriegsmonate vergingen, Gerüchte über das künftige Schicksal Königsbergs und des nördlichen Ostpreußen kursierten. Einmal hieß es, Königsberg werde Freistaat, wie es Danzig gewesen war, dann hörte man, die Amerikaner und die Briten kämen, um die Deutschen von den Russen zu befreien. Auch wurde davon gesprochen, die Deutschen würden ins »Reich« gebracht. Oder vielleicht doch nach Sibirien, wie es am Kriegsende so vielen geschehen war. Die ersten Königsberger begannen Ausreiseanträge zu stellen, die sich bis 1947 zu Tausenden[30] bei den Milizorganen stapelten.

Es wurde Herbst und Winter. Ein besonders kalter, grausamer Winter, der früh begann und lange anhielt. Viele Menschen erfroren, weil sie keine Widerstandskraft mehr besaßen, die Häuser und Wohnungen keinen Schutz vor der Kälte boten und Heizmaterial fehlte. Im Winter 1945/46 wurden in der Stadt und im Umland »sichere Fälle von echtem Kannibalismus festgestellt«.[31]

Er war so kalt, dass man die Verstorbenen nicht sogleich beerdigen konnte. Fast täglich kam Gisela auf ihren Betteltouren an den Leichenbergen vorbei, die am Friedhof aufeinandergestapelt waren, weil erst im Frühling das Massengrab ausgehoben werden konnte. Sie schreckten das Mädchen nicht. »Angst hatte ich, wenn ich die Krähenschwärme im Juditter Wald hörte oder die Russen, die dort laute Lieder sangen. Dann habe ich mit dem Mond gesprochen. ›Mond, ich habe solche Angst ...‹ Seitdem ist der Mond mein Freund.«

Kurz vor Weihnachten 1945, als die Typhusepidemie auf ihrem Höhepunkt war, erkrankte auch Gisela. Auf einem Schlitten brachte ihre Schwester Irmgard sie ins Yorck-Krankenhaus, das Deutsche Seuchenkrankenhaus Nr. I, zu Professor Starlinger. Ein warmes Unterbett hatte Irmgard für die Schwester mitgenommen, darauf dämmerte Gisela vor sich hin. Medikamente gab es kaum, aber regelmäßig ein wenig zu essen. »Die Verpflegung erfolgte durch die Besatzungsmacht«, notierte Starlinger in seinem Bericht. »Das täglich Gelieferte mußte täglich verbraucht werden, Rücklagen waren streng verboten.«[32] Auch Waltraud Nicklaus bleibt Weihnachten 1945 in trauriger Erinnerung. Außer einem Kanten Brot gab es für sie und ihre Mutter nichts zu essen. Vom Vater hatten sie noch immer keine Nachricht.

Gisela kam im Krankenhaus langsam wieder zu Kräften. Sie beobachtete die anderen Kinder, die sie ein wenig beneidete, denn manche bekamen Besuch von ihrer Mutter. Bis heute kann sie einen kleinen Jungen, der sterben musste, nicht vergessen. »Er schickte seine Mutter immer weg, weil die so sehr weinte. Und ich wollte mit den anderen draußen spielen, aber der rief immer nach mir, ich sollte ihm was erzählen. ›Du wirst bald sterben‹, habe ich zu ihm gesagt, ›aber weißt du, da ist meine Mutter, da gibt es was zu essen und da ist es schön. Und dann bestellst du Grüße.‹ Dann war der Junge immer sehr glücklich und zufrieden, er fand das tröstlich und besser als das Weinen seiner Mutter.« Auch Dieter, der als uneheliches Kind zu seinen Großeltern abgeschoben worden war, die sich am Kriegsende die Pulsadern geöffnet hatten, stand Gisela bei. Mit elf Jahren war sie ein Kind mit der Lebenserfahrung einer Erwachsenen. Jahrzehntelang schob Gisela B. ihre Erlebnisse beiseite, erst heute, nach dreiundsechzig Jahren, kann sie darüber sprechen. Auch darüber, dass sie damals vielleicht selbst nicht mehr leben wollte. »Ich fand sterben damals gar nicht so schlecht, es war mehr eine Erlösung, beneidenswert.« Ihre Schwester Irmgard, mit der sie die gesamte Königsberger Zeit durchgestanden hat, aber schweigt.

Der feste Zusammenhalt zwischen Irmgard und Gisela rettete mit Sicherheit den beiden Schwestern das Leben. »Wir haben uns gegenseitig auf die Beine geholfen, wenn eine mal nicht mehr konnte.« Die Mädchen trieben einander an und setzten sich ein gemeinsames Ziel, als Irmgard hörte, dass in Juditten ein Waisenheim eingerichtet worden war. Dort wollten sie hin, Irmgard zog als Erste ein, da lag Gisela noch im Yorck-Krankenhaus.

Direkt nach Kriegsende liefen Hunderte deutsche Kriegswaisen durch die Ruinen von Königsberg und die zerstörten Dörfer im Umland. Solange das nördliche Ostpreußen noch nicht hermetisch abgeriegelt war, also bis in den Sommer 1945, kamen stets weitere Kinder hinzu, die sich Verwandten, Bekannten, aber auch vollkommen fremden Menschen angeschlossen hatten. Der Weg nach Westen war ihnen versperrt, so kehrten sie auf Geheiß der Russen nach Königsberg und in die umliegenden Orte zurück. Etwa hundert dieser Waisen nahm das Deutsche Zentralkrankenhaus in der Nähe des Nordbahnhofs auf. Ihre Angehörigen waren verstorben, manche Kinder waren nicht mehr abgeholt oder vor das Eingangsportal gelegt worden.33

Im Herbst 1945, etwa zu der Zeit, als es im Nordosten von Königsberg, in Maraunenhof, einem katholischen Pfarrer in eigener Initiative gelang, ein Waisenhaus aufzubauen,34 wurde auch das Heim in der Waldstraße in Juditten eingerichtet, das bald hundertsiebzehn Kindern eine primitive Bleibe bot. Die erste Erzieherin, Ursula Lennarz, räumte eigenhändig Schutt und Unrat aus dem ehemaligen Zweifamilienhaus der Familie Drawert, dann konnten die ersten Kinder in das spartanisch ausgestattete Heim aufgenommen werden: Es gab Tische und Bänke, doppelstöckige Betten mit Unterlagen und Decken aus dickem Papier, auf dem die Flöhe zu Hunderten herumhüpften. Wasser musste zuerst aus der Stadt, später aus einem Brunnen in der Nähe geholt werden. Alle Kinder hatten ihre Mutter verloren und wussten nichts über das Schicksal ihrer Väter. Sie waren lebensbedrohlich unterernährt und verängstigt – heute würde man sagen: traumatisiert. Die meisten hatten große, traurige Augen. Irmgard B. hieß sogleich »Fieseler Storch«, weil sie so groß und dürr war, Gisela »die Eule«, ein Name, der lange an ihr haften blieb. »Aus deinen Augen spricht das ganze Elend, sagten die Leute immer zu mir. Wie aus dem Bild von Edvard Munch, ›Der Schrei‹.«

Wie zuvor, so drehten sich auch im Waisenhaus alle Gedanken ums Essen. Anfang der 1990er Jahre erinnerte sich Ursula Lennarz: »Satt wurden die Kinder nie. Morgens gab es Brot und ab und zu einen Heringskopf und heißen Tee, der von dem Aluminiumteller getrunken wurde. Auch gab es zum Frühstück schon mal einen Bonbon. Als Mittagessen bekamen die Kinder eine dünne Suppe und ›Kascha‹, einen Brei aus Grütze oder Reis, Hirse, Kartoffeln oder auch mal Erbsen. Zum Abend gab es wieder Brot und Tee. Doch so unzureichend diese Ernährung war, es war immerhin etwas, denn als die Kinder auf sich alleine gestellt waren, lebten sie im Sommer von Löwenzahn, Sauerampfer, Gras oder Lindenblättern. In der ganzen Umgebung gab es keinen Baum, der an den unteren Ästen Blätter hatte.«

1 Breslau, um 1940: Leonie Bauditz mit ihren Brüdern Dieter und Winfried.

3 Westdeutschland, 1946: Leonie Bauditz.

2 Breslau, um 1942: Luise Bauditz mit Sohn Horst kurz vor dessen Einberufung in die Wehrmacht.

4 Marsberg/Sauerland, 1954: Jürgen Schubert bei seiner Kommunion im St. Johannes-Stift (2. Reihe, 2.v.l.).

5 Husum, 1946: Marta Perplies mit ihren Kindern Ruth Irmgard, Ilse, Heidulf und Leopold.

6 Typische Lagerumzäunung eines Straf- und Arbeitslagers an der Petschora/Nordrussland mit Bretterzaun, mehreren Reihen Stacheldraht und Wachtürmen.

7 1940er Jahre: Erdarbeiten in einem Frauenstraflager in Sibirien.

8 Pommern, 1944:
Wanda Schultz bei ihrer Konfirmation.

9 Straflagerbezirk an der Mittleren Wolga, 1940er Jahre: Wohnbaracke im Erdhügel.

10 Kopejsk bei Tscheljabinsk/Ural, 1948: Wanda Schultz im Lager 1081. Ihr Gesicht war von der Wassersucht aufgedunsen.

11 September 1946: Eine der ersten Karten von Wanda Schultz an Verwandte in Westdeutschland.

12 Straflagerbezirk Norilsk, 1940er Jahre: Frauenarbeit im Kohlenschacht.

13 Straflagerbezirk Tscheljabinsk/Ural, 1940er Jahre:
Frauenbrigaden auf dem Lagerplatz vor dem Abmarsch zur Arbeit.

14 Straflagerbezirk Swerdlowsk/Ural, 1940er Jahre: Bewaffnet
und mit Hunden führten die Wachmannschaften die Gefangenen
zur Arbeit.

15 Verlassenes Lager an der Eisenbahnlinie Salechard – Igarka
(»Tote Straße«), Foto 1989.

16 Straflagerbezirk Workuta, 1945:
Zur Zwangsarbeit verurteilte
Gefangene.

17 Karaganda/Kasachische Sowjetrepublik, Anfang 1950er Jahre: Gefangene an der Frauenbaracke.

18 Lager Gronenfelde, Frankfurt/Oder, um 1948: Heimkehr deutscher zivilinternierter Frauen.

19 Litauen, 1947: Ehepaar Kusmitzki mit Helga Woweries.

20 Litauen, 1947: Zur Arbeit des »Wolfskindes« Helga Woweries gehörte die Beaufsichtigung von dreizehn Puten.

21 Finnentrop, Oktober 1955: Nach mehr als sieben Jahren sieht Waltraud Nicklaus ihre Mutter (Bildmitte) wieder, nach über zehn Jahren den Vater. Links im Bild ihr Ehemann Erwin mit dem in Uchta geborenen Sohn.

22 Berlin, 1946: Irmgard Ebert als Schwesternschülerin.

23 Berlin, 1947: Irmgard Ebert mit ihrem Jugendfreund Hans Achim.

24 Berlin, Mai/Juni 1945: Klara Bühler sprach Russisch. Es gelang ihr, mit den Offizieren auszuhandeln, dass ihr Haus in der Wexstraße 20 für Rotarmisten tabu war.

25 Berlin, Mai/Juni 1945: Klara Bühler feiert mit russischen Offizieren in der Wexstraße.

26 Berlin 1945: Wladimir Gelfand – der Schwarm der Berliner Mädchen und Frauen.

27 Berlin 1945: Wladimir Gelfand präsentiert stolz sein Fahrrad beim Fotografen.

28 Berlin, um 1946: Ilse Wolf.

29 Berlin, um 1948: Dora Pötting.

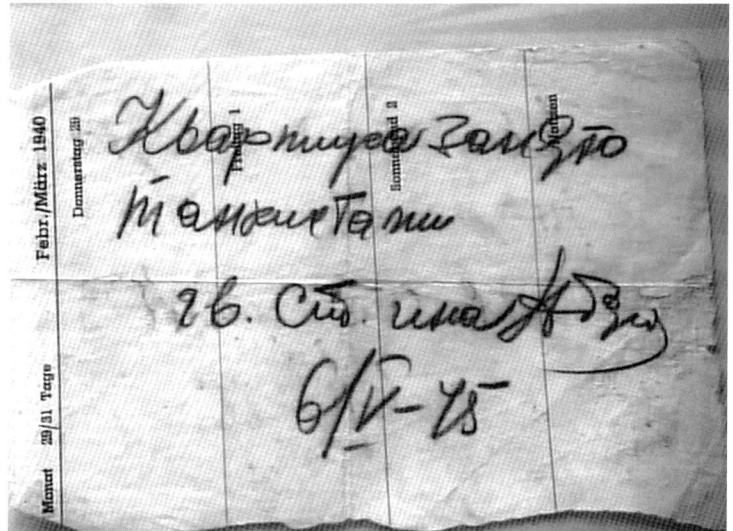

30 Berlin, 6. Mai 1945. Schutzbrief von Boris Abdulguzyn für Dora Pötting:
»Die Wohnung ist von Panzersoldaten besetzt.«

31 Berlin, Mai 1945: Der junge Hauptfeldwebel Boris
Abdulguzyn setzte sich für Dora Pötting und ihre Mutter ein.

32 Berlin, um 1946:
Ilse Kran als junge
Ärztin.

33 Neustrelitz, Herbst 1944:
Betty Ott mit ihren Töchtern
Karin, Heidrun und Rita (v. l. n. r.).

Die einzigen Beschäftigungen im Heim waren Stricken – als Nadeln dienten Fahrradspeichen, die Wolle wurde von alten Pullovern abgeribbelt –, Stopfen und Singen. Außerdem erhielten die Kinder ein wenig Schulunterricht. Die älteren wie Irmgard gingen in die Stadt zur Schule, Gisela und die anderen Kinder ihres Alters wurden im Heim unterrichtet. Die Schwestern waren gern in diesem Waisenhaus. An den Leiter erinnert sich Gisela B. noch heute. »Das war ein Jude, er setzte sich für uns Kinder ein und bekam sogar so viel Geld zusammen, dass er eines Tages ein Auto für das Heim kaufen wollte. Doch er wurde ermordet, das Geld war weg.«

Als es im Frühjahr 1946 hieß, bald käme eine Kommission aus Moskau, um das Heim zu kontrollieren, mussten Irmgard und Gisela in ein anderes Waisenhaus. Sie waren – im Unterschied zu Kindern, die länger in der Familie gelebt hatten – allzu unterernährt, man konnte oder wollte sie nicht vorzeigen.

Die Schwestern fanden Aufnahme im Kinderheim von Labiau am Kurischen Haff. Es war in einem Schulneubau untergebracht, hatte eine kleine Quarantänestation, einen netten Direktor, eine Lehrerin und eine »feine Mutter mit Tochter. In der Aula der Schule stand noch ein Klavier, und beide lehrten uns wunderschöne Lieder.« »Leise zieht durch mein Gemüt« von Heinrich Heine war eines davon. Es tat den geschundenen Kinderseelen gut.

Auch wenn die Versorgung in den Waisenhäusern für deutsche Kinder äußerst mangelhaft war, so versuchten die sowjetischen Stellen zumindest, Gesundheit und Leben der jungen Schutzbefohlenen zu erhalten. Dass dies nicht immer gelang, dokumentieren Berichte aus dem Kinderheim in Ripkeim bei Wehlau. Auf dem Gelände des ehemaligen Schlosses musste ein Kinder-Massengrab geschaufelt werden.[35]

Königsberg wurde Kaliningrad

Bereits 1945 ließen die russischen Soldaten ihre Frauen nachkommen. Die Sieger besetzten die Häuser und Wohnungen, die die Deutschen hergerichtet hatten. Die Verlierer zogen in die Keller der zerstörten Häuser in der Nachbarschaft. Waltraud fand eine Bleibe in der Clausewitzstraße. Sie trug den Schutt heraus, schleppte Lebensmittel, Kohlen und Holz in den Keller, dann holte sie ihre Mutter nach. Helga Woweries, ihre Mutter Helene und der kleine Dietmar mussten wie die anderen deutschen Familien das kleine Arbeiterhäuschen in Schönfließ räumen, sie zogen weiter, nach Speichersdorf.

Die ersten zivilen Russen, die sich im Königsberger Gebiet ansiedelten, waren Soldaten, die aus der Armee ausgeschieden waren, befreite sowjetische Kriegsgefangene und Zwangsarbeiter sowie Spezialisten, die die Militärverwaltung aus der Heimat anforderte. Neben den Angehörigen, die den Männern folgten, kamen manche Frauen und Familien auch aus eigener Initiative, waren doch die Nachkriegsjahre die Zeit der großen Völkerwanderung in der Sowjetunion.

Wie fremd in russischen Augen jenes Land war, das mit dem »Erlaß des Präsidiums des Obersten Sowjets vom 07. April 1946 über die Bildung des Gebiets Königsberg« zu einem Teil der Sowjetunion gemacht wurde, beschrieb Alexander Solschenizyn, der im Januar 1945 mit einer Beobachtungsabteilung durch Ostpreußen gekommen war:

> Welch ein Land! Ganz unverständlich!
> Alles anders als bei Menschen,
> als in Polen, als daheim.
> Keine strohgedeckten Häuser,
> selbst die Schuppen, wie Palais. ...
> Dabei stünde uns dies alles
> auch gut an; zu eilig wohl,
> fluchten wir erst angeödet:

Wo man hinsieht, immer Ziegel,
spitze Türme, Schlösser, Giebel,
ewig Backstein überall!
Wär doch auch bei uns nicht übel ...[36]

Der organisierte Zuzug von russischen Familien nach Nord-Ostpreußen begann erst im Sommer 1946. Durch gezielte Anwerbung, teils unter falschen Versprechungen, kamen zwischen dem 27. August 1946 und dem 31. Dezember 1953 insgesamt 42 376 Familien in das Gebiet Kaliningrad. Es waren meist einfache Kolchosarbeiter, die in Viehwaggons im äußersten Westen des sowjetischen Riesenreiches eintrafen, wo sie sich vor allem auf dem Land ansiedelten. Die Menschen stammten größtenteils aus Dörfern fernab von Moskau, viele von ihnen hatten die Gräuel und Verwüstungen des Krieges am eigenen Leib oder in ihrer Familie erlebt.

Im April 1946 kam eines Abends ein Güterzug mit einer großen Getreidelieferung an die Rampe des Speichers gerollt, in dem Waltraud arbeitete. Da die gesamte Fracht sofort ausgeladen werden musste, zog sich die Arbeit bis weit nach Mitternacht hin. Wegen der Sperrstunde durften die deutschen Arbeiterinnen jedoch erst morgens nach Hause gehen. Als Waltraud bei Sonnenaufgang in das Boot stieg, das sie über den Pregel bringen sollte, war ein kräftiger, fremder Mann am Ruder. »Ich habe große Angst gehabt, mit dem Russen alleine im Boot zu sein. Für mich war's ein Russe. Er sprach kein Wort, ich sprach kein Wort. Ich hab nur immer so von unten geguckt und er hat mich auch angeguckt. Und so haben wir uns kennengelernt, mitten auf dem Pregel.«

Als die Mutter von der Bekanntschaft ihrer Tochter erfuhr, lud sie den jungen Mann ein. Zum Mittagessen. Auch sie fand Gefallen an Erwin Nicklaus, der überall zupackte. Als die Russen ihnen befahlen, den Keller des Trümmerhauses zu verlassen, besichtigte Erwin die Ruine in der Stägemannstraße und beschloss, dort die Wohnküche instand zu setzen. Er baute Türen und Fenster ein und mauerte. »Zuletzt scheuerten wir die verkohlten Wände ab und kalkten sie neu.« Als Erwin immer öfter auch nachts in der Wohnung blieb, um die Frauen vor Übergriffen der Russen zu schützen, die noch immer vorkommen konnten, stellte die Mutter Waltraud vor die Entscheidung: Entweder müssten die beiden heiraten oder Erwin müsse gehen. Die jungen Leute entschieden sich fürs Heiraten. Erwin blieb. Ende 1946 verlobten sie sich.

Am 4. Juli 1946 wurde Königsberg in Kaliningrad umbenannt. Zu Ehren von Michail Kalinin, der kurz zuvor gestorben war. Die Stadt am Pregel hatte das offizielle Staatsoberhaupt nie besucht. Helga Hering erinnert sich noch, wie die Russen an diesem Tag alle Deutschen in Speichersdorf auf einem großen Platz zusammenriefen und verkündeten, dass Königsberg von nun an Kaliningrad heiße. Anschließend wurde eine Marschkolonne zusammengestellt, die langsam durch die zerstörten Straßen Richtung Zentrum zog. »Früher fuhr man mal eben mit der Straßenbahn, nun waren wir lange zu Fuß unterwegs, bis wir am Schloss vorbei auf den Steindamm kamen und dann in die Wagnerstraße abbogen. Dort führte man uns in ein großes Backsteinhaus, wo schon viele Menschen versammelt waren. Wir sangen ein paar deutsche und ein paar russische Lieder, dann zeigte man uns einen Kinofilm.« Abends ging es den ganzen Weg zurück. Offiziell war die Stadt umbenannt, doch selbst die Russen sagten weiterhin »Kenigsberg«.

Helgas Mutter nahm jede Arbeit an, um sich und ihre beiden Kinder irgendwie am Leben zu erhalten. Zu Beginn des Jahres 1947 erhielt Helene Woweries eine Postkarte aus Greifswald. »Auf der Karte stand, dass mein Vater, mein großer Bruder und die Oma lebten. Mein Vater schrieb, wir sollten kommen, sonst kämen sie nach Königsberg. Das aber wollte meine Mutter auf keinen Fall.« Immer wieder waren Menschen – wie im Herbst 1945 Waltrauds späterer Mann Erwin – aus dem Westen in das Gebiet Kaliningrad gekommen. Sie wollten »mit Bescheinigungen alliierter Behörden ausgerüstet, hier ihre Angehörigen suchen und mit den Gefundenen nach Hause zurückkehren. Auch sie erzählen Erschütterndes von ihren Reiseerlebnissen. Wenn sie sich auf der hiesigen Generalkommandantur melden, werden ihnen ihre Ausweise entweder zerrissen oder mit dem Bemerken abgenommen, sie sollten sich in acht bis vierzehn Tagen ihre Ausreisegenehmigung dort abholen.«[37] Viele stahlen sich wieder fort, wie sie gekommen waren, andere blieben.

Man hatte sich längst an das Verschwinden von Männern und Frauen gewöhnt. Sie waren gestorben, in Litauen zum Betteln unterwegs oder verhaftet worden. Nicht nur gleich nach dem Einmarsch der Roten Armee, sondern auch in den folgenden Jahren, wenngleich weniger häufig. Professor Wilhelm Starlinger, Gisela B.s Arzt im Yorck-Krankenhaus, wurde im Frühjahr 1947 Opfer der Stalin'schen Willkürjustiz. Angeklagt wurde er der »faschistischen Durchsetzung des Krankenhauses«. Dreimal wurde ihm der Prozess gemacht. Starlinger selbst bezeichnete die Verhandlungen als »Schauprozesse«. Nach einjähriger Untersuchungshaft wurde er nach Paragraph 58 – konterrevolutionäre Gesinnung und Haltung – zu zehn Jahren Zwangsarbeitslager verurteilt.[38]

Helga Woweries' Vater kam zum Glück nicht nach Königsberg zurück. Seine Kinder bettelten und versuchten, auf dem Schwarzmarkt Lebensmittel einzutauschen, dabei wurden sie von Russen manches Mal betrogen. Wenn es nichts gab, sammelten sie alles essbare Grün. »Meine Mutter hatte schon lange gehört, dass andere Kinder nach Litauen zum Betteln fuhren. Im Frühjahr 1947 hat sie mir dann schweren Herzens gesagt, ich solle auch dorthin fahren, sie könne gerade noch ein Kind durchbringen, meinen Bruder Dietmar.«

Helga fuhr. Sie nahm einen kleinen Beutel und einen Rucksack mit, band sich ein Kopftuch um und sah mit ihrem runden Gesicht fast aus wie eine Russin. Dann stieg sie am Kaliningrader Güterbahnhof in einen Viehwaggon, wo sie sich zu den Russen auf den Boden setzte. »Bei einer Razzia wurde ein deutscher Junge aus dem Zug gestoßen, ich sehe heute noch vor mir, wie er rausfliegt. Ich wurde nicht entdeckt, weil eine Russin zu mir sagte: ›*Ty maja dotschka* – du bist meine Tochter.‹« Helga stieg in Kaunas aus, das war der erste Bahnhof, an dem viele Leute den Zug verließen. Sie folgte dem Strom der Russen, Litauer und Deutschen, bettelte auf dem Markt und in der Umgebung von Kaunas, bekam aber nie so viel zusammen, dass sie damit hätte zurückfahren können. Eines Tages sprach eine Litauerin sie an, der Frau war das saubere Mädchen mit seiner ordentlichen Kleidung aufgefallen. Sie versprach Helga, sie werde zu essen bekommen, wenn sie auf ihrem Hof arbeite. »Ich hatte überhaupt keine Angst mitzugehen, mich lockte das Essen, und ich war froh, nicht mehr betteln zu müssen.« Dabei erzählten sich die deutschen Kinder in Kaunas, einige ihrer verschwundenen Kameraden seien zu Frikadellen verarbeitet worden, die auf dem Markt verkauft würden. Kleine Menschenknochen fände man darin.

Mit dem Schiff und zu Fuß ging es zum Hof der Frau in Vilkija. Der Weg war weit. »Ihr Mann konnte Russisch, mit dem habe ich mich verständigt, bis ich nach einem halben Jahr Litauisch sprach. Die Leute hatten einen großen Hof südöstlich von Kaunas mit Kühen, Pferden und dreizehn Puten. Die waren ein einziges Ärgernis, denn sie flogen immer auf den Dachfirst, und ich bekam sie nicht wieder herunter. Arbeit gab es für mich mehr als genug. Oft musste ich die Runkelrüben auf einer groben Reibe reiben. Dabei habe ich mich einmal sehr verletzt, das Loch in der Hand habe ich heute noch.« Helga erinnert sich gerne an ihre Zeit als »Wolfskind« in Litauen, denn sie bekam in ihrer Familie immer genügend gutes Essen und kam so wieder zu Kräften.

Als im August 1947 eine Deutsche zum Betteln auf den Hof kam, erzählte sie Helga, alle Deutschen in Königsberg seien verhungert oder fort. Nun hielt das Mädchen nichts mehr bei den freundlichen litauischen Bauern, es musste zurück. Die Litauer hatten Verständnis, obwohl sie traurig waren, dass Helga fort wollte. Sie gaben ihr Geld und Proviant mit auf die schwierige Reise. Helga fuhr mit dem Personenzug, auf einem Kohlentransport, schließlich wie viele andere auch auf dem Trittbrett eines weiteren Zuges. Es ging über Kaunas, Trakehnen und Insterburg nach Königsberg zurück. Das ganze Geld und allen Proviant nahmen ihr ein paar russische Jungen ab.

Dann folgte eine große Enttäuschung: Das Zimmer, in dem sie mit ihrer Mutter und dem kleinen Bruder untergekommen war, bewohnte nun ein Schuster. »Deine Mutter ist zu einem Arbeitseinsatz«, sagte er und schickte das Mädchen zum deutschen Bürgermeister, der wisse, wo sie sei. Dort bekam Helga einen Koffer mit Kleidung, den die Mutter bei ihm deponiert hatte. Der Bürgermeister riet, mit dem Schiff nach Tilsit zu fahren, dort arbeite die Mutter bei einem Heukommando.

Gut eine Woche war Helga unterwegs, bis sie in der Stadt an der Memel ankam. Sie suchte in den umliegenden Dörfern, doch sie fand die Mutter nicht. Ihr Essen verdiente sie sich auf dem Markt, da bekam sie für ihre Arbeit manchmal Kartoffeln, Möhren oder Obst zugesteckt. »Am 2. September 1947, es war mein dreizehnter Geburtstag, nahm eine Frau mich mit nach Hause, es gab Kartoffel-Kürbis-Kuchen und ein Bett für die Nacht, das vergesse ich nie«, erzählt Helga Hering. Und wundert sich dann, dass immer, wenn sie nicht mehr weiter wusste, jemand kam, der ihr half. »Ich war wieder in Tilsit am Bahnhof, da sprach ich mit einem älteren Mann. Und der riet mir, ich solle zu meinen litauischen Bauern zurückfahren. Er schenkte mir vier Rubel für die Schiffsfahrkarte nach Kaunas. Warum ich dann einer wildfremden Frau, die nach Königsberg zurückfuhr, einen Zettel mit der Adresse des Bauernhofs gab, weiß ich nicht mehr. Ich sagte ihr, sie möge meiner Mutter diesen Zettel geben. Und das tat sie dann wirklich.«

Am 21. Oktober 1947 heirateten Waltraud und Erwin Nicklaus auf dem sowjetischen Standesamt in Kaliningrad. Ihre Hochzeit hatte sich Waltraud einmal ganz anders vorgestellt, mit einer weißen Kutsche, vor die zwei Schimmel gespannt wären, so hatte es der Vater ihr versprochen. »Nach der kirchlichen Trauung, die in der Trümmerwohnung stattfand, gab es trockenes Brot mit Rohrzucker bestreut. Wir waren sehr glücklich, es schmeckte wie der beste Kuchen.«

Was weder Erwin noch Waltraud oder ihre Mutter wussten: Einen Tag später verließ der erste Zug mit zweitausend deutschen Umsiedlern den Kaliningrader Güterbahnhof. Sein Ziel war die sowjetisch besetzte Zone Deutschlands. Die Grenze zum polnischen Teil Ostpreußens passierte der Zug in Preußisch-Eylau, wo der Vater von Gisela B. ums Leben gekommen war. Es folgten viele weitere Züge, bis die Umsiedlungsaktion am 21. Oktober 1948 abgeschlossen war.

Am 14. November 1947 wurde das Kinderheim Labiau aufgelöst. Gisela und Irmgard B. durften das Gefängnis Nord-Ostpreußen verlassen. Alle Erwachsenen, mit denen sie vor ihrer Zeit in den Waisenhäusern zusammengelebt hatten, waren in den zweieinhalb Jahren unter sowjetischer Herrschaft gestorben. Verhungert. Irmgard und Gisela aber hatten überlebt und fuhren nun in einem Zug mit verriegelten und verplombten Viehwaggons, in denen jeweils zwanzig bis dreißig Kinder waren, gen Westen. »Die meisten von uns waren Waisenkinder. Verlaust und an Lungen- und Knochentuberkulose erkrankt, fuhren wir ins ›Reich‹. Mehrere Tage waren wir unterwegs, die ganze Zeit eingesperrt, nicht einmal unsere Notdurft durften wir außerhalb des Waggons verrichten.« Man brachte sie über Pasewalk nach Bernburg an der Saale, wo sie ins Krankenhaus und in eine Lungenheilanstalt kamen.

1948 sollte Gisela in eine Familie vermittelt werden, doch sie widersetzte sich und wurde sofort krank – das Ergebnis: Die Familie verlor das Interesse an ihr. »Wir hatten Verwandte in Leverkusen, und ich wusste den Namen. Eine Frau hat dann an den Stadtdirektor geschrieben und der hat die Verwandten auch gefunden. Wir durften in den Westen.« Wer dort keine Verwandten hatte, blieb in der Sowjetischen Besatzungszone, aus der bald die Deutsche Demokratische Republik wurde.

Die Aussiedlung der Deutschen

Auch Waltraud Nicklaus' Mutter war glücklich, nicht mehr lange auf ihre Aussiedlung warten zu müssen. Anfang Februar 1948 sollte es für sie so weit sein. Doch dann wartete sie eines Abends vergebens auf Tochter und Schwiegersohn: Erwin und Waltraud waren verhaftet worden. Einfach so. Nach der Arbeit im Speicher hatten die beiden den fast zugefrorenen Pregel überquert und waren wie jeden Tag an der Dampferanlegestelle an Land geklettert. Dort erwarteten sie zwei Milizionäre. »Wir sollten auf das Auto rauf. Aber warum? Wir wollten doch nach Hause. Wir wurden festgehalten und auf den Lastwagen verfrachtet. Es ging ab zur Hafenpolizei, in den Keller hinunter. Wir hatten keine Ahnung, was los war.« Die beiden wurden ins Königsberger Gefängnis gebracht und dort sogleich voneinander getrennt.

Waltraud kam in eine kleine Zelle, in der bereits zehn Frauen saßen. »Ich stand unter Schock, ich wusste nicht, warum, weshalb und wieso. Ein paar Tage später wurde ich dann seelisch gefoltert, von einem russischen Offizier, der hieß Orloff.« Er wollte wissen, wo Waltraud den Brief versteckt hielt, den ihre Mutter in die Bluse eingenäht hatte, die sie für sie abgegeben hatte. »Meine Mutter hat geschrieben, dass sie weg muss, immer an uns denken und versuchen wird, uns von hier wieder freizukriegen. Sie hat uns viel Glück gewünscht und Gottes Segen.« Aber Waltraud hatte die wenigen Zeilen längst vernichtet. »Dann sollte ich sagen, ich habe agitiert, ich habe gegen die Russen gesprochen und ich habe die Leute alle aufgewiegelt, auch die in der Zelle. Und ich habe immer gesagt: ›Nein, habe ich nicht ... nein, das habe ich nicht.‹«

Da Waltraud nicht gestand, entsicherte der NKWD-Offizier die Waffe, zielte auf die zitternde junge Deutsche und begann zu zählen. »Eins ... zwei ... und ich hab schon die Augen zugekniffen, ich hab gedacht, jetzt erschießt er dich ... und danach musste ich unterschreiben, dass ich niemandem über diesen Vorfall berichten darf.«

Zu der Zeit, als Waltraud und ihr Mann im Gefängnis saßen, erfuhr eine russische Nachbarin von Helene Woweries, dass die Sowjetbehörden planten, sehr bald weitere Transporte nach Deutschland zusammenzustellen. »›Lena, Lena‹, sagte die Frau zu meiner Mutter, ›hol deine Tochter aus Litauen!‹ Und wirklich, meine Mutter machte sich auf, um mich abzuholen. Dabei hatten die Bauern schon Vorbereitungen getroffen, um mich zu adoptieren. Sogar der *klebonas*, der Pfarrer, war schon bei uns gewesen, sie wollten mich katholisch taufen lassen.« Frau Woweries hatte einen Goldzahn, den gab sie dem Lokomotivführer, damit er sie im Führerhaus bis nach Kaunas mitnahm. Als ihre Mutter kam, war Helga gerade dabei, einen Kuchenteig zu rühren. »Der Bauer sagte zu mir, er hätte meine Mutter in Kaunas auf dem Markt gesehen. Ich habe gleich die Schüssel fallen lassen und bin rausgerannt, ich wollte so schnell wie möglich in die Stadt. Und als ich rauskam, stand meine Mutter vor mir.« Helene Woweries war nur noch ein Schatten ihrer selbst, vom Hunger ausgezehrt und geschwächt von der Malaria, die sie bei dem Heukommando in Tilsit bekommen hatte.

Helga hatte noch gut ein weiteres halbes Jahr bei den litauischen Bauern gearbeitet, jeder im Dorf kannte die kleine, fleißige Deutsche. Und jeder, bei dem sie sich verabschiedete, gab ihr etwas mit auf den Weg: Kartoffeln, Brot, ein Stückchen Speck, gepressten Quark oder auch Geld. So konnten es sich Mutter und Tochter leisten, mit einem Lkw nach Kaunas und weiter mit dem Fernzug nach Kaliningrad zu fahren.

Mitte März 1948, kaum mehr als eine Woche nach ihrer Rückkehr, klopfte es frühmorgens. Helene Woweries und die beiden Kinder sollten sich schnell anziehen, ihre Habseligkeiten packen, es gehe zum Bahnhof. Der Lkw stand bereits vor der Tür.

Vermutlich konnte auch Professor Johann Schubert, der Arzt aus dem Krankenhaus der Barmherzigkeit, mit diesem Transport Königsberg verlassen. Kurz nach seiner Ankunft in Westdeutschland beschrieb er seine letzten Gedanken in der »ausgemordeten Stadt«: »Der Hut, den ich trage, ist das Erbe eines Verhungerten. Mein Stock ist Nachlaß einer Verhungerten.« Was er am Körper trage, stamme von Menschen, die den Qualen zum Opfer gefallen seien. »Wir, die wir die Stadt verlassen, leben nur, weil andere uns durch ihr Weichen das Weiterleben ermöglichen, weil wir gerade noch etwas kräftiger waren als die anderen, die uns ihre Nahrung, ihre Kleidung, ihren Arbeitsplatz lassen mußten. Wer von uns Deutschland wiedersehen darf, hat Glück gehabt, das Glück eines von vieren, eines von sechsen.«[39]

Jeweils zwanzig bis fünfundzwanzig Aussiedler waren in einen Viehwaggon gepfercht, der verschlossen, verriegelt und verplombt wurde. Ihr Proviant war ein einziges Brot. »Wir wussten nicht, ob es wirklich in den Westen ging oder in die Sowjetunion, denn es wurden immer noch Leute zur Zwangsarbeit abtransportiert, aber wir hofften es«, erinnert sich Helga Hering. Obwohl der Zug manches Mal hielt, wurden die Türen erst in Eberswalde wieder geöffnet. Nun waren sie in Freiheit, fuhren weiter nach Greifswald, dort warteten der Vater, Helgas älterer Bruder und die Großmutter auf sie. Wie die meisten ihrer Schicksalsgenossen blieben sie in der künftigen DDR, einige fuhren weiter zu Verwandten in Westdeutschland.

»Dass die fremde Frau meiner Mutter den Zettel mit der Adresse meiner litauischen Bauern gegeben hat, das war alles reiner Zufall und ein großes Glück«, sagt Helga Hering heute. Andernfalls wäre sie vielleicht – wie so viele andere »Wolfskinder« – in Litauen geblieben. Manche leben heute noch dort, die meisten unter einem anderen, litauischen Namen. Ohne jemals ihre Familie wiedergesehen zu haben.

Verurteilt zu Lagerhaft

Bei der Gerichtsverhandlung über die angeblichen Vergehen von Waltraud und Erwin Nicklaus wurde vor allem russisch gesprochen, nur wenig ins Deutsche übersetzt. »Worum es da ging, ich weiß es bis heute nicht. Ich weiß nur, zum Schluss haben sie gesagt ›sieben Jahre‹. Das war das Einzige, was ich mitbekommen habe, vielleicht war ich auch zu aufgeregt. In mir brach eine Welt zusammen. Ich bin aus einem behüteten Familienleben herausgerissen worden, die Kriegszeit war schon schlimm, die Nachkriegszeit noch schlimmer – jetzt war's die Hölle für mich.«

Nach der Verhandlung sahen sich Erwin und Waltraud nur wenige Minuten. Waltraud konnte ihrem Mann gerade noch zuflüstern, wie es ihr ergangen war. Beide kamen in ihre Zellen zurück und verloren einander für Jahre aus den Augen. Einige Wochen blieb

Waltraud noch in dem Gefängnis, bei dünner Suppe, in der Fischköpfe schwammen. Dann wurde sie mit anderen Frauen auf einem Lkw in ein Sammellager auf der Schichau-Werft gebracht, in dem sich bereits viele Menschen befanden.

»Am 22. Juli, genau an meinem Geburtstag, wurden wir abends in Viehwaggons verladen. Die Tür wurde krachend zugeschoben, der Riegel umgelegt.« Auch wenn es vielleicht einige wenige gehofft hatten, die Fahrt ging nicht in den Westen, sondern quer durch den europäischen Teil der Sowjetunion, an Moskau vorbei, in den Norden, Richtung Workuta. Die Frauen in Waltrauds Waggon lagen auf dem Bretterboden. Nur durch kleine Öffnungen knapp unter der Decke und durch die Ritzen fiel ein wenig Licht. Einmal am Tag hielt der Transport irgendwo auf freier Strecke an, die Wachmannschaften reichten den Gefangenen ein paar Scheiben trockenes Brot und heißes Wasser in den Waggon. Als Abort diente eine Rinne nach draußen. »Ich hab mich nur dadurch trösten können, dass wir mehrere Deutsche waren. Wir haben uns gegenseitig Mut gemacht.«

Nach ungefähr zehn Tagen kam der Transport hungriger Frauen und Mädchen in der Stadt Uchta im Gebiet Komi an. Nach dem langen Sitzen fiel es allen schwer, aus dem Waggon zu klettern und sich in Fünferreihen aufzustellen. Dann führte man die Frauen in ein Auffanglager, in dem sich außer Russinnen Gefangene vieler Nationalitäten befanden, vor allem Litauerinnen. Diese waren zumeist aus einem nichtigen Grund verhaftet und deportiert worden. Weil sie ein falsches Lied gesungen oder einen politischen Witz gemacht hatten. Im Lager wurden diese Frauen geschätzt, da sie keine Straftäterinnen, sondern politische Häftlinge waren. Sie alle waren nach Paragraph 58 verurteilt worden, so wie Waltraud wahrscheinlich auch.

Die Lager um Uchta bestanden seit Mai 1938 und sollten erst 1955 aufgelöst werden. In den verschiedenen Haupt- und Unterlagern waren zeitweise knapp vierzigtausend Männer und Frauen inhaftiert. Ihre Arbeit bestand im Auffinden und Fördern von Erdöl, Asphalt sowie Radium, sie wurden beim Straßenbau, im Holzeinschlag, in Ziegeleien und anderen Betrieben eingesetzt.

Waltraud kam mit fünfzehn anderen Mädchen in ein kleines Arbeitslager mitten in der Taiga. Sie, das Stadtkind, sollte Bäume fällen, dicke Fichten, die die Frauen zu zweit nicht umfassen konnten. Ihre Ausrüstung bestand aus einer langen Säge, einem Beil und einem Keil. »Wir haben gesägt und gesägt und gesägt, auf einmal fing der Baum an zu trudeln. Da kam einer von den Russen und sagte: ›Mädchen, ihr schlagt euch ja gegenseitig tot, so geht das nicht!‹ Der hat uns erst mal gezeigt, wie das gemacht werden musste.«

Zwei Kubikmeter Holz mussten am Tag von zwei Arbeiterinnen gefällt, entastet, auf einen Meter Länge geschnitten und gestapelt werden, das war die Norm. Weil sie die nie erreichte, bekam Waltraud weniger zu essen. Statt vierhundert nur zweihundert Gramm Brot täglich. »Außerdem gab es morgens und abends diese Kohlsuppe, wo ein Kohlblatt das andere jagte. Und einen Esslöffel *kascha*, das war Grützbrei. ›Wer nicht arbeitet, braucht nicht zu essen‹, hieß es auf einem Transparent in unserem Lager.« Waltraud wurde immer schwächer, schaffte immer weniger, bis sie schließlich zusammenbrach. Dann kam eine russische Ärztekommission, in der zwei freundliche jüdische Mediziner waren. Sie entschieden, Waltraud müsse auf die Krankenstation. Vier Wochen bekam sie gutes Essen, wurde hochgepäppelt. Als sie entlassen wurde, musste sie statt zur Waldarbeit in den Straßenbau und damit in ein anderes Lager.

Uchta liegt in einem großen Sumpfgebiet. Wollte man eine befestigte Straße bauen, so musste zuerst ein Fundament aus dünnen Tannenstämmchen gelegt werden. Darauf und dazwischen kamen Steine, die Lastwagen heranbrachten. »Wir mussten die Steine in Eimern schleppen. Ich hatte schon blutende Hände, hatte mir die Blasen aufgedrückt. Ich habe die Fußlappen aus den Filzstiefeln genommen und sie mir um die Hände gewickelt und dann weiter Eimer geschleppt.« Waltraud brach wieder zusammen, kam erneut auf die Krankenstation. »Aber ich wollte nicht sterben. Und dann habe ich für eine Russin gestrickt, die im Lager Aufsichtsperson war.« Dafür bekam sie einen Laib Brot. »Da habe ich vor lauter Hunger und vor lauter Freude das ganze Brot gegessen. Ich wäre bald geplatzt, aber das war mir die Sache wert, einmal satt essen, nur ein einziges Mal.«

Bei dem Lager, in das Waltraud geraten war, handelte es sich um ein ganz gewöhnliches sowjetisches Straflager, in dem sich Gefangene befanden, die für einen kleinen Diebstahl zu fünfundzwanzig Jahren Haft verurteilt worden waren, aber auch Mörderinnen, Frauen, die ihre Männer, ihre Kinder getötet hatten. Da die UdSSR im Jahr 1947 die Deklaration der Menschenrechte unterzeichnet hatte, war die Todesstrafe für den kurzen Zeitraum bis Januar 1950 abgeschafft worden. Dafür hatten manche Inhaftierte nun eine Strafe von mehr als hundert Jahren abzusitzen. Diese Frauen hatten nichts mehr zu verlieren. »Denen war alles egal, die gingen nicht zur Arbeit und ließen andere für sich schuften.« Sie holten sich einfach Brot aus der *stalowaja*, der Kantine, wann immer sie wollten. »Das waren Berufsverbrecherinnen, *blatnije*, die ließen sich von niemandem etwas sagen. Und wehe, es trat denen einer in den Weg, dann haben sie zugehauen und zugestochen.« Die Frauen besaßen Messer, die hatten sie sich aus ihren Esslöffeln gemacht. Die waren so spitz, dass sie damit jemanden umbringen konnten. Und sie taten es auch.

Waltraud hatte Angst vor diesen *blatnije*. Deshalb versuchte sie, sich gut mit ihnen zu stellen, und sammelte unermüdlich die Reste der Papirossy und Machorkas auf, die das Wachpersonal fortwarf. Lohn der Mühen war, dass die Frauen sie nicht nur in Ruhe ließen, sondern ihr auch noch Brot für den Tabak gaben.

Waltrauds Mann Erwin befand sich in einer anderen großen Straflagerregion in der Nähe von Swerdlowsk, dem heutigen Jekaterinburg. Bis Waltraud die Volksdeutsche Maria kennenlernte, wussten beide nichts voneinander. Tante Maria war 1904 geboren, so alt wie Waltrauds Mutter. Sie war auf unbestimmte Zeit in die Republik Komi verbannt, weil sie während des »Großen Vaterländischen Krieges« Wehrmachtsangehörige in ihrem Haus einquartiert hatte. Nachdem Maria die junge Frau in ihre Obhut genommen hatte, bekam Waltraud zusätzliches Essen – ohne dass die Lagerleitung etwas davon mitbekommen hätte. Wie es im Straflagersystem der Sowjetunion üblich war, erhielt die Frau von ihrem Mann und ihrem Sohn regelmäßig Lebensmittelpakete, die auch für zwei reichten. Waltraud erzählte Maria von zu Hause, auch davon, dass sie verheiratet war.«› Und wo ist dein Mann?‹, fragte mich Tante Maria. Als ich ihr sagte, dass er auch irgendwo in der Sowjetunion sei, ließ sie mich alle Daten von Erwin aufschreiben.« Sie wollte ihren Mann bitten, Waltrauds Mann zu suchen.

Einige Monate später, am 15. April 1952, wurde Waltraud zum Lagerkommandanten gerufen. Sie war verängstigt, befürchtete, dass sie wieder in den Karzer, die kleine Einzelzelle, musste. Nichts dergleichen geschah. Sie solle sich setzen, befahl ihr der Mann, dann reichte er ihr Papier und Bleistift. Da sie noch nicht Russisch schreiben konnte, kritzelte er irgendetwas auf einen Zettel, den sie Maria zu lesen gab. »Sie umarmte mich und erklärte mir, dass es die Adresse meines Mannes sei. Sie war in dem Moment mein Engel auf Erden. Ich hätte dem Herrgott dafür danken sollen, aber ich hatte den Glauben an ihn längst verloren.« Tante Maria schrieb den ersten Brief an Erwin. Darin stand Waltrauds Adresse, dass es ihr gut gehe und er schreiben möge. Selbst später, als sie ein wenig Russisch schreiben gelernt hatte, blieb Waltraud vorsichtig. Sie wusste, dass kein Brief unzensiert das Lager verließ. Aber das Wichtigste war, es gab eine Verbindung zwischen ihnen. »Wenn ich den Mond ansah, dann dachte ich immer, Erwin lebt, und ich sehe denselben Mond wie er. Vielleicht schaut er jetzt auch dahin und unsere Gedanken können sich dort treffen.«

Nach Deutschland schreiben durften weder Erwin noch Waltraud. Sie hätten auch gar nicht gewusst, wohin. Waltrauds Vater galt als vermisst, wo die Mutter inzwischen war, wusste Waltraud auch nicht. Die Familie hatte keine Verwandten im »Reich«, sonst wäre sie Ende 1944 – als feststand, dass die Russen näher kamen, und man ahnte, dass der Krieg verloren war – dorthin geflohen.

Stalins Tod am 5. März 1953 ließ Waltraud hoffen, dass sich nun auch für die inhaftierten Deutschen etwas ändern würde. Dass das Väterchen der Russen tot war, hatte sie durchs Radio erfahren, das jeden Tag von morgens sieben bis Mitternacht aus Lautsprechern das Lager beschallte. »Eines Morgens spielte man Trauermusik, Totenmärsche. Mittags wurde verkündet, dass Stalin gestorben war.

Viele Russen haben geheult. Einige zeigten keine Regung, das waren die politischen Gefangenen.«

Bereits am 27. März 1953, drei Wochen nach Stalins Tod, erließ Innenminister Lawrenti Berija eine Amnestie für ungefähr die Hälfte der damaligen Lagerinsassen. 1,25 Millionen gewöhnliche Kriminelle kamen frei. Im Lagergebiet Uchta-Ischma verringerte sich die Zahl der Häftlinge von 30 275 am 1. Januar 1953 auf 17 398 Männer und Frauen am 15. Juli 1953.[40] Hinter Stacheldraht blieben Inhaftierte mit hohen Strafen, die meisten politischen Häftlinge, verurteilte Kriegsgefangene sowie viele Zivilinternierte.

Waltraud und Erwin jedoch fielen unter die Amnestie. Ihre Haftstrafen wurden von sieben auf fünf Jahre verkürzt, damit waren sie frei. Doch Waltrauds Freude erhielt schnell einen Dämpfer. Als sie wie alle anderen beim Lagerkommandanten antreten musste und auf die Frage, wo sie denn hinwolle, antwortete, »nach Deutschland«, lachte der Offizier sie nur aus und verkündete, sie sei nun staatenlos, sie müsse im Gebiet Komi bleiben. Keine Erklärung, kein Kommentar, kein Hinweis folgte diesen Worten.

Doch wie so oft schon hatte Waltraud Glück im Unglück. Ihr Chef in der Ziegelei, in der sie inzwischen arbeitete, Herr Derksen, war Volksdeutscher. »Der sagte mir zwar ebenfalls, dass ich nicht nach Hause käme und mir keine Hoffnungen zu machen brauche. Aber er meinte, dass Erwin nach Uchta kommen und hier arbeiten könnte.« Waltraud schrieb ihrem Mann, er solle – falls auch er entlassen werde – zu ihr kommen. Erwin musste zur selben Zeit geschrieben haben, denn Waltraud erhielt drei Tage später Post von ihm, ihre Briefe hatten sich gekreuzt. Darin stand, sie solle nach Swerdlowsk kommen, er habe dort Arbeit in einer Bäckerei und könne ein Häuschen zum Wohnen bekommen. »Ich bin dann wieder zu Herrn Derksen, ich wusste nicht, was ich machen sollte. Herr Derksen war ein lieber netter Mann, so alt wie mein Vater. Er sagte: ›Du fährst nirgendwo hin. Was meinst du, wer nach der Amnestie jetzt unterwegs ist. Da sind Räuber und Banditen, du kommst nicht lebend bei deinem Mann an. Du bleibst hier, wenn dein Mann dich finden will, dann findet er dich hier, der kennt deine Adresse.‹«

Erwin kam tatsächlich. Eines Tages erzählte eine Arbeitskameradin, ein »Freier« sei im Ort gesichtet worden, vielleicht sei das Waltrauds Mann. Waltraud ging an diesem Tag zum zweiten Mal zur Schicht, anstelle einer Lettin, die im Lager blieb. »Wie immer ging es in Fünferreihen, Hunde links und rechts, die Soldaten mit aufgepflanztem Gewehr, denn wir wurden wie Schwerverbrecher zur Ziegelei gebracht.« Ob sie einen »freien Mann« gesehen hätten, fragte Waltraud die Arbeitskameradinnen. Überall nur Kopfschütteln. Vor Enttäuschung liefen ihr bereits die Tränen über die Wangen, als sie hochblickte und sah, wie einige Russinnen, die in Reih und Glied angetreten waren, mit der Schürze ihre Tränen fortwischten. »Ich dachte noch, was ist mit denen. Und dann kommt er auf einmal um die Ecke gelaufen, mein Mann ... und wir sehen uns wieder, nach fast fünf Jahren.«

Acht lange Tage musste Waltraud noch im Straflager bleiben, dann wurde auch sie in die harte sowjetische Freiheit entlassen: Waltraud und Erwin hatten zwar Arbeit, aber kein Dach mehr über dem Kopf. »Wir sind von Tür zu Tür gegangen und haben unser Verschen aufgesagt, wir kommen aus dem Lager, ob sie nicht ein Quartier für uns hätten. ›Njet.‹ Tür zu. ›Njet.‹ Wir waren schon am Ende von Uchta angelangt, hatten nichts gegessen, nichts getrunken, und als die Sonne weg war, fing es an, kalt zu werden, es war ja erst Mai.« Waltraud wollte bereits ins Lager zurückkehren, als ihr Mann doch noch einmal an einem Haus anklopfte. »›Njet‹, hieß es da wieder. Und da rief ich auf Deutsch: ›Hab ich dir doch gleich gesagt, dass das keinen Zweck hat.‹ Da ging die Tür wieder auf und ein Mann sagte auf Deutsch: ›Kommt rein, wenn ihr Deutsche seid.‹ Da bekamen wir ein wunderbares Essen, die Frau hat gleich ein Huhn geschlachtet, Suppe gekocht.«

Waltraud und Erwin wohnten einige Wochen in dem kleinen Häuschen, das nur aus einem Zimmer und einer Küche bestand. Viktor war während des Krieges »Hiwi«, Hilfswilliger, in der Wehrmacht gewesen, deshalb hatte man ihn nach seiner Rückkehr aus Deutschland nach Sibirien verbannt. Bei den Deutschen hatte er es gut gehabt und wollte sich nun revanchieren.

Kurz nach der großen Amnestie im Frühsommer 1953 wurde das »OLP 23« aufgelöst, die wenigen verbliebenen Häftlinge kamen in andere Straflager. Zäune und Wachtürme wurden abgebaut, aus den Baracken wurden Wohnungen. Am 13. Juli 1953 zogen Waltraud und Erwin ein. Sie bewohnten ein kleines Stübchen mit einem selbstgemauerten Ofen, einem Bett, vier Hockern und einem Tisch.

Erwin arbeitete als Zimmermann und Maurer, Waltraud weiterhin in der Ziegelei. Beide machten das Beste daraus, absolvierten Prüfungen, wurden Polier beziehungsweise Brigadierin. Immer wieder gab es Lohnrückstände, doch Erwin arbeitete schwarz nebenher, da wurde er in Naturalien bezahlt. Es war eine arme Zeit in Uchta, außer Brot und einer aus vielen verschiedenen Fetten zusammengeschmolzenen Masse gab es nur fette Räucherwurst im Laden zu kaufen. Manchmal. Meistens waren die Regale leer. Nur Wodka gab es billig und im Überfluss.

Zu den Revolutionsfeiern im Oktober 1953 kam eine Fleischlieferung, die aus zwei gefrorenen Rinderhälften bestand. Erwin half der Verkäuferin beim Zerteilen in Kiloportionen und packte anschließend die Rationen für sich und seine Frau ein. Beide stürzten sich auf das rohe, gefrorene Fleisch, seit Jahren hatten sie so etwas nicht mehr gegessen. Nur das Huhn bei Viktor. Waltraud wurde übel nach dem ungewohnten Essen. Als sich ihr Magen auch Tage später nicht beruhigte, ging sie zum Arzt. Sie war schwanger. »Wir schaffen das schon«, sagte Erwin, »und wenn ich Tag und Nacht arbeiten muss!«

Einige Monate später zogen die beiden in ein größeres Zimmer, das sie, so gut es ging, ausbauten und wohnlich gestalteten. Leere Gurkengläser dienten als Tassen, sie aßen von Aluminiumtellern mit ebensolchem Besteck. Waltraud häkelte aus Nähgarn ein Tischdeckchen, den Kleiderschrank ersetzten lange Nägel an der Wand. Wasser holten sie von einem Brunnen. Und abends träumten sie davon, irgendwann einmal nach Deutschland fahren zu können.

Mehr und mehr Sträflinge durften das Lagergebiet verlassen, auch Deutsche waren immer wieder darunter. Östlich von Moskau wurde Ende 1953 Professor Wilhelm Starlinger aus dem Lagerbereich Potma/Mordwinien entlassen, wo er als Arzt eingesetzt worden war. Er erreichte über ein Sammellager im Donbass am 22. Januar 1954 Friedland. Seine früheren Kollegen aus den Königsberger Infektionskrankenhäusern waren überzeugt, er sei im Frühjahr 1948 in der Untersuchungshaft ums Leben gekommen.[41] Zum Zeitpunkt von Starlingers Entlassung verblieben mehr als zehntausend verurteilte deutsche und österreichische Kriegsgefangene und viele Zivilisten wie Waltraud und Erwin Nicklaus in der Sowjetunion. Auch sie wollten »*damoj* – nach Hause«.

Als »Freie« in Uchta

Am 4. April 1954, es war ein Sonntag, kam Waltrauds erstes Kind in einem Krankenhaus, das aus zwei Baracken bestand, zur Welt. Erwin hatte für den kleinen Jungen ein Bettchen gebaut und weiß gestrichen. Matratze und Steppdecke hatte Waltraud genäht und mit Watte gestopft. Da sie unterernährt war, konnte sie ihr Kind zwar stillen, der Kleine wurde aber nie satt. Bis Viktor und seine Frau Maria mit Ziegenmilch aushalfen. Waltraud beendete ihre Arbeit in der Ziegelei, sie kümmerte sich um das Kind, Erwin arbeitete in zwei Schichten, zweimal acht Stunden. Nur so kamen sie über die Runden. Wenn das Heimweh und die Sorgen um die Eltern unerträglich wurden, tröstete ein Blick auf den kleinen Sohn.

»Freie« wie Waltraud und Erwin mussten sich regelmäßig bei der Miliz melden. Dort wurde ihr Name auf der Liste abgehakt und in dem kleinen Heftchen, das ihr einziges Dokument war, das Datum eingetragen, an dem sie sich wieder melden mussten. Jedes Mal fragten sie, ob sie nach Deutschland schreiben dürften, und jedes Mal lautete die Antwort »*Njet!*«.

Auch im September 1954 stellten sie wieder ihre Frage und plötzlich hieß es, ja, sie dürften eine Postkarte nach Deutschland schicken – aber nicht nach Westdeutschland. Christel, eine ehemalige Lagerkameradin, die aus Tilsit stammte, ließ auf ihrer Karte ein wenig Platz für Waltraud. »Ich schrieb Namen, Geburtsdatum und letzten Wohnsitz von meinen Eltern und meinen Schwiegereltern darauf. Darunter: ›Bitte suchen!‹«

Zwei Monate später, in Uchta war längst tiefster Winter, kam der ersehnte Brief aus Deutschland. Waltraud erkannte die Handschrift ihres Vaters. »Ich hab den Umschlag auf der Post nicht aufgemacht, denn ich zitterte am ganzen Körper, ich bin wieder nach Hause gelaufen, hab gewartet, bis mein Mann von der Arbeit kam. Wir haben dann diesen Brief geöffnet und unter Tränen gemeinsam gelesen.«

Waltrauds Vater war nach der Verletzung im April 1945 noch über Pillau mit einem Verwundetentransport nach Dänemark gebracht worden. Ihm wurde das Bein amputiert. 1948 entließ man ihn nach Ostfriesland, wo er sogleich Suchmeldungen nach seiner Frau und seiner Tochter ans Rote Kreuz aufgab. Auch die Mutter hatte dorthin geschrieben, sodass sich Waltrauds Eltern bereits 1948 wiederfanden. Die Mutter war aus dem damaligen Mitteldeutschland – die DDR war noch nicht gegründet – zu Fuß über die grüne Grenze gegangen. Seit 1951 wohnten sie in Finnentrop im Sauerland. Nun, da sie wusste, dass die Eltern noch lebten, hatte Waltraud einen weiteren Ansporn, Uchta so schnell wie möglich zu verlassen. Nur wie, das wusste sie nicht.

Bald erhielt auch Erwin Post von seinen Eltern, ein reger Briefwechsel begann. Selbst Pakete aus Deutschland fanden den Weg nach Uchta. »Sechshundert Rubel Zoll sollten wir für das erste Paket zahlen, so viel, wie Erwin in einem Monat verdiente. Wir verkauften einige Sachen, den Tisch mit der Häkeldecke, vier Hocker und das kleine Radio, das wir von einem Russen gekauft hatten.« Noch immer fehlten hundert Rubel, die lieh ihnen eine Volksdeutsche, dann erst konnten sie das Paket in Empfang nehmen. Aber welche Enttäuschung erlebten sie: Bei der Kontrolle war mehr als die Hälfte des Inhalts gestohlen worden. Es fehlten Kinderschuhe und Pullöverchen, Fleischkonserven und Hülsenfrüchte. Von den drei Tafeln Schokolade waren nur drei Stückchen übrig geblieben.

Und endlich erlaubte man ihnen, mit der deutschen Botschaft in

Moskau Kontakt aufzunehmen. Damals unterhielt die Bundesrepublik noch keine diplomatischen Beziehungen zur UdSSR, sie baten also bei der Botschaft der DDR um eine Ausreisegenehmigung in die Bundesrepublik. Damit sollten sie die sowjetische Ausreisegenehmigung erhalten. »Wir bekamen Fragebögen zugeschickt in sechsfacher Ausführung, wir mussten uns fotografieren lassen, Passbilder einschicken zusammen mit einem Nachweis unserer Staatsangehörigkeit aus Deutschland.« Der Antrag wurde abgelehnt. Waltraud und Erwin waren verzweifelt. Erst als sie die Ausreise in die DDR beantragten, durften sie fahren. Doch die kleine Familie kam nur bis Syktywkar, der Hauptstadt der Republik Komi. Dort, auf dem OWIR, dem Visa- und Registrierungsamt für Ausländer, sollten die Nicklaus' die Ausreisegenehmigung persönlich in Empfang nehmen. »Wir hatten alles verkauft, um nach Syktywkar fliegen zu können, dort die Stempel zu bekommen und weiterzufahren. Aber der Vorname stimmte auf den verschiedenen Dokumenten nicht überein. Bei mir Waltraud und Traute, bei einer anderen Frau Margarete und Grete. Mein Mann hätte mit dem Kind fahren können, ich habe ihn bekniet. ›Fahr du mit dem Kind nach Hause, dass ihr erst mal dort seid!‹« Aber Erwin fuhr nicht, wie hätte er auch ohne seine Frau vor Waltrauds Eltern treten sollen.

Nach dem Scheitern der so lang ersehnten Ausreise waren Waltraud und Erwin mutlos, zweifelten sogar daran, ihre Familien jemals wiederzusehen. Die junge Königsbergerin schrieb Brief um Brief an den Kreml.

Trotzdem gelang die Ausreise erst, nachdem Bundeskanzler Konrad Adenauer Anfang September 1955 die Sowjetunion besucht und diplomatische Beziehungen aufgenommen hatte. Damit erwirkte er die Freilassung der letzten zehntausend deutschen Kriegsgefangenen und der zwanzigtausend, vielleicht sogar dreißigtausend Zivilisten. Zu deren Zahl gibt es unterschiedliche Angaben.

Und dann ging alles ganz schnell: Anfang Oktober kam der erlösende Brief mit den Ausweispapieren. Innerhalb von zehn Tagen sollten die Nicklaus' Uchta verlassen. Am Nachmittag des 4. Oktober 1955 war es so weit. Waltraud und Erwin gingen mit ihrem

Baby noch einmal zum Bahnhof. Ein paar feste Umarmungen, Händeschütteln, zehn Jahre Unfreiheit näherten sich ihrem Ende. Einige Deutsche blieben weinend auf dem Bahnsteig zurück.

Bis Familie Nicklaus bei Waltrauds Eltern in Finnentrop eintraf, vergingen aufregende Tage. Bei einem Zwischenstopp in Moskau mussten sie zur Botschaft der DDR, um ihre Dokumente abstempeln zu lassen. Sie staunten, was es in den Moskauer Läden alles gab. Waltraud kaufte eine große Seite fetten Speck, für ihre Mutter in Westdeutschland. Dann stiegen sie am Weißrussischen Bahnhof in den Zug ein, der in Westberlin endete.

Familie Nicklaus musste jedoch in Fürstenwalde aussteigen, ihre Einreisegenehmigung galt nur für die DDR. Am Bahnhof wurden sie von zwei Männern in Ledermänteln abgeholt, die sie in ein Durchgangslager für Heimkehrer brachten. Als die beiden mit den Menschen draußen auf der Straße sprechen wollten, hieß es: »Ihr Kriegsverbrecher habt mit der Bevölkerung der DDR nichts zu tun, schert euch da weg, macht, dass ihr in die Baracke kommt.« Waltraud und Erwin waren erschüttert und wollten nur eines: weg aus der DDR, weiter in die Bundesrepublik. Doch der Stellvertreter des Lagerkommandanten wollte sie nicht reisen lassen. »Der sagte, wir müssten jetzt in der DDR bleiben, wir hätten uns schließlich hierher beworben.« Waltraud und Erwin versuchten den Mann zu überzeugen, zu überreden. Nichts half. »Zum Schluss hieß es noch, Ihre Frau kann zu ihren Eltern und Sie bleiben mit dem Kind hier bei Ihren Eltern. Da bin ich durchgedreht, bin dem an den Kragen gesprungen und hab den geschüttelt und gesagt: ›Schämen Sie sich nicht, in Russland haben wir wieder zusammenfinden dürfen, und Sie wollen eine Familie auseinanderreißen?‹« Erst als er ihr zuflüsterte, es gebe noch eine andere Lösung – die Flucht über Berlin –, gelang es Erwin, seine Frau zu beruhigen.

Am nächsten Tag erschien der Lagerkommandant, er öffnete eine Schublade, holte die Transitscheine heraus, stempelte sie ab – die drei Nicklaus' durften in den Westen weiterreisen!

Von Marienborn rollte der Zug langsam durchs Niemandsland zwischen den beiden deutschen Staaten nach Helmstedt. Die Papiere wurden kontrolliert, es gab keine Probleme. Doch der Zug fuhr nicht weiter. Stattdessen ertönte eine Lautsprecherdurchsage: »Achtung! Achtung! Wo ist die Familie, die aus Russland kommt? Bitte zeigen Sie sich am Fenster!« Doch Waltraud und Erwin zogen wie auf ein vereinbartes Zeichen die Vorhänge zu. Der Zug setzte sich nicht in Bewegung. Dann ertönte wieder die Durchsage, Erwin fasste sich ein Herz, öffnete das Fenster und zeigte sich.

Nun überschlugen sich die Ereignisse. Schwestern der Bahnhofsmission bestürmten und umarmten die drei, reichten belegte Brote, Kaffee und Kakao – freudig überrascht und erschöpft ließen sie alles über sich ergehen. In Braunschweig mussten sie aussteigen, wurden nach Friedland gebracht, wo Hunderte Menschen warteten, auf der Suche nach ihren Angehörigen. Viele hatten Fotos und Papptafeln mit den Namen ihrer Vermissten in der Hand.

Einige Tage blieb die Familie im Durchgangslager, sie konnten duschen, wurden neu eingekleidet, medizinisch untersucht. Sie konnten ausschlafen und sich satt essen, Telegramme an die Eltern schicken. Sogar Bundespräsident Heuss begrüßte sie.

Und dann kam ein Herr aus Finnentrop mit einem Auto vorgefahren. »Geschmückt wie ein Hochzeitsauto, auf der Haube und auf dem Kofferraum ein großes Blumenbukett. ›Herzlich willkommen in der Heimat‹ stand auf dem Schild hinten. Nachdem wir uns ordnungsgemäß abgemeldet hatten, konnten wir fahren. Vor Finnentrop heulten die Sirenen, läuteten die Glocken. Im Auto war kein Wort mehr zu verstehen. Als wir um die Kehre kamen, da konnten wir nicht weiterfahren, da wurde unser Auto geschoben bis vor die Haustür meiner Eltern.« Noch heute füllen sich Waltraud Nicklaus' Augen mit Tränen, wenn sie an diesen Empfang zurückdenkt. »Die Leute standen da in Trauben, auf dem Berg war alles voll, zwei Musikkapellen, vom Schützenverein, von der Freiwilligen Feuerwehr. Die zwei Pastoren waren da und der Choral ›Nun danket alle Gott‹ wurde gespielt. Alle haben mitgesungen, es war so ergreifend.« Tannengirlanden umkränzten die Haustür, dicke Kerzen waren zu beiden Seiten aufgestellt. Nach zehn Jahren sah Waltraud ihren Vater wieder, die Mutter nach sieben Jahren. »Sagen konnten wir nichts, wir haben uns nur gedrückt und in die Augen geschaut. Wir waren wieder zusammen, eine Familie.«

Im Unterschied zu vielen, vielen anderen Königsbergern hatten es die Nicklaus' geschafft. Zehn Jahre hatten sie eisern durchgehalten: drei Hungerjahre in Königsberg, die willkürliche Verhaftung und die grundlose Verurteilung, sieben Jahre Schwerstarbeit unweit des Polarkreises bei Hunger und Kälte mit schweren Krankheiten und Tagen voller Verzweiflung. »Wir wollten leben, wir waren jung, und wir haben gesagt, wenn wir noch mal nach Hause kommen, wir werden das nie vergessen. Das haben wir auch nie, habe ich nie. Sie haben unser Fleisch wohl gekriegt, aber unsere Knochen und unsere Seele nicht.«

5. BERLIN

»Nein, wir nehmen uns nicht das Leben, wir wollen leben!«

Seit dem 20. April saß die Bevölkerung der Reichshauptstadt Tag und Nacht in Kellern, Bunkern und Schutzräumen. Unablässig dröhnten über den Köpfen der Berliner die Bombenflugzeuge, während gleichzeitig das Grollen der sowjetischen Artillerie immer näher kam. Viele – vor allem Frauen – schrieben, sie schrieben sich wie Marta Hillers, die Autorin des 2003 anonym erschienenen Tagebuches »Eine Frau in Berlin«, all den »Wirrsinn aus dem Kopf und aus dem Herz«.[42]

Tagebücher, Aufzeichnungen und Notizen, die ihrer Natur nach nicht zur Veröffentlichung bestimmt waren, geben heute Einblick in die Geschehnisse, vor allem aber in die Gedanken- und Gefühlswelt ihrer Urheber. Sie variieren in Form, Genauigkeit und Ausführlichkeit, je nachdem, wann und unter welchen Bedingungen sie geschrieben wurden und ob die Verfasser mit Worten umzugehen verstanden. Eines aber haben sie gemeinsam, sie sind immer subjektiv – und ihr Hauptthema sind »die Russen«. In den Augen der Deutschen, in den Augen der Berliner waren sie zuallererst Barbaren, Bestien und Besatzer. Manchmal Kinderfreunde, selten Lebensretter, in einigen wenigen Fällen Liebhaber. Auch Ehemänner hätten sie werden können, doch das vereitelte die Nachkriegspolitik.

Die Russen selbst sahen sich als Befreier Hitlerdeutschlands vom Faschismus, als Befreier der Reichshauptstadt Berlin, des »Faschistennests«. Das hatte man den Soldaten der Roten Armee jahrelang eingeimpft. Den Moment der Befreiung – vom NS-Regime, vor allem aber von den Schrecken des Krieges – wussten Stalin und sein Propagandaapparat jedoch nicht zu nutzen. Statt Freunden der

Sowjetunion machte sich die Rote Armee in ihrem Rausch von Rache und Vergeltung in der deutschen Bevölkerung vor allem eines: Gegner.

»Für uns Kinder waren die Russen der Schrecken«, erinnert sich Ingrid Holzhüter noch heute. »So, wie die Erwachsenen uns früher mit dem schwarzen Mann Angst gemacht hatten oder mit dem Polizisten, so waren im Krieg die Russen die ›Buh-Menschen‹. Später waren wir Kinder aber auch sehr neugierig, als wir die ersten Russen mit eigenen Augen sahen.« Das war kurz nach dem 21. April, als die Rote Armee das am östlichen Stadtrand von Berlin gelegene Fredersdorf-Vogelsdorf kampflos einnahm. Um den kleinen Ort und seine Bewohner zu retten, war der Bauingenieur Otto Bartel den Russen entgegengegangen und hatte die Übergabe ausgehandelt. Begleitet wurde er von einer russisch sprechenden deutschen Frau aus Wolhynien.

»Unsere Angst vor den Russen war so groß, dass meine Mutter während des Krieges oft gesagt hat, sie bringt uns lieber alle um, bevor sie zusieht, was die mit uns anstellen.« Ingrid Holzhüter erinnert sich daran, dass man auch ihr erzählt hatte, dass »die Russen Kinder an den Beinen fassten und gegen die Wand schlugen«. Als dann die sowjetischen Truppen, wenige Tage nachdem sie an der Oder zum letzten Schlag gegen die Wehrmacht ausgeholt hatten, am 21. April wirklich einmarschierten, geschah den Kindern nichts dergleichen. Die Vogelsdorfer durften ihre Häuser und Wohnungen in der ersten Zeit zwar nicht abschließen, damit die Soldaten ein und aus gehen konnten, wann immer sie wollten. Auch waren »Uri, Uri! Frau komm!« die häufigsten Worte, die Ingrid damals aus russischem Mund hörte, denn die Russen plünderten und nahmen Frauen mit, wie überall auf dem besetzten Territorium. Doch rachedurstiges Töten erlebte der kleine Ort nicht.

Dennoch jagte einer der ersten beutehungrigen Soldaten der Neunjährigen einen gehörigen Schrecken ein, als er das Bild ihres Vaters in Wehrmachtsuniform an der Wand sah. »Der Soldat sagte: ›Den kenne ich.‹ Da ist uns das Herz in die Hose gerutscht, dann hat er aber gesagt: ›Das war ein tapferer Soldat, vor dem habe ich Achtung.‹ Der sprach Deutsch, wie viele Russen, denen wir später begegnet sind. Manche hatten in ihren Familien Deutsche, das hat uns bei der Verständigung sehr geholfen.«

Ingrid Holzhüter, die damals noch Krupke hieß, lebte mit ihrer Mutter und dem kleinen Bruder bereits seit Monaten in einem der Behelfswohnheime, die die Post in Vogelsdorf errichtet hatte. Hierher hatten sie sich geflüchtet, nachdem sie in Berlin zweimal ausgebombt worden waren. Bis dahin hatte Familie Krupke gutbürgerlich mit einigen Schätzen, die man weitervererben wollte, in der Nähe des Tiergartens gelebt.

Nachdem der Sturm der Roten Armee auf Orte wie Fredersdorf oder Hennigsdorf und die Berliner Außenbezirke Tegel und Marienfelde bereits am 20. April begonnen hatte, versuchten die Russen den weiten Ring, den sie um die Reichshauptstadt gezogen hatten, zu schließen, was ihnen wenige Tage später, am 25. April 1945, auch gelang. Amerikaner und Briten hatten den Wettlauf der Alliierten um die Einnahme Berlins längst aufgegeben, sie stießen nur bis zur Elbe vor. Stalin aber hatte bis zum 16. April an der Oder 2,5 Millionen Soldaten, sechstausend Panzer, einundvierzigtausend Geschütze und Granatwerfer und über siebentausend Flugzeuge in Stellung gebracht. Eines der letzten Flugblätter, die an die Rotarmisten verteilt wurden, verkündete ganz im Duktus vorheriger Plakate und Aufrufe: »Vorwärts! Der Sieg ist nah. Noch 75 Kilometer bis Berlin. Die Zeit der Vergeltung ist gekommen!« Ein anderes, angeblich von Ilja Ehrenburg stammendes mit der Aufforderung, »den Rassenhochmut der germanischen Frauen zu brechen« und sie »als rechtmäßige Beute« zu nehmen, hat es allerdings nie gegeben.

Drei Armeen unter den Marschällen Georgi Schukow, Konstantin Rokossowski und Iwan Konjew kämpften sich – im Wettlauf gegeneinander – zangenförmig auf die Reichshauptstadt zu. Auf deutscher Seite standen ihnen 500 000 Mann gegenüber: Wehrmachtssoldaten, Waffen-SS, Volkssturmleute und Hitlerjugend.

Fast sechzig Kilometer von Fredersdorf entfernt, am anderen Ende Berlins, erlebte Ilse Kran das Kriegsende in Nikolassee und

Wannsee. Die junge Medizinstudentin war aus Tübingen nach Berlin gekommen. In der süddeutschen Universitäts- und Lazarettstadt hatte sie ruhig und sicher gelebt. Bis zum Einmarsch der Franzosen waren nur wenige Bomben gefallen, die kaum Opfer forderten. Doch Ilse Kran zog es zu ihren Eltern nach Berlin, die Familie wollte zusammen sein. Vater und Mutter hatten nach abenteuerlicher Flucht aus Schneidemühl in Pommern bereits Ende Februar bei Verwandten Zuflucht gesucht. »Wir haben immer gedacht, Berlin, das wird nicht aufgegeben«, erzählt Ilse Kleberger heute. »Die Russen kommen nicht so weit. Da hatten wir uns eben sehr geirrt.« Und sich zu sehr auf die Vergangenheit verlassen. Denn bis 1945 war es russischen Truppen nur ein einziges Mal gelungen, Berlin für drei Tage zu besetzen. Das war im Oktober 1760 während des Siebenjährigen Krieges gewesen.

Da auf Berlin der Bombenhagel der Alliierten herabging, zog Ilse Kran Anfang April mit ihren Eltern weiter nach Potsdam. Die Stadt galt als sicher. »Das stellte sich aber bald als großer Irrtum heraus, denn wir haben am 14. April den schweren Bombenabwurf auf Potsdam miterlebt, mit vielen Toten und Häusern, die in sich zusammengefallen sind.« Innerhalb einer halben Stunde waren mehr als anderthalbtausend Tonnen Bomben auf die Barockstadt gefallen und hatten den Hauptbahnhof, das Stadtschloss und Wohngebäude in der Altstadt getroffen. 1593 Menschen starben in dieser Nacht, viele Flüchtlinge waren darunter, auch Patienten und Schwestern eines Krankenhauses. Ilse Kran meldete sich gleich nach Ende der Bombardierung im St. Josefs-Krankenhaus, half mit bei der Versorgung der Verletzten. Keine leichte Aufgabe für die Einundzwanzigjährige, doch nun kam ihr zugute, dass sie eine Zeit lang in Lazaretten famuliert hatte. »Ich habe da die Schrecken des Krieges erlebt. Ich sehe sie noch immer vor mir, besonders die jungen Männer, die verstümmelt waren, die schwer, schwer krank waren und dann auch starben. Ich habe da so viel Elend erlebt.« Aber das relativierte die eigenen Ängste und Erlebnisse.

Wenige Tage nach der Bombardierung Potsdams wies man Familie Kran eine Wohnung in Nikolassee zu, einem noblen Vorort im Südwesten Berlins. Dort blieb es noch ein paar Tage ruhig, da es der sowjetischen 3. Garde-Panzer-Armee, die zur 1. Ukrainischen Front von Marschall Konjew gehörte, erst am 24. April gelang, den Teltowkanal zu überwinden. Durch Kleinmachnow, wo dreihundert Frauen vergewaltigt wurden, hundertzwanzig sogar mehrfach, stießen die Eroberer nach Zehlendorf und Richtung Wannsee und Grunewald vor. Bald lag auch Nikolassee unter starkem sowjetischem Beschuss.

Nachts flüchteten sich Ilse und ihre Eltern aus dem Haus, in dem sie untergekommen waren, in eine der großen Villen, die einen besonders stabilen Keller hatte. »Wir wurden ohne Unterlass beschossen und befürchteten, dass das Haus über uns einfallen könnte.« Doch Ilse Krans größere Furcht galt den Russen, von denen ihr Bekannte und Freunde erzählt hatten, die auf Fronturlaub nach Hause gekommen waren, und natürlich auch die Soldaten in den Lazaretten.

Am Rande von Zehlendorf gelangten die Rotarmisten in die SS-Kameradschaftssiedlung Krumme Lanke, deren Straßen Namen wie Dienstweg, Treuepfad, Führerplatz und Ahnenzeile trugen.[43] Erst Ende Juli 1947 wurden die Straßen umbenannt, nur ein Name hat bis heute überdauert: »Im Kinderland«. Eine Mutter hatte ihn vorgeschlagen und folgendermaßen begründet: »Dieser letzte Name hat wohl scheinbar nichts mit der SS zu tun. Dennoch hoffen wir Kinderreichen – ich bin Mutter von vier Kindern –, daß diese SS-Siedlung doch recht bald eine Kinderreichen-Siedlung werde, und daß die Männer, die rassisch eine Auslese des Deutschen Volkes darstellen, ihr hochwertiges Erbgut an eine recht grosse Zahl von erbgesunden Nachkommen weitergeben.«[44]

»EssEssovzy« war und blieb in der Sowjetunion ein Begriff, fast ein Synonym für Verbrechen an der Zivilbevölkerung. Deshalb hat die Gelegenheit, Angehörige von SS-Leuten und besonders treue Anhängerinnen des Führers zu missbrauchen, die Russen sicherlich angestachelt. In der Nacht vergewaltigten sie nahezu alle Frauen, viele von ihnen mehrfach. Das erfuhren Ilse und ihre Eltern, als jene Frauen nach Nikolassee kamen und von den Vergewaltigungen oder »Schändungen«, wie sich manche ausdrückten, erzählten. »Und da sagte mein Vater: ›Also, das können wir nicht ertragen, wir nehmen uns alle das Leben.‹ Doch meine Cousine und ich, wir waren zu jung dazu, außerdem hatte sie ein Baby, das ein Vierteljahr alt war. Ich sehe uns noch an diesem Wagen stehen, vor dem Kind. Und wir guckten uns beide an und sagten: ›Nein, wir nehmen uns nicht das Leben, wir wollen leben!‹ Wir haben meinem Vater gesagt, dass wir keinen Familienselbstmord wollen.« Vor der Vernunft der jungen Frauen gab sich Ilses Vater geschlagen. Er gestand sich ein, von seinem verletzten männlichen Stolz getrieben worden zu sein. Die körperlichen und seelischen Verletzungen, die seine Frau, seine Tochter und seine Nichte bei Vergewaltigungen durch die Russen erleiden würden, wären gravierender als sein Ehrverlust. Die Frauen aber hatten sich für das Leben entschieden. Familie Kran harrte weiter aus, mochte aber kaum noch darauf hoffen, dass Berlin zurückerobert werden würde.

Die wenigen Wehrmachtssoldaten, die durch Nikolassee zogen, erzählten den verängstigten Zivilisten vom stetigen Vordringen der Roten Armee, aber auch von einem Trupp deutscher Vaterlandsverteidiger, die im Stadtteil Wannsee kämpften, mit dem Ziel, sich in einigen Tagen mit der Armee Wenck zu vereinigen. »In unseren Augen war diese Wenck-Armee nur eine Sagen-Armee, die uns angeblich von den Russen befreien und sich mit den Amerikanern zusammenschließen sollte.«

Auch wenn Ilse und ihre Eltern nicht an deren Existenz glaubten, die Armee Wenck, die 12. Armee, gab es wirklich. Für Hitler und viele, viele Berliner stellte sie die letzte Hoffnung auf eine Rettung der Reichshauptstadt dar. Doch Walther Wenck, mit vierundvierzig Jahren einer der jüngsten Armeeführer aller am Zweiten Weltkrieg beteiligten Streitkräfte, führte die Befehle zum Entsatz von Berlin nicht aus. Er kommandierte seine Männer, darunter viele Jugendliche, stattdessen Richtung Elbe, um dort gegen die Sowjetarmee in Stellung zu gehen. Am 3. Mai schließlich entsandte er einen seiner Kommandeure zu den Amerikanern, um Kapitulationsverhandlungen zu führen. Die willigten ein, etwa fünftausend verwundete Soldaten aufzunehmen. Gesunde und Zivilisten mussten sehen, wie sie aus eigener Kraft die Elbe überquerten. Tausende erreichten schwimmend das westliche Ufer, Hunderte ertranken, manche, die auf der Ostseite zurückblieben, nahmen sich aus Furcht vor den Russen das Leben.

Ilse Kran und ihre Angehörigen durchquerten die deutschen Linien und schlugen sich durch bis nach Wannsee. Dieser Bezirk erschien ihnen sicherer. Der Weg war gefährlich und wegen der vielen Trümmer beschwerlich. In Wannsee trafen sie tatsächlich auf deutsche Kämpfer. Doch von »Soldaten zu sprechen, ist übertrieben, denn das waren eigentlich kleine Jungs. Es war dieser letzte Trupp, den die Nazis ausgehoben hatten. Es waren Fünfzehn-, Sechzehn-, Siebzehnjährige, vielleicht sogar ein paar Dreizehnjährige. Die sollten uns verteidigen.«

Ilse Kran meldete sich in einem der Lazarette in Wannsee. Dort musste sie sich vor allem um die Verletzten dieses letzten Aufgebots kümmern, »Jungen, die schwer verwundet waren, und wir hatten nichts, um ihnen helfen zu können. Wir hatten keine Desinfektionsmittel mehr, keine Operationsmittel ... Es war furchtbar, diese Hilflosigkeit mitzuerleben.« Als das Lazarett in Brand geriet, versuchte Ilse, die Verwundeten zu retten, dann brachte sie sich selbst in Sicherheit. Erst am 7. Mai, fünf Tage nachdem Berlin kapituliert hatte, sollte auch der gesamte Stadtteil Wannsee in russischer Hand sein.

Bereits im Sommer 1944 war Dora Pötting mit Mutter und Großvater im Stadtzentrum, gegenüber dem Anhalter Bahnhof, ausgebombt worden. Ihr Vater war gestorben, als sie wenige Monate alt war, der ältere Bruder Heinz an der Ostfront. Am 20. April 1945 befand sie sich mit einigen Dutzend anderen Frauen und Mädchen in einem Kriegshilfsdienstlager der Berliner Verkehrsbetriebe in Spandau. Da keine Männer mehr da waren, hatten längst Frauen Schaffner- und Fahrerdienste übernommen. Die neunzehnjährige Dora arbeitete im Innendienst. Sie verrichtete hauswirtschaftliche Aufgaben, kochte und putzte, während die Kameradinnen in Berlin unterwegs waren. »Noch an Führers Geburtstag dachten wir, die Russen kommen nicht. Immer waren Russen als Untermenschen dargestellt worden, auch in den Wochenschauen hat man nur ›Bestien‹ gezeigt. Es war unvorstellbar, dass diese Russen bis nach Berlin kommen könnten.« Zwei Tage später waren sie da: Am 22. April, als die ersten Straßenkämpfe in Weißensee, Steglitz und Hennigsdorf entbrannten, musste die BVG ihren Verkehr endgültig einstellen. Als schließlich auch Spandau unter russischem Artilleriebeschuss lag, wurde das Kriegshilfsdienstlager aufgelöst und die Frauen mit den Worten »Ihr könnt das Lager verlassen« fortgeschickt.

Zu Fuß machte Dora sich auf den Weg zu ihrer Mutter, kam aber nur langsam voran, da sie immer wieder vor dem Artilleriefeuer Deckung suchen musste. Wie durch ein Wunder vollkommen unverletzt erreichte sie um den 25. April das kleine möblierte Zimmer in der Schöneberger Straße direkt am Anhalter Bahnhof, wo die Mutter und der fünfundachtzigjährige Großvater lebten. Dora war erschüttert, als sie den alten Mann wiedersah, er »war nur noch ein Häufchen Elend«. Sie tauschte die Arbeitsdienstkleidung gegen Skihose und Pullover und ruhte sich ein paar Stunden aus. Doch schon waren die sowjetischen Truppen so nahe herangerückt, dass das Haus unter direktem Beschuss lag.

Ein, zwei Tage vergingen, dann brach nach einem Volltreffer ein Feuer aus. Mit der Mutter und dem Großvater rettete sich Dora aus dem brennenden Gebäude auf die Straße und weiter in den gegenüberliegenden Hochbunker am Anhalter Bahnhof. Weder Kleidung noch Lebensmittel konnten sie mitnehmen, nur ihre Aktentasche mit Fotos und Dokumenten. Es war der 27. April, so der Eintrag in Doras Notizbuch. »Ich kann mich nicht daran erinnern, dass wir viele Stufen hinaufgestiegen sind, es war ja alles voll, wir blieben ziemlich weit unten. Man hörte die Einschläge und das Grollen durch die dicken Mauern des Bunkers, aber wir wussten nicht, was draußen vor sich ging.«

In Wilmersdorf trennten etwa eineinhalb Kilometer, eine gute Viertelstunde Fußweg, Ilse Wolf von ihrem dreijährigen Sohn Peter. Bisher hatte sie diesen Weg mehrmals am Tag mühelos bewältigt. Doch als sie am 20. April beschloss, die offenbar letzten Kriegstage mit ihrem Kind und ihrer Mutter gemeinsam durchzustehen, wurde die kurze Strecke unüberwindlich. Am Fehrbelliner Platz und in der Brandenburgischen Straße waren Panzersperren errichtet worden, Sandberge von einer Straßenseite zur anderen, einem Eckhaus zum anderen. Mittags flogen Amerikaner und Briten zwei Stunden lang ihren letzten großen Tausend-Bomber-Angriff gegen Berlin, außerdem war an Hitlers letztem Geburtstag der Beschuss durch die Rote Armee so stark geworden, dass sich niemand mehr auf die Straße traute.

»Das Hujhujhuj der Stalinorgeln werde ich mein Leben nicht vergessen«, sagt Ilse Anger heute. Dabei kannte sie längst das Pfeifen der Bomben, hatte erlebt, wie ein Haus über ihr einstürzte, als an ihrem einundzwanzigsten Geburtstag am 3. Februar 1945 in Berlin-Halensee der erste Angriff der britischen »Operation Donnerschlag« stattfand, die rund dreitausend Berliner das Leben kostete und zahlreiche Wohnhäuser zerstörte. Auch Ilse Wolf wurde an diesem Tag ausgebombt.

Jetzt wagte sich nicht einmal mehr nachts, wenn die sowjetische Artillerie das Feuer einstellte, jemand aus dem Keller hinaus. Frühmorgens vor Sonnenaufgang drohte die geringste Gefahr, dann gingen die Frauen in ihre Wohnungen hinauf. Sie wuschen sich schnell mit dem Wasser, das sie in die Badewannen gefüllt hatten, anschließend brühten sie in der Wohnung des Hauswarts Tee auf und eilten damit zu der kleinen Notgemeinschaft im Luftschutzkeller zurück. An Essen dachte kaum jemand.

Zwanzig bis fünfundzwanzig Personen hatten sich an diesem einigermaßen sicheren Ort eingefunden, vor allem ältere Frauen. Aber auch ein paar alte Männer und zwei, drei Frauen im Alter von Ilse Wolf waren darunter. Man beratschlagte, was man tun werde, falls das Haus einstürzte, erzählte ein wenig von der eigenen Familie oder döste vor sich hin. Eine gespannte Ruhe lag über der kleinen Gruppe.

Ilse Wolf war seit Langem klar, dass der Krieg für die Deutschen nicht mehr zu gewinnen war. »Wir waren ja rundherum eingekesselt und hatten im Radio gehört, dass sich die Situation zuspitzte.« An die Armee Wenck, von der so viele Berliner sprachen, glaubte sie nicht. »Wir haben nur noch von einem Tag zum anderen gelebt, wir waren froh, dass wir auch die Bombenangriffe überstanden, denn wir hatten ja nicht nur den Krieg vor der Tür, es gab an diesen Tagen laufend Luftalarm, wir hörten zuerst die Bomber der Amerikaner, dann die der Russen.« Nach dem 21. April warfen die Westalliierten ihre Bomben nicht mehr ab, sie wussten die sowjetischen Truppen in der Stadt. Die folgenden Angriffe flog die sowjetische Luftarmee.

Die sechzehnjährige Irmgard Ebert saß mit ihrer Mutter und der dreizehnjährigen Schwester wenige Hundert Meter von Ilse Wolf entfernt im Keller der Wexstraße 22. Mitte April bereits hatte man alles Notwendige hinuntergeschafft, um hier mit ungefähr zwanzig anderen Familien die letzten Kriegstage zu verbringen. Sogar Hitlers Geburtstag wurde ein wenig gefeiert. »Wir waren damals noch hundertprozentige Hitleranhänger, wir Jugendlichen und jungen Leute. Wir haben an Hitler gedacht und gehofft, dass alles wieder gut wird. Meine Schwester und ich waren aus Westpreußen geflohen, wo wir in der Kinderlandverschickung waren. Alles haben wir in der Eile dort gelassen, nur das Hitler-Bild haben wir eingepackt. Wir haben noch gehofft, dass die Wenck-Armee kommt und uns von den Russen erlöst.«

Irmgards Mutter hielt sich beim Feiern zurück. »Meine Mutter wusste mehr als wir Kinder«, meint Irmgard heute, »sie musste im OKW, dem Oberkommando der Wehrmacht, die Soldatenbriefe kontrollieren, da hat sie sicherlich einiges erfahren. Außerdem hörte sie manchmal den Feindsender.« Mit ihren Töchtern sprach sie nicht darüber, nicht einmal jetzt im Keller. Während das Haus unter den Bomben erzitterte, spielten Irmgard und die Hausbewohner »Mensch ärgere Dich nicht« oder Halma. Das lenkte ab.

Nachdem Ilse Wolf ohne irgendeine Nachricht von ihrer Mutter oder ihrem Kind drei Tage im Keller verbracht hatte, wagte sie sich am 23. April in ihr Zimmer hinauf, das im ersten Stock lag. Als die junge Frau aus dem Fenster auf die Blissestraße hinaussah, entdeckte sie zwei Männer in ihr unbekannten Uniformen, das mussten Russen sein. »Beinahe wäre ich in Ohnmacht gefallen, dann bin ich sofort wieder in den Keller zurückgerannt und habe gesagt: ›Kinder, die Russen sind da!‹ Da haben die anderen gesagt ›Ach, Sie spinnen!‹ – ›Doch‹, hab ich gesagt, ›ich habe eben zwei Russen vis-à-vis stehen sehen. Auf der Straße.‹«

Die Eroberer der Reichshauptstadt

Iwan Nowikow, Offizier in einem Panzerbataillon von Marschall Schukows 1. Weißrussischer Front, erinnert sich an die Angst, die er und andere Soldaten hatten, als sie nach Berlin kamen. Ihre Panzer schossen ohne Unterlass, auch die, in denen Frauen am Steuerknüppel saßen. »Wir hatten Furcht, dass man uns aus den Fenstern erschießt. Die Deutschen schossen ja auch.« Dann berichtet er von einem Vorfall: »Ein Keller. Die Infanterie öffnete die Tür, und dort waren wahrscheinlich fünf Familien, vielleicht sogar mehr. Die Panzer hielten an, und wir gingen in das Gebäude. Es war ein großes Haus. Ein Deutscher begann zu schießen und tötete zwei unserer Soldaten.« Daraufhin warfen die Rotarmisten Granaten in den Keller und töteten alle darin Schutz Suchenden. »Weil zwei unserer Soldaten, die als Erste in den Keller gegangen waren, gefallen waren. Fünf Familien oder mehr – Kinder, alte Männer, alte Frauen, alle waren in dem Keller.« Zwar habe es den Befehl gegeben, »sie nicht anzurühren, aber sie wurden alle getötet. Was hätte man tun sollen? Zwei deutsche Soldaten hatten sich dort versteckt, sie hatten Zivilkleidung an, sie hatten zwei unserer Soldaten getötet. Wir konnten sie keinesfalls am Leben lassen.«[45]

Eine Stunde mochte vergangen sein, seitdem Ilse Wolf die ersten Russen gesehen hatte. Niemand hatte auf die Soldaten geschossen, alles war ruhig geblieben. Trotzdem waren die Hausbewohner verängstigt, als ein russischer Offizier in den Keller kam. Er hatte eine Pistole in der Hand. Der Mann sprach gut Deutsch, befragte zuerst die Menschen im vorderen Keller, dann kam er in den hinteren Teil, in dem sich auch Ilse Wolf befand. »›Guten Tag, hier deutsche Soldaten?‹, fragte er. ›Nein!‹, haben wir gesagt. ›Russische Soldaten?‹ – ›Nein!‹ – ›Gut‹, sagte er, ›ich wünsche Ihnen alles Gute‹, und ging raus. In dem Moment fiel mir ein Stein vom Herzen. Ich traute dem Frieden nicht, aber wir waren erst einmal beruhigt.« Ilses Angst vor den Russen blieb.

Bereits im November 1944 hatte ihr Mann, als er zum letzten Mal auf Urlaub nach Hause gekommen war, von den Gräueltaten berichtet, welche die Russen in Ostpreußen begangen hätten. Er war in Nemmersdorf gewesen, hatte das Dorf zurückerobert und seiner Frau erzählt, was die Rotarmisten dort mit Frauen und Kindern angestellt hatten. Oder angestellt haben sollten. Denn aus den dreiundzwanzig bis sechsundzwanzig getöteten Zivilisten, die es nach heutiger Kenntnis in Nemmersdorf gab, machten Presse und Propaganda Dutzende Vergewaltigte, Verstümmelte, Gefolterte. Als einer der Ersten war der deutsche Soldat Hellmut Hoffmann vor Ort gewesen. Seiner Auffassung nach hatte man nachgeholfen und – bevor die Presse erschien – die zweifellos schlimmen Ereignisse als unvorstellbare Gräueltaten in Szene gesetzt: »Wenn da geschrieben wurde, es sind Frauen gekreuzigt oder angenagelt worden – das ist ungeheurer Blödsinn. Es ist auch keine Frau vergewaltigt worden. So, wie sie dalagen, als sie von den Kameras aufgenommen wurden – das hat man nachträglich gemacht. Man hat die Kleider hochgezogen und auch runtergezogen.«[46] Die NS-Propaganda hatte die gewünschte Wirkung: Viele, wenn nicht die meisten ostpreußischen Flüchtlinge berichteten später von Kreuzigungen und angenagelten Zungen, als hätten sie all dies mit eigenen Augen gesehen. Die Bilder und Berichte aus Nemmersdorf hatten sich über die eigenen Erlebnisse geschoben und das Gesehene ausgelöscht. Bis heute ist »Nemmersdorf« die Metapher für Gräuel der Sowjetarmee an der deutschen Zivilbevölkerung.

Zwei Stunden nach dem freundlichen Offizier kam ein russischer Soldat in den Keller, in dem Ilse Wolf mit ihren Nachbarn saß. »Ich denke, das war ein Kirgise, er hatte Schlitzaugen, war dunkelhaarig, klein und ging mit seinen Säbelbeinen durch den vorderen Keller. Ich hörte was von ›Uri, Uri‹ und die Leute gaben ihm ihre Uhren.« Da Ilse Wolf meinte, der Rotarmist habe bereits genügend Beuteuhren eingesteckt, stachelte sie ihre etwa gleichaltrige Nachbarin an, die Armbanduhren abzubinden und einzustecken. »Strahlend kam der Mann zu uns rein, guckte uns an, sah meine Nachbarin und sagte ›Uri, Uri!‹, und die sagte ›Nix Uri!‹, und da sagt der ›Nix Uri! Frau komm!‹. Da zog der die raus, nahm sie am Arm, und da wusste ich ja, was los war.« Kurze Zeit später kam die junge Frau zurück, der Sowjetsoldat hinterher. Nun strahlte er Ilse Wolf an, »Frau komm!«, hörte sie. Ilse stand auf, der Mann schob sie vor sich her durch den Gang, vorbei an den Kellerverschlägen, deren Türen nun offen standen. »Dann meinte er noch irgendwas zu mir, ich habe ihn aber nicht verstanden. Plötzlich bekam ich einen Schlag über den Kopf, und dann weiß ich nichts mehr. Als ich wieder zu mir kam, lag ich auf dem Boden, mein Rock war runtergerissen, ich hatte eine Platzwunde am Kopf und blutete. Er war weg. Von der Vergewaltigung habe ich nichts mitbekommen.« Mit seiner »PPSch«, der berühmten sowjetischen Maschinenpistole mit Trommel, hatte der Soldat sie mattgesetzt.

»›Ich bleibe nicht fünf Minuten länger hier in dem Keller!‹, habe ich dann gesagt. Zum Glück hatten wir einen sehr netten Hauswart, der hat sofort zu mir gesagt: ›Kommen Sie, ich nehme Sie mit zu mir.‹ Und der hat mich dann in seiner Wohnung in einem alten Buffet versteckt.« Der Mann war kriegsversehrt, hatte nur noch ein Bein und bewohnte eine Parterrewohnung im Seitenflügel. Das Eichenbuffet, in das Ilse Wolf hineinkroch, hatte er unten leer geräumt. Einen Teil des Geschirrs stellte er wieder vor sie, für den Fall, dass ein Russe die Tür öffnete. Einen ganzen Tag verbrachte Ilse in der Anrichte, hörte, wie die Russen hin und wieder kamen und nach Frauen suchten. »Wo Frau, wo Frau?«, fragten sie den Deutschen, doch der antwortete standhaft: »Hier nix Frau!« »Ich habe die ganze Zeit gedacht, hoffentlich schießen die jetzt nicht«, erinnert sich Ilse Anger. »Seit dieser Zeit kann ich mich schlecht in verschlossenen Räumen aufhalten. Ich muss immer alle Türen offen haben.« Und dann fügt sie hinzu: »Wir hatten damals keine Psychologen, heute könnte man sich behandeln lassen.«

Mit ihrer Angst, ihren Schmerzen, ihrer Verzweiflung allein gelassen, mussten die Frauen damals eigene Wege finden, mit dem Erfahrenen umzugehen, ohne daran zu zerbrechen. In ihrem Tagebuch beschrieb die Berliner Journalistin Marta Hillers, »Anonyma«, ihren Fluchtversuch aus der Wirklichkeit. »Mein Ich läßt den Leib, den armen, verdreckten, mißbrauchten, einfach liegen. Und entschwebt rein in weiße Fernen. Es soll nicht mein ›Ich‹ sein, dem dies geschieht. Ich schiebe all das aus mir hinaus. ... Alles Gefühl scheint tot. Einzig der Lebenstrieb lebt. Die sollen mich nicht zerstören.«[47] Ob es Ilse Wolf ähnlich empfand, deren Körper vergewaltigt wurde, als sie besinnungslos war?

Weil sich die Parterrewohnung als unsicher erwies, drängte es sie weiter fort. Der Hauswart brachte Ilse abends nach oben auf den Dachboden. Dort war es Ende April nachts noch eisig kalt. »Ich habe am Schornstein gesessen, den Kopf verbunden, und der Hauswart hat mich mit Wasser und ein bisschen Brot versorgt. Der Mann hat mir da oben das Leben gerettet.« Acht lange Tage hielt Ilse Wolf unter dem Dach aus. Herunterzukommen war zu gefährlich, solange die Russen mit ihrem gesamten Tross in der Blissestraße kampierten. Sie zogen erst weiter, als es ihnen gelang, das Fenn im Volkspark, das von den Deutschen verzweifelt verteidigt wurde, zu überwinden und schließlich am 28. April den Fehrbelliner Platz einzunehmen.

Auch in der Wexstraße wurde tagelang gekämpft, während die Deutschen im Keller ausharrten. Die heute noch sichtbaren Kampfspuren an der Brücke erinnern Irmgard Raddatz an das Ende des Zweiten Weltkriegs und an die ersten Russen, die um den 26. April in den Keller kamen. »Die sahen ganz ordentlich aus in ihren schwarzen Lederjacken. Sie suchten versteckte Soldaten und Volkssturmleute. Sie haben uns nichts getan. Eine Nachbarin konnte Russisch, sie verstand, was die Soldaten sprachen. Sie sagte uns immer, wir sollten ganz ruhig sein.« Wenig später verließen die Hausbewohner den Keller, Irmgard, ihre Schwester und die Mutter gingen in ihre im Parterre gelegene Wohnung zurück.

Und dann geschah es doch: Irmgard kam mit ihrer kleinen Schwester an der Hand aus der Wohnungstür, als fünf Russen in den Hausflur drängten. »Ich habe noch gesagt ›zu jung, zu jung‹, ich meinte meine Schwester, und die haben sie dann laufen lassen.« Irmgard, die Sechzehnjährige, aber schoben die Männer in die Wohnung zurück, sie warfen sie auf ein Bett, zogen sie aus und vergewaltigten das Mädchen einer nach dem anderen. »Ich wusste vor Angst und Aufregung gar nicht, was mit mir passierte. Ich war ja noch ein Kind. Wir haben auf der Straße Völkerball und Treibeball mit den Jungs gespielt, sonst nichts.« Als die Männer mit ihr fertig waren, bedrängten sie den Großvater, dessen Stiefel sie haben wollten. Als er sich weigerte, sie auszuziehen, und die Russen drohten, ihn zu erschießen, ging die Mutter dazwischen. »Sie wollte ihrem alten Vater helfen, da haben sie sich meine Mutter geschnappt und auch sie vergewaltigt.« Irmgards Mutter war erschüttert, als sie erfuhr, was die Soldaten ihrer Tochter angetan hatten – und wütend auf ihren Vater, der nur an seine Stiefel gedacht hatte.

Irmgard und ihre kleine Schwester versteckten sich im obersten Stockwerk des zerstörten Hauses, dort harrten sie tagelang aus und beobachteten, was im Haus und in der Nachbarschaft geschah. »Die Russen gingen in den Häusern ein und aus und nahmen die Frauen mit. Gegenüber wohnte unsere Bäckerin, eine alte Frau, die haben sie vergewaltigt und dann deren Enkelin auf einem Panzer mitgenommen und in eine Kaserne gebracht. Da sind dann alle Mann drübergestiegen, anschließend haben sie sie wieder zurückgebracht.« Als die Rotarmisten am nächsten Tag wiederkamen, war das Mädchen verschwunden, es hatte sich versteckt. Die Russen drohten, das Haus in die Luft zu sprengen, wenn es nicht hervorkäme. Aber dann verloren sie das Interesse, es gab genug andere Opfer. »Aus unserem Keller haben sie die alte Tante Emmy, die war vierundsechzig, Frau Sattelberg und Frau Flemer vergewaltigt.«

Später erzählte Irmgards Mutter, dass die Männer aus der Nachbarschaft Frau Flemer unten im Keller mit den Worten »Jetzt können wir ja bald zur Taufe kommen!« begrüßten. »Beinahe wäre es wegen dieses Spruches zu einer Prügelei zwischen Herrn Flemer und den anderen gekommen.« Die Selbstgewissheit der Männer war in ihren Grundfesten erschüttert. Sie hatten erlebt, wie das Haus beschossen wurde, mit angesehen, wie ein Nachbar an einem Bauchschuss verblutete, sie waren hilflos gewesen, als die Eroberer ihre Frauen wegschleppten. Die vermeintlich Unbesiegbaren hatten den Krieg verloren, die Familienoberhäupter waren ohnmächtig. Sie – nicht die Frauen – fühlten sich entehrt. Manche sahen nur noch einen Ausweg – mit ihren Frauen, mit ihrer ganzen Familie in den Tod zu gehen oder aber die »geschändeten« Frauen zum Freitod zu drängen. Doch das vermeintlich schwache Geschlecht, das genauso viel gesehen hatte wie diese Männer und noch mehr hatte erdulden müssen, erwies sich häufig als stärker. Und widersetzte sich. Oft zum ersten Mal. Die Kraft der meisten Frauen war größer als das Unglück, sie entschieden sich für das Leben.

Als die Wexstraße am 1. Mai in russischer Hand war, richteten die Sowjets in dem Haus, in dem Irmgard und ihre Familie lebten, eine der zahlreichen Kommandanturen ein. »Da waren nur ganz primitive, einfache Soldaten, die kein Deutsch konnten. Als meine Mutter einmal dorthin ging, um Schutz vor den Vergewaltigern zu erhalten, haben sie sie ausgelacht und weggeschickt ... Wir hatten den Eindruck, dass die Russen die ersten vier Wochen machen konnten, was sie wollten. Wir Mädchen und Frauen waren rechtlos.«

Das Gleiche erlebte auch die »Anonyma«. Nachdem der »Schändungsbetrieb«, so nannte Marta Hillers die Vergewaltigungen durch die Rotarmisten sarkastisch, seinen Lauf genommen hatte, suchte die Hausgemeinschaft in ihrem Keller nach einem Ausweg. Da Marta Hillers ein wenig Russisch sprach, wurde beschlossen, den Kommandanten um Schutz zu bitten. Der lachte aber bloß über das »Gestammel und über das armselige Häuflein, das sich hier beschweren will. ›Ach was, es hat Ihnen bestimmt nichts geschadet.

Unsere Männer sind alle gesund.‹ Er schlendert zu den anderen Offizieren zurück, wir hören sie halblaut lachen.«[48]

Während Tegel, Reinickendorf und andere Stadtteile von der Roten Armee bereits erobert waren, wüteten noch erbarmungslose Kämpfe um den Fehrbelliner Platz und die angrenzenden Straßen. Als beim Waffenstillstand am 2. Mai das Ausmaß der Verwüstungen zu sehen war und die Zahl der Opfer bekannt wurde, war Ilse Wolf froh, ihre Mutter und den Sohn nicht zu sich in die Blissestraße genommen zu haben.

Ilse erfuhr durch den Hauswart, dass die Russen weitergezogen waren, und eilte sogleich zu ihrer Familie. »Gerade als ich dort im Keller war, kamen auch wieder mehrere Russen, und einer wollte sich auf meine Mutter stürzen. Doch da habe ich energisch ›Raus!‹ gesagt. Ich war in dem Augenblick couragiert, nach dem, was ich durchgemacht hatte, hatte ich keine Angst mehr. Dadurch habe ich meine Mutter vor der Vergewaltigung gerettet.«

Ilse Wolfs Mutter war bildhübsch und gerade einmal Ende dreißig, in den Augen russischer Männer das Idealbild der deutschen Frau. Bevor ihre Tochter kam, war sie den Vergewaltigungen nur entgangen, weil ihr Enkel Peter sich an sie gekrallt und ohne Unterlass »Omi, Omi, Omi!« geschrien hatte. »Mit Kindern, das muss man ja sagen, sind sie freundlich umgegangen, die Russen, nicht aber mit deren Müttern.« Oder mit Männern. Im Haus der Mutter hatten die Russen zwei Nachbarn erschossen und als Kugelfang benutzt.

Da es in der Blissestraße inzwischen vergleichsweise ruhig war, ging Ilse mit Sohn und Mutter dorthin. Ilse war kaum in ihr Zimmer zurückgekehrt, als Hausbewohner kamen und ihr erzählten, der Russe, der sie vergewaltigt hatte, sei am nächsten Tag noch einmal in den Keller gekommen. Mit den Worten »Wo Frau, wo Frau?« habe der Mann nach ihr gefragt, er habe ihr etwas schenken wollen. Ein merkwürdiges Verhalten, wundert sich Ilse Anger heute noch. Doch viele Frauen erlebten Ähnliches, und auch Marta Hillers erhielt wieder Besuch von dem grobschlächtigen Sibirier Petka, der sie vergewaltigt hatte. Ein Schwall russischer Worte und Sätze ergoss sich über die Journalistin, sie wusste kaum etwas zu erwidern, nicht nur wegen mangelhafter Sprachkenntnisse. »Petka strahlt mich an, seine kleinen Blauaugen glitzern, er schüttelt mir die Hände, versichert, daß ihm die Zeit nach mir lange geworden sei ... daß er froh sei, so froh, mich wiederzusehen. ... Ich stehe wie ein Idiot vor diesen unzweifelhaften Symptomen, höre mir das Romeogestammel an ...«[49]

Unberechenbare Russen erlebte auch Ilse Kran. Dem ersten Rotarmisten begegnete sie im Schutzraum, in den sie sich mit ihrer Familie geflüchtet hatte. »Der Soldat sah sehr finster aus, er warf meiner Mutter eine Pistole zu und sagte zu ihr: ›Du alle erschießen!‹ Dann zeigte er in die Runde. Meine Mutter war eine ganz zarte, mädchenhafte und scheue Frau, sie war sehr erschrocken.« Frau Kran stand da, die Pistole in der Hand, als ein zweiter Russe die Treppe heruntergepoltert kam, mit einem großen Eimer in der Hand. »Er stellte den Eimer auf den Tisch, nahm die Pistole und steckte sie dem Kumpel wieder ins Halfter. Und dann sagte er zu uns: ›Du alle essen!‹, in dem Eimer war nämlich Fleisch. Das war typisch für die Russen, dieses Zwiespältige. Teils eben freundlich, teils sehr böse.«

Einige Menschen in ihrer näheren Umgebung wurden getötet – warum erfuhren die Krans nicht. »Auch später musste man, wenn man auf die Straße ging, aufpassen, dass man nicht von irgendwoher erschossen wurde ...« Ilses Mutter wurde in die Hand getroffen, als sie mit einer Harke im Garten stand. Ein Russe hatte sie wohl für eine Waffe gehalten. »Andererseits war es so, dass die Russen Kindern immer zu essen gaben, Kinder kriegten alles von ihnen. Zu Kindern waren sie sehr nett und niemals grausam.«

Als nun auch Wannsee russisch war, machten sich Ilse und ihre Eltern wieder auf den Weg nach Nikolassee. Sie wollten zurück in die Wohnung, die sie knapp zehn Tage zuvor verlassen hatten. Als sie unter der S-Bahnbrücke hindurchwollten, versperrten ihnen zwei russische Soldaten den Weg und dirigierten die Familie in ein Haus. Ilse zerrten sie die Treppe hinauf in den ersten Stock. »Und da haben mich zwei Russen vergewaltigt. Mein Vater und meine Mutter waren im Keller. Es war für meinen Vater ganz schrecklich, dass er mich nicht hatte verteidigen können. Ich selber habe die ganze Sache nicht so tragisch genommen.«

Marta Hillers schrieb am 1. Mai schon »mit kalter Hand« das Wort »Schändung« in ihr Tagebuch. »Es klingt wie das Letzte und Äußerste, ist es aber nicht.« Ähnlich empfand auch Ilse Kran. Sie hatte viele Menschen sterben sehen, denen sie nicht hatte helfen können. Seitdem war der Wert des Lebens in ihren Augen unermesslich. Sie wusste, dass der Krieg bald zu Ende sein würde, schließlich stand die Rote Armee seit dem 24. April mitten im Zentrum von Berlin.

Heute schätzt man, dass in Berlin hundertzehn- bis hundertdreißigtausend Frauen in den letzten Kriegs- und den ersten Friedenswochen vergewaltigt wurden. Wie viele von ihnen sich das Leben nahmen, ist nicht dokumentiert. Es ist nicht einmal mehr feststellbar, wie viele Frauen es waren, da die Sterbestatistik für das Jahr 1945 nicht nach Geschlechtern unterscheidet. Allein in den Monaten April bis August begingen fast fünftausend Menschen Selbstmord. Viele von ihnen wurden in Familiengräbern bestattet, manche nur irgendwo versteckt an der Friedhofsmauer, weil »Selbstmördern« ein Grab oft verweigert wurde. Wer kein Nazi gewesen war, erhielt, soweit möglich, später auf einem der Berliner Friedhöfe einen Platz als »Opfer von Kriegen und Gewaltherrschaft«. Deren Todesursache ist allerdings nur auf den Karteikarten angegeben, die bei der Senatsverwaltung aufbewahrt werden.

Oft wählten ganze Familien den Freitod, da sie die Ehre der Familie als ein für alle Mal beschmutzt sahen. So geschah es auch in einer Villa in der Beskidenstraße, in unmittelbarer Nachbarschaft von Familie Kran. Die Russen hatten in Nikolassee viele Häuser geplündert, Frauen und Mädchen vergewaltigt. Doch Ilse Kran reagierte anders als die meisten ihrer Schicksalsgenossinnen. Sie empfand keine Scham, fühlte ihre Ehre nicht befleckt – in ihr revoltierte und protestierte alles: »Ich habe gedacht: ›Diese blöden Männer, die haben diesen Krieg angezettelt. Dann waren sie nicht in der Lage, uns zu verteidigen. Ich denke gar nicht dran, mich umzubringen. Ich will jetzt leben! Ich fühle mich nicht entehrt, und ich werde mir nicht das Leben nehmen!‹«

Auch Marta Hillers registrierte eine »Art Kollektiv-Enttäuschung«, die sich allmählich bei den Frauen bemerkbar mache. »Die männerbeherrschte, den starken Mann verherrlichende Männerwelt wankt – und mit ihr der Mythos ›Mann‹.« Am Ende des Krieges werde, so prophezeite sie, »neben vielen anderen Niederlagen auch die Niederlage der Männer als Geschlecht« stehen.[50]

Erste Begegnungen

Im Hochbunker am Anhalter Bahnhof schien das Kriegsende noch fern. Dort kursierten Ende April die verschiedensten Gerüchte: von der Armee Wenck, die aus dem Berliner Norden kommen und Hilfe bringen sollte, von den Wunderwaffen, die die Wende bringen würden, und auch davon, dass es einen Zugang vom Bunker zum S-Bahnsteig gab. Dora war jung, ihre Mutter eine starke Frau, und so wagten es die beiden, in der Nacht vom 1. auf den 2. Mai mit dem blinden Großvater den Bunker durch den S-Bahntunnel zu verlassen.

Da am frühen Morgen des 2. Mai direkt unter dem Landwehrkanal – wahrscheinlich von SS-Männern – eine Sprengladung gezündet worden war, strömte das Wasser in den Nord-Süd-Tunnel und breitete sich an den Kreuzungspunkten der Bahnen immer weiter aus. Ungefähr tausend Menschen sind in den gefluteten Tunneln ums Leben gekommen.

Glücklicherweise stieg das Wasser nur langsam. Und so stolperten Dora und ihre Familie im Dunkeln vorwärts, bis zu den Knien durch das trübe Wasser watend. Es war ein mühsames Gehen über den spitzen Schotter des Gleisbetts, immer die Stromschiene entlang, die längst keinen Strom mehr führte. Mit ihnen gingen andere Menschen durch das Wasser, ohne Panik, ganz ruhig. Am Potsdamer Platz stand ein Lazarettzug. Eine gespenstische Szenerie, erleuchtet von den Fackeln der Soldaten, die sich um die Verwundeten kümmerten, und vom Morgenlicht, das von oben durch die Schächte fiel.

Dora, ihre Mutter und der Großvater brauchten Stunden für die weniger als drei Kilometer lange Strecke vom Anhalter Bahnhof bis zum Bahnhof Friedrichstraße, wo sie nicht mehr weiterkonnten. Heute wundert es Dora Naß, dass sie den Weg überhaupt hinter sich brachten. »Und dann hatten wir die Schwierigkeit, am Bahnhof Friedrichstraße auf die Bahnsteigkante hochzuklettern, denn da sind keine Treppen. In mir waren ungeahnte Kräfte, und so konnten wir den Opa hochziehen. Wir sind dann rüber zur U-Bahn, damit wir aus dem Wasser rauskamen. Dort haben wir uns unter den Überhang der Bahnsteigkante gelegt, so erschöpft waren wir.«

Ob sie geschlafen hat, daran kann sich Dora nicht mehr erinnern. Wohl aber an den Hall in dem U-Bahnschacht, an die vielen Geräusche, die von oben kamen. Sie hörten die Einschläge von Geschossen und ahnten, dass oben Panzer rollten. »Aber man liegt im Dunkeln, im Ungewissen unter der Erde und weiß nicht, was da oben vorgeht. Nur in der Hoffnung, irgendwann muss dieser Spuk mal vorbei sein.« Ob es Tag oder Nacht war, wussten die drei nicht mehr. Einmal hörten sie Männer die Treppe runterkommen und kauerten sich noch weiter unter die Bahnsteigkante. Doch Stimmen und Schritte verschwanden und machten einer beängstigenden Ruhe Platz. »Irgendwann habe ich versucht, mich im Dunkeln vorzutasten. Ich bin die Treppe hochgegangen, und es war taghell. Es war heiß. Meine Mutter schrie, ich solle zurückkommen. Sie hatte große Angst um mich.« Dora stieg wieder hinab, die drei warteten noch ein wenig, schließlich nahmen sie allen Mut zusammen und gingen nach oben. »Wir haben keinen Menschen gesehen, keinen einzigen. Es ist unvorstellbar, nach dem ganzen Krach, nach den Einschlägen, nach den Kampfhandlungen, die über uns hinweggezogen waren, und mit einem Mal war es still. Kein Mensch, kein Soldat, nur Tote und zerschossene Panzer und Geschütze, zerstörte Autos und Ruinen ...«

Am 3. Mai standen Dora, ihre Mutter und der Großvater im grellen Tageslicht auf der Georgenstraße. Wenige Hundert Meter weiter hatten die Russen am Vortag auf dem Reichstag die rote Fahne gehisst, doch davon wussten sie nichts. Auch nicht, dass in Berlin der Krieg beendet war.

In den Trümmern eines Hauses lagen ein paar unversehrte Wein- und Schnapsflaschen, offenbar war an dieser Stelle einmal eine Weinhandlung oder eine Bar gewesen. Dora kletterte herum und schüttete die Reste zusammen. »Das haben wir dem Opa gegeben. Meine Mutter hat getrunken, ich habe getrunken, eigentlich hätten wir von dem Alkohol total benommen sein müssen, aber das hat uns eventuell auch geholfen, dass wir alles, was um uns rum war, nicht gesehen haben.« Vielleicht gab es ihnen auch die Kraft, den Weg, den sie vor sich hatten, zu bewältigen. Nun, da die Kampfhandlungen offenbar beendet waren, wollten sie nach Hause zurück. »Einen klaren Gedanken hatten wir nicht. Es trieb uns dahin. Aber wir konnten nicht einfach eine Straße langgehen. Wir brauchten für zehn Meter etliche Zeit, man musste über Schutt, über tote Pferde. Verwundete riefen. Wir sind vorbeigegangen, wie in Trance.« Heute noch spürt Dora die Hitze, sieht sie den Großvater und die Mutter vor sich, die wie Gespenster aussahen. Und wundert sich, dass überall die Menschen verschwunden waren, nicht einmal Soldaten sahen sie. Bis auf einen Russen. In der Friedrichstraße, Ecke Leipziger, war ein großes Schuhgeschäft von Leiser. Es war stark beschädigt, die Schaufensterscheiben waren zerbrochen. »Und da habe ich gesehen, dass Kartons hinausflogen, und habe gedacht: ›Vielleicht kann ich für den Opa ein Paar Pantoffeln kriegen.‹ Es war vollkommen verrückt.« Dora versuchte in das Geschäft zu gelangen, wurde jedoch von einem sowjetischen Soldaten aufgehalten, der sie jäh zur Seite riss. »Ich habe geschrien, das war meine erste Begegnung mit einem Russen. Aus irgendeinem Grund habe ich ihm den Ring gezeigt, den ich zur Einsegnung bekommen hatte, als wollte ich sagen: ›Nimm den Ring, aber lass mich los.‹ Ich bin, so schnell es ging, rausgerannt … Der Russe hat uns dann auch nicht weiter beachtet. Der war nur mit seinen Schuhen beschäftigt.«

Als die drei am Anhalter Bahnhof wieder angekommen waren, hatten sie außer den Verwundeten und dem Russen bei Leiser keine Menschenseele getroffen. Nun wussten sie vor Erschöpfung nicht mehr weiter.

Ihre Stadt war ein rauchender Trümmerhaufen, dessen Bewohner sich erst allmählich aus Kellern, Bunkern und Schutzräumen wieder auf die Straßen wagten. Durstigen und hungrigen Gespenstern gleich. In der Stadt gab es keinen Strom, kein Gas, kein Wasser, keine Lebensmittel, kaum bewohnbare Räume. Niemand hatte eine Vorstellung davon, wann ein normales Leben wieder möglich sein würde. Man lebte von Augenblick zu Augenblick. Man überlebte.

Dora und ihre Mutter hatten den Großvater gerade an den Rinnstein gesetzt, als sich ein versprengter russischer Soldat mit einer Maschinenpistole näherte. »Der sagte nur: ›Alter Mann, puh!‹ ... Wir waren total verkrustet, wir haben den Mund nicht mehr aufgekriegt. Meine Mutter und ich haben irgendwelche Gesten gemacht, der Russe ist weitergezogen.«

Unmittelbar neben dem Anhalter Bahnhof standen einmal Dienstgebäude, nun waren es nur noch Ruinen. Trotzdem gingen sie dort hinein, um etwas wie ein Dach über dem Kopf zu haben und vielleicht Wasser oder ein Stück Brot zu finden. Den Großvater betteten sie notdürftig auf ein Sofa, das sie dort fanden. Irgendwann kam noch ein einsamer Rotarmist, der Beute sammelte und »Uri, Uri!« rief. »Mein Großvater hatte noch eine wunderschöne Taschenuhr von der Weltausstellung in der Schweiz, mit dem Zeppelin drauf, die hat der Soldat ihm abgenommen, auch meiner Mutter wurde die Uhr abgenommen, wir haben uns nicht gewehrt. Er hat auch mich abgesucht, aber es war im Arbeitsdienst notwendig, dass wir uns die Armbanduhr am Träger des Unterhemdes festmachten, und dadurch habe ich meine Uhr, die ich zur Einsegnung bekommen habe, gerettet.«

Als sie erschöpft und ratlos dasaßen, darauf warteten, was weiter mit ihnen geschehen würde, kam eine Bekannte, Frau Methel. Sie nahm die drei mit in die Unterkunft, die sie gefunden hatte. Die Wohnung lag in einer großen Gartenanlage an der Saarlandstraße, der heutigen Stresemannstraße. In den Gärten hatten Dora und ihr Bruder als Kinder gespielt.

Auch hier waren keine Menschen, waren sie die einzigen, die Unterschlupf suchten. Nur ein paar Zwangsarbeiter gingen vorüber.

Ausgemergelte Männer und Frauen, die einen Leiterwagen hinter sich herzogen.

Am nächsten Tag kam der Tross eines sowjetischen Panzerregiments in die Gärten, in denen der Flieder blühte. Mit Frauen, Pferden, Panjewagen. Dort war Platz, um die Pferde auszuspannen. »Die Russen waren erschöpft und, genau wie wir, froh, dass der Krieg überstanden war, dass keiner mehr schoss. Sie hatten ihr Ziel erreicht, sie hatten die Reichshauptstadt erobert, und nun waren sie normale Menschen. Sie waren im Freudentaumel. Aber wir haben uns zuerst zurückgehalten, uns nicht vorgewagt.«

Als alles friedlich blieb, nahm Frau Methel ihren ganzen Mut zusammen und ging nach draußen. Dank ihrer Sprachkenntnisse konnte sie sich mit einem Rotarmisten verständigen, der bald darauf Konserven in die Wohnung brachte. Frau Methel kochte für den Hauptfeldwebel, und so bekamen auch Dora, ihre Mutter und der Großvater etwas zu essen.

Solange der Offizier und die russischen Frauen da waren, hatte Dora keine Angst: »Wir wenigen Deutschen bewegten uns frei umher. Die Russen haben uns die Bilder von ihren Familien gezeigt, wir haben zusammen gelacht, es ist unglaublich, dass es das gab, nach all den schlimmen Tagen.« Bevor die Panzertruppe weiterzog, gab der Offizier den Deutschen eine Art Schutzbrief in Form zweier kleiner Zettel, die er aus einem deutschen Notizbuch herausgerissen hatte. Darauf stand mit Datum vom 5. beziehungsweise 6. Mai jeweils auf Russisch mit Kopierstift geschrieben: »Die Wohnung ist von Panzersoldaten besetzt. Garde-Hauptfeldwebel Abdulguzyn Boris N. Feldpostnummer 39907«. Die Botschaft richtete sich an die, die später kommen sollten.

Zumindest am Tag schützte dieser Brief Dora, ihre Mutter und Frau Methel vor Übergriffen. Nur einmal, die Panzersoldaten waren kaum weg, stürmte ein wütender Russe in die Wohnung. »Der Mann sah meine Aktentasche, die ich immer mit mir rumgeschleppt hatte, vom Arbeitsdienst nach Hause, dann durchs Wasser im S-Bahntunnel, die hat er ausgeschüttet und auf die Fotos uriniert.« Dora war jetzt gewarnt, und in der darauffolgenden Nacht kamen wieder Soldaten ins Haus. Einer schlich sich in die Wohnung im Erdgeschoss. »Mir wurde brutal die Kleidung vom Leib gerissen, er hat sich auf mich geworfen, ich habe geschrien. Meine Mutter ist zu dem Mann hingesprungen und hat ihn weggerissen, auch die Frau Methel ist gekommen. Und dann ist der Russe in Panik weg. Frau Methel meinte dann am nächsten Morgen: ›Das Mädchen muss weg, uns alte Frauen werden sie wohl nicht mehr behelligen.‹« Dora floh zu einer Bekannten, die am Halleschen Tor wohnte, im vierten Stock, da war sie sicher.

Sogar am 8. Mai geschah ihr nichts, obwohl es an diesem Tag für Frauen und Mädchen noch einmal sehr gefährlich wurde. Die Russen feierten ihren Sieg mit viel Alkohol und gingen allerorten auf Jagd nach Frauen. Doch wer konnte, hatte sich beizeiten verborgen. Auch Dora saß in einem Dachversteck, voller Angst, die Russen, die sie im Haus und in der Nachbarschaft wüten hörte, könnten auch zu ihr hinaufkommen. »Fünf Treppen nach oben haben sie's aber nicht geschafft oder sie wollten nicht mehr. Die Frauen, die im Keller geblieben waren, haben gelitten.«

Marta Hillers erfuhr an der Wasserpumpe, wie es einer Ärztin gelungen war, vor allem ganz junge Mädchen zu verstecken: Im Luftschutzbunker hatte sie einen Raum mit großen Schildern in deutscher und russischer Sprache als Typhusstation ausgewiesen.[51] Die sowjetischen Soldaten machten umgehend kehrt, wenn sie das Wort »Typhus« lasen, denn anders als in Deutschland, wo die Seuche vor dem Krieg nicht mehr aufgetreten war, stellte sie in der Sowjetunion noch eine allgegenwärtige Bedrohung dar.

Im Amtsdeutsch hieß es »Zwangsverkehr«

In Stunden wie diesen am 8. Mai hatte Ilse Wolf beinahe mehr Angst um ihre Mutter als um sich selbst. »Ich musste immer aufpassen, dass meiner Mutter nichts passierte ... Ich glaube, die hätte das nicht überlebt, meine Mutter hätte sich wahrscheinlich umgebracht.« Vom Vater hatten die beiden Frauen noch keine Nachricht. Er war trotz seines hohen Alters noch zum Militär eingezogen worden, nachdem er im Ersten Weltkrieg schon Soldat gewesen war. Monate später erfuhren sie, dass er am 2. Mai in Wismar in kanadische Gefangenschaft gekommen war. Erst am 1. Juli übergaben britische und kanadische Besatzungstruppen die alte Hansestadt an die Rote Armee. »Die Russen hatten an so einem alten Mann kein Interesse, und so ließen sie ihn wenige Wochen später frei. Mein Vater kam im August 1945 nach Berlin zurück.«

Ende Mai fühlte sich Ilse Wolf sehr unwohl, was sie vor allem auf eine Blutvergiftung infolge eines Wespenstichs zurückführte. Die junge Frau musste ins Gertraudenkrankenhaus, das ganz in der Nähe lag. »Der behandelnde Arzt sah mich an und fragte: ›Was ist mit Ihnen?‹ – ›Ich weiß nicht‹, sagte ich. Da hat er mich eingehend untersucht und gesagt: ›Sie sind schwanger!‹« Das konnte, nein, durfte nicht wahr sein. »Die Schwangerschaft war das Schlimmste an der ganzen Vergewaltigung.«

Der Krankenhausarzt gab ihr ein Attest, mit dem sie das Kind noch bis Mitte Juni hätte straflos abtreiben können. »Aber ich wusste nicht, was ich machen sollte, ich war völlig hilflos.« Ilse hatte gehört, dass Frauen sich das Leben genommen hatten, direkt nach der Vergewaltigung oder auch später. Dass sie sich vergiftet, erhängt hatten oder ins Fenn gegangen waren. Doch an Selbstmord dachte sie nie. Aber sie zögerte zu lange. »Bald kam eine Order von Stalin, dass keine Abtreibungen gestattet sind.« In ihrem Machtbereich wandten die Sowjets die Gesetze an, die auch im eigenen Land galten. Und dort waren seit dem 27. Juni 1936 Schwangerschaftsabbrüche nur noch in wenigen Ausnahmefällen gestattet. Erst Mitte der fünfziger Jahre, fast drei Jahre nach Stalins Tod, wurde das Abtreibungsverbot, das zu vielen illegalen Eingriffen auf Kosten von Gesundheit und Leben der Frauen geführt hatte, wieder gelockert.

Wer, wie es damals im Amtsdeutsch hieß, »Zwangsverkehr« mit Russen hatte, musste neben Schwangerschaften auch Geschlechtskrankheiten wie Syphilis oder Tripper fürchten. Irmgard Ebert war mit asiatischem Tripper angesteckt worden. Ihre Mutter war gesund geblieben. Das wurde im Gertraudenkrankenhaus bei einer Reihenuntersuchung festgestellt, der sich alle Frauen in Berlin unterziehen mussten. Nur dann erhielten sie Lebensmittelkarten. Irmgard schickten die Krankenhausärzte zu einem Arzt für Haut- und Geschlechtskrankheiten nach Friedenau, wo sie Spritzen gegen die Infektion erhielt. Auf dem Weg dorthin kam Irmgard und ihrer Mutter einmal ein Russe entgegen. Das Mädchen geriet in Panik, schrie die Mutter an: »Du gehst immer da, wo die Russen sind!« Ihre Angst vor russischen Männern konnte sie nicht beherrschen. »Nicht vor allen Männern, zum Glück. Vielleicht weil ich jung genug war und meine Jugendliebe an meiner Seite hatte. Der wusste, was mir geschehen war, ließ mich aber nicht im Stich.«

Glücklicherweise hatte ihre Mutter bereits damit begonnen, ihr Seifengeschäft wieder aufzubauen. Erst tauschte und schob sie mit der Fleischersfrau um die Wette, später unternahm sie einträgliche Hamsterfahrten. »Im Gegensatz zu anderen Familien gab es bei uns alles, was man brauchte. Wir haben nicht gehungert, sogar meinen Freund noch durchgefüttert. Mutter hatte viele Brillanten geerbt, die hat sie verkauft, um die Medikamente für mich zu bezahlen, es gab ja noch keine kostenlose Krankenversorgung.« Die Behandlung gegen den Tripper war langwierig und belastend, nach jeder Spritze bekam Irmgard starken Schüttelfrost und musste das Bett hüten. Das Schlimmste aber war, dass die Therapie nicht wirkte, eine unangenehme Situation für Mutter und Tochter. »Eines Tages sagte der Arzt zu meiner Mutter: ›Wir wissen nicht, was wir machen sollen, das heilt nicht. Hat sie denn immer noch Geschlechtsverkehr?‹ Aber da war noch nichts zwischen meinem Freund und mir.«

Die Kinder spielten »Frau, komm!«

Dass es auch gute Rotarmisten gab, erfuhr Irmgard von einer Nachbarin, die aus Bessarabien kam und Russisch sprach. »Im Nachbarhaus sind die Russen ein und aus gegangen, haben Essen hingeschleppt und alles Mögliche. Die Leute in dem Haus bekamen, was sie brauchten, besonders die Kinder.« Doch Irmgard ging nicht in das »Russenhaus«, für sie blieben alle Russen gleich: Plünderer und Vergewaltiger, die machen konnten, was sie wollten. Selbst die russische Sprache klang in ihren Ohren grob und unangenehm. Und da sie nicht verstand, was die fremden Soldaten sagten, konnte sie nicht unterscheiden, wer da zu ihr sprach.

Marta Hillers hatte auf ihren Reisen durch die Sowjetunion nicht nur die unterschiedlichsten Menschen kennengelernt – gebildete Stadtbewohner und einfache Bauern –, sie hatte sich auch die Sprache angeeignet, was ihr nun manches Mal zugute kam und ihr eine Sicherheit verlieh, die anderen Deutschen fehlte. »Was ihnen grobe Tierlaute, unmenschliche Schreie sind, ist mir doch Menschensprache – die reich gegliederte, melodische Sprache eines Puschkin und Tolstoi. Zwar habe ich Angst, Angst, Angst ... aber ich spreche doch mit ihnen von Mensch zu Mensch, unterscheide die Übelsten von den Erträglichen ... mache mir ein Bild von ihnen.«[52]

Anders als jenen, die nur eine bedrohliche Masse vor sich sahen, war es Marta Hillers aufgrund ihres differenzierenden, genauen Hinschauens unmöglich, die Russen ausschließlich als Barbaren und Wilde zu betrachten. »Ich weiß, daß sie Menschen sind wie wir; freilich«, so formulierte sie es, »auf einer niedrigeren Entwicklungsstufe, als Volk jünger, noch näher an ihren Ursprüngen als wir.«[53]

»Primitiv« nennen das Irmgard Raddatz und viele andere Frauen, die russischen Soldaten begegneten. Kaum eine von ihnen hatte Gelegenheit, Sowjetsoldaten aus kultivierten Kreisen kennenzulernen. Und vielen Deutschen waren die russischen Klassiker, die Marta Hillers studiert hatte, unbekannt. »Wenn ich jetzt an Russen denke, dann habe ich auch keine guten Gefühle. Ich würde auf die andere Straßenseite gehen, wenn ich einen russischen Soldaten sähe. Ich würde auch nie nach Russland fahren, das steckt so drin. Ich habe viel zu viel selbst mitgemacht und von meiner Mutter erzählt bekommen.« Als Frau Ebert ihr Seifengeschäft wieder eröffnet hatte, berichteten die Kunden, was ihnen oder Freunden und Angehörigen zugestoßen war. Dass die Russen alte Volkssturmleute mit Genickschuss im Park getötet, Menschen im dritten, vierten

Stock aus dem Fenster geworfen hatten. Das Schlimmste aber blieb für Irmgard, »dass die Russen vier Wochen lang freie Bahn hatten. Wir waren vogelfrei, besonders wir jungen Mädchen.« Die Kinder, die im Sommer auf der Straße und im Park »Uri, Uri!« und »Frau, komm!« spielten, wussten genau, was das bedeutete. Sie hatten zuschauen müssen, was die Russen mit ihren Müttern und Schwestern anstellten.

Nach der bedingungslosen Kapitulation beruhigte sich die Situation in den meisten Teilen Berlins. Es hing viel davon ab, wie der jeweilige Kommandant sich verhielt. Nikolai Bersarin, der erste sowjetische Stadtkommandant, griff durch, drohte mit harten Strafen für Mord, Plünderung und Vergewaltigung. Nur noch selten kam es zu Verstößen, und die wurden nun meist geahndet.

Auf Anordnung der Russen wurde in den meisten Stadtbezirken Brot verteilt. Die Deutschen konnten auch wieder unbehelligt an den Brunnen gehen und Wasser holen.

Allerdings konnten die Abwässer nicht mehr ordnungsgemäß entsorgt werden, und das Trinkwasser war bald nicht mehr sauber. Die Ruhr breitete sich aus, dann traten die ersten Typhusfälle auf. Wöchentlich erkrankten rund tausend Menschen an der Seuche, viele starben. Unter den geschwächten, hungernden Berlinern verbreiteten sich Tuberkulose, Diphtherie und Scharlach. Die Säuglingssterblichkeit stieg auf fünfundzwanzig Prozent und war damit so hoch wie zu Beginn des 20. Jahrhunderts. Da Ärzte und Krankenschwestern, vor allem aber Krankenhausbetten fehlten, war es um die Gesundheitsversorgung schlecht bestellt. Besonders schlimm war der Osten der Stadt betroffen, wo es mehr Alten- und Pflegeheime gab. Die meisten Krankenhäuser befanden sich in den westlichen Stadtteilen wie Zehlendorf oder Steglitz.

Als die Menschen wieder auf die Straßen konnten, machten sich viele Berliner auf den Weg in andere Bezirke, um nach Angehörigen zu suchen. Es sollte noch bis zum 20. Mai dauern, bis die ersten Straßenbahnen wieder fuhren. Dora hatte sich für ihren Marsch als alte Frau verkleidet. Sie kam nicht weit, da wurde sie aufgehalten: »Du nicht alte *matka*, du *rabotatj*!«, hieß es, und sie musste mitgehen, Schutt räumen und Ziegel sortieren. Jederzeit konnte es passieren, von Russen festgehalten und zur Arbeit eingesetzt zu werden. Zur Demontage von Betrieben, für Räumarbeiten, zum Waschen und Kochen, in der Landwirtschaft.

Über geregelte Arbeitseinsätze für Deutsche informierten Hausobmänner, aber auch amtlich bestellte Ausrufer. Grundsätzlich mussten sich alle nicht beschäftigten, aber arbeitsfähigen Frauen und Männer zwischen fünfzehn und fünfundfünfzig Jahren bereithalten. So lautete die Anweisung auch in Ostpreußen, Pommern und Schlesien – von wo aus die vielen Zivilisten in die Sowjetunion deportiert wurden. Die Arbeitseinsätze der Berliner waren dagegen auf das Stadtgebiet und die unmittelbare Umgebung beschränkt.

Mitte Mai etwa konnten Dora, die Mutter und der Großvater bei einer Bekannten in der Kreuzberger Wilhelmstraße einziehen. »In jedem Haus gab es plötzlich einen Hausobmann. Die Befehle kamen jetzt von der sowjetischen Kommandantur ... Offiziell habe ich das Kriegsende nicht erfahren, auch sonst keine Nachrichten.« Ob russisch oder amerikanisch besetzt, das war Dora vollkommen gleich. Die Hauptsache, es gab Wasser, es gab Brot, es war ruhig, man konnte sich wieder frei bewegen und es wurde nicht mehr geschossen. »Für mich war es kein Unterschied, es war eine Besatzungsmacht, Kontakte gab es keine. Von morgens sieben bis abends habe ich auf den Trümmern gestanden. Wir haben nur mitgekriegt, dass irgendwann statt des Panjewagens ein Jeep kam.«

In Nikolassee erlebten Ilse Krans Eltern das Kriegsende in einer tiefen Depression. Wie vielen Deutschen fiel es ihnen schwer, die Kapitulation zu verkraften, sie empfanden den 8. Mai nicht als einen Tag der Befreiung, sondern der großen Niederlage. Selbst das besonders schöne Wetter Anfang Mai 1945 konnte sie nicht aufheitern, sie sahen weder den blühenden Flieder, noch hörten sie die Amseln singen. Ganz im Gegensatz zu ihrer Tochter, die alles Schöne in sich aufsog. »Ich war so glücklich, dass der Krieg vorbei war und dass wir nun neu anfangen konnten. Ich habe gar nicht mehr unter dem Vergangenen gelitten, sondern habe mich nur noch auf die Zukunft gefreut.« Und darüber, ihrem Leben kein Ende gesetzt zu haben.

Jahre später sprach Ilse mit ihrem Mann, der am Russlandfeldzug teilgenommen hatte, darüber, ob Wehrmachtssoldaten Russinnen vergewaltigt hatten. »Mein Mann sagte, er hätte das nicht erlebt. Vielleicht ist es passiert, ich weiß es nicht. Die Russen waren die Sieger, und sie wollten den Deutschen zeigen, dass sie die Sieger waren. Dazu gehörte dann eben auch, die Frauen zu erniedrigen.«

Dass es wohl dazugehörte, zum Krieg und zum Gebaren der Sieger, erleichterte auch Marta Hillers die Verarbeitung des Erlebten: »Hier ... handelt es sich um ein Kollektiv-Erlebnis, vorausgewußt, viele Male vorausbefürchtet – um etwas, das den Frauen links und rechts und nebenan zustieß ...«[54] Was natürlich keineswegs ausschloss, »daß feinere Organismen ... daran zerbrechen oder doch auf Lebenszeit einen Knacks davontragen.«[55]

Vier-Mächte-Stadt Berlin

Am 4. Juli hatten die britischen und US-amerikanischen Alliierten die ihnen zugedachten Sektoren Berlins übernommen, aus denen sich die sowjetischen Truppen zurückzogen. Wilmersdorf unterstand von nun an der Kontrolle des britischen Militärkommandanten. Keine Woche später richtete sich der Secret Service MI6 in der Düsseldorfer Straße ein. In dem Haus wohnte eine Freundin von Ilse Wolf, die binnen kürzester Zeit ihre privaten Dinge aus der Wohnung räumen, die Möbel aber dort lassen musste. Als Ilse kam, um ihr beim Packen zu helfen, wollte der Militärposten sie nicht ins Haus lassen. Ilse, die stolz darauf war, in der Schule bis zum Abitur Englisch gelernt zu haben, versuchte, ihr Anliegen in der Fremdsprache vorzubringen, jedoch ohne Erfolg. Bis sich ein gut aussehender Offizier mit einem schnarrenden »*What's the matter?*« einmischte und schließlich einen Dolmetscher schickte, der die junge Frau ins Haus bat. »Erst hatte ich Angst und dachte, dass die mich verhaften, aber dann bot man mir Tee und Sandwiches an. Als der Dolmetscher mich ausfragte, erzählte ich ihm, dass ich in der Nähe wohnte und zur Zeit keine Arbeit hätte.«

Die Briten suchten nach einer Frau, die zuverlässig und bereit war, jederzeit, auch nachts, zur Arbeit zu kommen, und Grundkenntnisse in der englischen Sprache besaß. All das traf auf Ilse Wolf zu, deshalb machte man ihr gleich ein Arbeitsangebot, das sie ohne zu zögern annahm. Im Jeep wurde Ilse nach Hause gebracht. »Meine Mutter war ganz besorgt, als sie mich so kommen sah. Aber außer dass ich jetzt Arbeit beim Secret Service hatte, war nichts passiert.« Zwei Tage später, am 10. Juli, trat Ilse ihren Dienst an – und nahm noch ein paar Stunden Englischunterricht. Bis Ende 1947 würde sie für die Engländer, wie man damals sagte, arbeiten. »Die haben unter anderem die britischen Staatsangehörigen, die irgendwie für die Deutschen tätig gewesen waren, überprüft. Aber auch andere Leute wurden in dem Haus verhört, auch Frauen, zum Beispiel die berühmte Drehbuchautorin und frühere Frau von Fritz Lang, Thea von Harbou. Die hatten sie auch inhaftiert, aber bald wieder freigelassen. Und weil sie an Frauen keine Leibesvisitation vornehmen durften, brauchten sie eine weibliche Person, die das für sie machte. Das war dann meine erste Arbeit.« Später war Ilse Wolf auch für die Kontakte mit den deutschen Behörden zuständig.

Da bis Mitte Dezember 1945 in Berlin nachts Sperrstunde war, Untersuchungsgefangene aber oft zu dieser Zeit eingeliefert wurden, fuhr der Jeep des MI6 oft in der Wegenerstraße vor, um Ilse abzuholen. Seitdem sie die Arbeit beim Secret Service hatte, lebte sie mit ihrem Söhnchen wieder in der elterlichen Wohnung, das kleine Zimmer in der Blissestraße hatte sie aufgegeben. In den ersten Wochen erhielt Ilse Essen als Lohn, damit war sie zufrieden, da es stets reichlich ausfiel. Sie konnte auch ihrer Familie immer etwas mitnehmen. Nach einigen Wochen bekam sie ein Gehalt, von dem sie alle versorgte, Lebensmittel gab es noch zusätzlich.

»Und dann haben wir überlegt, was machen wir nur, wie werde ich dieses Kind wieder los? Ich wollte doch kein Russenkind haben. Ich wollte mir das nicht antun, und auch meinem Sohn wollte ich das nicht antun. Ich konnte dieses Kind nicht behalten.« Doch die Wochen und Monate vergingen, Ilse Wolf fand keinen Arzt, der bereit war, den Abbruch so spät noch zu wagen. Hilfe kam schließlich von ihren Arbeitgebern. Captain Wright setzte sich persönlich dafür ein, dass Ilse Wolf schwarz über die Grenze gehen und die Abtreibung in Cuxhaven vornehmen lassen konnte. Inzwischen war sie schon im siebten Monat, der Eingriff also alles andere als ungefährlich. Die notwendige Genehmigung für das Krankenhaus erhielt sie dank einer Bescheinigung der Briten, in der stand, dass sie von einem Russen vergewaltigt worden war und es dafür Zeugen gab. Die Abtreibung hätte sie beinahe nicht überlebt, aber »nein, ich konnte kein Kind von einem Russen behalten«.

Wie viele Frauen 1945 infolge von Vergewaltigungen durch russische Soldaten schwanger wurden, lässt sich heute nur hochrechnen, da kaum noch entsprechende Unterlagen erhalten sind. Anfang der 1990er Jahre wurden »die Aufnahmebücher und Kinderakten der Frauenabteilung der Charité und der Kinderklinik des Kaiserin Augusta Victoria Hauses in Verbindung mit weiteren Quellen« ausgewertet, sodass anhand dieser Angaben von folgenden Eckdaten auszugehen ist: »Etwa 20 % der vergewaltigten Frauen wurden schwanger. Etwa 90 % dieser Frauen haben abgetrieben, 10 % das Kind zur Welt gebracht. Etwa 5 % der Kinder, die in Berlin zwischen Ende 1945 und Sommer 1946 geboren wurden«, rund zweitausendzweihundert, »waren nach dieser Statistik ›Russenkinder‹.«[56] Andere Schätzungen lassen annehmen, dass es in Deutschland Zehntausende, wahrscheinlich fünfzigtausend Nachkommen von Soldaten oder Offizieren der Roten Armee gibt.

Das Thema »Russenkinder« war jahrzehntelang tabu, ist es häufig heute noch. Nicht selten hörten die Kinder von den Nachbarn oder den Spielkameraden, dass ihr Vater ein Russe war. Oft wurden sie als »Russenschweine« beschimpft oder »Iwan« gerufen. Das tat weh, grenzte aus und ließ die Kinder fragen. Doch fast nie erhielten sie von ihren Müttern eine ehrliche Antwort oder einen Hinweis auf Namen und Herkunft des Vaters. Die Frauen hatten ihn verheimlicht oder in den Geburtsurkunden »Vater unbekannt« eintragen lassen. Das entsprach meist der Wahrheit. Nur selten kannten die Frauen die Namen ihrer Vergewaltiger. Und wer eine Liebesbeziehung zu einem Russen eingegangen war, wurde bald von ihm getrennt. Die Führung der Roten Armee duldete keine Verbindungen zwischen ihren Soldaten und deutschen Frauen. Kam eine solche Liaison heraus, wurde der Soldat oder Offizier umgehend in die Heimat versetzt. Eheschließungen zwischen Sowjetbürgern und Ausländern wurden 1946 sogar per Erlass verboten, illegale Ehen als Landesverrat bestraft.[57] Erst am 24. Oktober 1953 gestattete das Präsidium des Obersten Sowjets der UdSSR den Angehörigen der im Ausland stationierten Truppenteile, »Ehen mit Bürgerinnen derjenigen Länder einzugehen, in denen diese Truppenteile stationiert sind«.[58]

Die Söhne und Töchter, die sich meist erst nach dem Tod ihrer Mütter auf die Suche nach ihren fremden Vätern machten, fanden zwar deren Spuren, sogar Halbgeschwister und Verwandte, ihren Vater aber lernten sie fast nie kennen. Zu viel Zeit war zwischen der Begegnung ihrer Eltern am Kriegsende und der Suche nach den eigenen Wurzeln verstrichen.

Irmgard Raddatz erinnert sich an eine Kundin ihrer Mutter, die durch eine Vergewaltigung schwanger geworden war. Sie brachte das Kind zur Welt. »Der Hansi hat Glück gehabt, er konnte in der Familie bleiben und wurde von seinem Stiefvater angenommen. Was aus ihm geworden ist, weiß ich nicht.« Andere Kinder wurden nach der Geburt im Krankenhaus zurückgelassen oder in Waisenhäusern abgegeben, wie überflüssiger Ballast des Krieges.

In vielen Nachlässen von Rotarmisten finden sich neben der Beschreibung militärischer Aspekte des »Großen Vaterländischen Krieges« und der »Schlacht um Berlin« Hinweise auf Beziehungen, sogar Liebesbeziehungen zu deutschen Frauen. Auch russische Männer hatten Tagebuch geschrieben und vielfach Gedichte, wie es in der Sowjetunion so beliebt war. Da ist vom besonderen Duft der deutschen Frauen die Rede, davon, dass man das Lebensmittelpaket geteilt hat, aber auch von der Möglichkeit, ein Kind auf die Welt zu bringen. »Wein nicht, meine Liebe, wenn Du einen Sohn bekommst«, heißt es in einem Gedicht, »nenn ihn einfach Iwan oder in eurer Sprache Johann, traurig ist nur, daß er unser einziges Kind sein wird.«[59]

Auch Wladimir Gelfand, der gut aussehende, gebildete russische Offizier jüdischer Herkunft, war von den deutschen »Fräulein« angetan. An vielen Stellen seines Tagebuches findet man Hinweise darauf, dass er sich in das eine oder andere verliebt hatte. Manches Mal ließ er sich mit ihnen fotografieren, er zeichnete eine »Ilse« auf eine herausgerissene Buchseite und verdrehte manchem deutschen Mädchen so den Kopf, dass es ihm Briefe schickte oder sogar unter der Überschrift »An Leutnant Gerhard« kindlich dichtete: »Als ich Sie das 1. Mal sah, da war für mich alles klar: Ich liebe Sie oder keinen, ich könnte aus Liebe weinen. ... Am besten wäre es am Sonntag um 3.00, laufen Sie nicht an Ihrem Glück vorbei!« Ohne Erklärung mag das Fräulein dann doch nicht schließen: »Denken Sie nun nicht, daß ich 1 schlechtes Mädel bin, weil ich Ihnen alles so offen schrieb. Ich gehe nur mit einen anständigen Russen und nehme an, daß Sie so einer sind. Das andere alles am Sonntag im Schloßkaffee (Max-Bethke-Str gegenüber der Kirche) Auf Wiedersehen.«[60] Begegnungen wie diese konnten sich allerdings meist erst Wochen und Monate nach Kriegsende ereignen.

Vorher, in den letzten Kriegs- und den ersten Friedenswochen, war der Umgang der Rotarmisten mit deutschen Frauen und Mädchen nicht aus Zuneigung oder gar Liebe entstanden, sondern mit Gewalt erzwungen. Dass sie deutsche Frauen nicht geliebt, sondern vergewaltigt haben, erwähnen die ehemaligen Soldaten in ihren Aufzeichnungen oder bei Gesprächen in kleinem Kreis selbst heute nur selten. Die Mehrzahl bleibt bei ihrer Lebenslüge, die deutschen Frauen hätten sich ihnen freiwillig angeboten und »die Röcke hochgehoben«. Und wer sich zierte oder gar wehrte, »habe doch nur besondere Lust auf einen Mann gehabt«.

Wer wie der Offizier Wladimir Gelfand offen und ehrlich nicht nur über seine Liebschaften, sondern insbesondere über die misslichen Verhältnisse in der Sowjetarmee schrieb, wird in Russland bis heute nicht publiziert. Zumindest nicht unzensiert. Nach den wenigen Jahren am Ende der 1980er, Anfang der 1990er Jahre, in denen eine Auseinandersetzung mit Gräuel- wie Heldentaten der Roten Armee möglich war, befürchtet man heute wieder, Bücher wie das von Wladimir Gelfand könnten das Denkmal der »ruhmreichen Roten Armee« vom Sockel stoßen, zumindest aber ins Wanken bringen. Dabei berichtet der Offizier nur über das, was längst aus den literarischen Werken Lew Kopelews und Alexander Solschenizyns bekannt ist: Disziplinlosigkeit in der Truppe, Kameradendiebstahl und Trinkgelage, die Gewalt in den eigenen Reihen und natürlich gegenüber den Frauen des Feindes.

Als Wladimir Gelfand am 26. April in einem Berliner Außenbezirk mit dem Fahrrad unterwegs war, traf er eine Gruppe deutscher Mädchen und Frauen: »Die Einwohner kommen zurück, dachte ich, drehte zwei Runden auf der Straße und versuchte, sie mir näher anzusehen. Plötzlich aber bestürmten sie mich alle und redeten unter Tränen auf mich ein, was ich nicht ganz verstand.« Schließlich erfuhr er, warum sie so verzweifelt waren: »Schreckerfüllt erzählten sie von dem Leid, das ihnen die Sturmtruppen in der ersten Nacht, als die Rote Armee einrückte, zugefügt hatten. ... Als unsere Soldaten kamen, wurden alle in den Keller getrieben. Die jüngste der erwachsenen Frauen, und wohl auch die schönste, nahmen sie mit und vergingen sich an ihr.« Unter Tränen erzählte sie, was in jener Nacht geschah, und bedrängte den jungen Offizier plötzlich: »Bleib hier! ... Du wirst mit mir schlafen. Du kannst mit mir machen, was du willst, doch nur du allein! ... rette mich vor all diesen Männern ...!« Dass sich die junge Frau ihm anbot, verurteilte Wladimir Gelfand nicht. Er begriff, in welcher Situation sie sich befand. »Sie zeigte alles, sprach über alles, und nicht, weil sie vulgär war. Ihr Kummer und ihr Leid waren stärker als ihre Scham und ihre Schüchternheit ...«[61]

Welche Phantasien er selbst hinsichtlich der Rache an deutschen Frauen entwickelte, geht an einer anderen Stelle aus seinen Tagebuchaufzeichnungen hervor. Da malte er aus, wie sich russische Soldaten an einem gefangen genommenen deutschen Frauenbataillon vergingen. Ein solches existierte merkwürdigerweise in der Vorstellung vieler sowjetischer Soldaten, nicht aber in der Realität der deutschen Wehrmacht. Aus der Gruppe der Mädchen »wurde die ›Beute‹ über die Häuser und Betten verteilt, und dort wurden einige Tage lang mit ihnen Experimente angestellt, die auf dem Papier nicht wiederzugeben sind«.[62]

Dass sich der sexuelle Missbrauch auch gegen die eigenen Kameradinnen in der Roten Armee richtete, wird bis heute verschwiegen. Wie viele Fälle von sexueller Gewalt es gegeben hat und wie oder ob sie bestraft wurden, bleibt offen, zumal die ehemaligen Offizierinnen und Soldatinnen nur Andeutungen wagen.[63] »Nach dem Gefecht lauerten sie einem dauernd auf. Nachts traute man sich gar nicht aus dem Unterstand … vier Jahre ohne Frauen … Bei unserer Armee gab es keine Bordelle, und die Soldaten bekamen auch keine Tabletten.«[64]

Russische Beschützer

In Fredersdorf-Vogelsdorf wohnten Ingrid Krupke, ihre Mutter und der kleine Bruder unterhalb der Trasse der Reichsautobahn Berlin–Frankfurt/Oder, »und wenn die Russen auf dem Weg in die Hauptstadt oben vorbeikamen und meine Mutter da unten im Garten sahen, dann wollten sie die haben, sie und keine andere«. Meist kamen die Soldaten nachts in das Behelfsheim. Doch bevor sie im Haus standen, mussten sie durch das laut knarrende Gartentor. Bei diesem Geräusch hatten die Hausbewohner nur noch wenige Augenblicke Zeit, sich zu verstecken. »Manchmal ist es mir gelungen, meine Mutti in dem Hohlraum zwischen dem Grasboden und dem Boden unseres Hauses zu verstecken. Es gab eine Luke, da ist meine Mutter rein, ich habe den Deckel wieder zugemacht und einen Teppich darübergelegt.« Wenn die Russen dann ins Zimmer kamen, versuchte Ingrid den Soldaten begreiflich zu machen, dass ihre Mutter nicht da sei. Manchmal hatte sie Erfolg, einige Male musste

Frau Krupke die Russen erdulden. Einmal wurde Ingrid Augenzeugin einer solchen Vergewaltigung. »Meine Mutter machte die Tür auf, zwei Männer stürmten rein und warfen sie sofort über den Tisch, der da stand. Ich bin den Männern ins Genick gesprungen, weil ich dachte, die bringen meine Mutter um.«

An einem anderen Abend lag Ingrid bereits in ihrem Bett, als die Russen zur Tür hereinkamen. Die Neunjährige war alleine, ihre Mutter mit dem kleinen Bruder bei einer Nachbarin. »Der eine Herr hatte anscheinend ein Faible für kleine Mädchen. Und das war für mich ganz schrecklich, einen Mann zu sehen mit einem erigierten Glied, wo ich vorher nie einen Mann nackt gesehen hatte ... Ich habe geschrien, und dann ist meine Mutti gekommen und hat sich dazwischengeworfen, um mich vor einer Vergewaltigung zu bewahren.«

Obwohl der Krieg schon seit Wochen beendet war, verbrachten Ingrid und ihre Mutter die folgenden Tage aus Angst vor weiteren Übergriffen bei einem Onkel auf dem Dachboden. Wenn die sowjetischen Soldaten nun kamen und vergeblich nach der hübschen Frau fragten, die sie von der Autobahn aus gesehen hatten, verprügelten sie die Nachbarn, um herauszufinden, wo sie war.

Diese unerträgliche Situation, die Angst um die Nachbarn und die Angst um ihre Tochter veranlassten Erika Krupke schließlich dazu, sich mit einem Offizier einzulassen, der sich sehr um sie bemühte. »Meine Mutter wusste, dass die Freundinnen der Oberkommandierenden in Ruhe gelassen wurden. Außerdem war es ihr lieber, dass jede Nacht ein und derselbe Mann kam, statt jede Nacht drei andere.«

Sie tat damit, was Tausende Frauen in jenen Monaten taten, was von vielen Deutschen aber missbilligt wurde. Auch Marta Hillers, die »Anonyma«, entschloss sich zu diesem Schritt: »Ganz klar: Hier muß ein Wolf her, der mir die Wölfe vom Leib hält. Offizier, so hoch es geht, Kommandant, General, was ich kriegen kann. Wozu habe ich meinen Grips und mein bißchen Kenntnis der Feindsprache?« Danach ging es ihr »wieder besser, nun, da ich etwas tat, plante und wollte, nicht mehr nur stumme Beute war«.[65]

Da Vogelsdorf strategisch günstig direkt an der Autobahn lag und auch über einen kleinen Flugplatz verfügte, war es in den Wochen nach Kriegsende zu einem Stützpunkt der Sowjetarmee geworden: Marschall Schukow flog von hier aus nach Moskau, um Stalin Bericht zu erstatten, im Fredersdorfer Schloss quartierten sich die Kommandantur und ein Lazarett der Roten Armee ein, im Vogelsdorfer Schloss der Stab der 5. Stoßarmee.[66] Aber es kamen auch Kriminelle des Weges, über die sich die sowjetische Kriegsliteratur lieber ausschwieg.

Wladimir Gelfand erwähnte in seinem Tagebuch die berüchtigte Bande um einen ehemaligen Leutnant der Roten Armee. Der Offizier stammte wohl aus einer der mittelasiatischen Sowjetrepubliken und hatte sich während der ersten Jahre des »Großen Vaterländischen Krieges« im Kampf bewährt. Erst beim Vorrücken der 1. Weißrussischen Front auf Berlin setzte er sich von der Truppe Marschall Schukows ab. Er scharte einige Dutzend Männer um sich, die plündernd, vergewaltigend und mordend hinter der Front herzogen. Zwar gab es auch in der Sowjetarmee »Kettenhunde«, die Deserteure und Verbrecher verfolgten, doch hielt es zunächst niemand für notwendig, einzugreifen. Bis der frühere Leutnant den dreisten Plan fasste, ein Waffenlager von Bersarins 5. Stoßarmee auszurauben. Von einem seiner eigenen Leute wurde das Vorhaben verraten und die Hälfte der Bandenmitglieder bei diesem Überfall getötet. Doch erst Anfang März 1945 – Bersarins Armee stand noch am Küstriner Brückenkopf – wurde der Anführer mit zweiundzwanzig seiner Leute verhaftet. Anfang April war Wladimir Gelfand bei der letzten Verhandlung anwesend. Die Schuld der Angeklagten war bewiesen, und das Militärtribunal verurteilte den Bandenchef zum Tode. Die Erschießung wurde auf Vorschlag des Militärrates und mit Zustimmung Bersarins öffentlich, vor den Frontsoldaten, vollstreckt. Es hieß, der Generaloberst habe aus zwei Gründen mit der öffentlichen Erschießung ein Exempel statuieren wollen: Es könne keine Nachsicht geübt werden gegenüber denen, die Verbrechen gegen die friedliche Bevölkerung Deutschlands begingen, und es sei unerlässlich, den Deutschen zu demonstrieren, dass die Rote

Armee nicht als Truppe von Banditen und Räubern gekommen sei, sondern um sie von Hitler zu befreien und den Nationalsozialismus zu zerstören.

Knapp vier Wochen lang wurde auch der Alltag in Nikolassee, wo Ilse Kran und ihre Eltern lebten, von der Roten Armee beherrscht. Und selbst nach Kriegsende fand man noch ab und zu Tote im Rinnstein, die von den Russen erschossen oder erschlagen worden waren. Doch die Angst vor den Eroberern ließ nach, denn je mehr das Leben wieder in vertrauten Bahnen verlief, desto häufiger hatten die Deutschen auch komische Erlebnisse mit den sowjetischen Soldaten. Ilse Kleberger erinnert sich daran, dass sie neben Uhren vor allem Fahrräder und warme Mäntel stahlen. So besaß ein Freund der Familie noch einen schönen, warmen Offiziersmantel. »Als ein Rotarmist ihm den Mantel abnahm und gleich anzog, warf er unserem Freund sein zerschlissenes russisches Mäntelchen zu. Als der es angezogen hatte und weiterging, entdeckte er, dass die Taschen voller Uhren waren. Darüber haben wir dann sehr gelacht, wir fanden die Russen lustig und komisch.« Kräftig gelacht wurde auch über die vielen Rotarmisten, die den Deutschen ein Rad abnahmen und dann vor aller Augen üben mussten, bis sie das Gefährt beherrschten. Sie saßen genauso steif im Sattel wie die berühmte Schimpansin Susi im Zoo, wenn sie ihre Runden drehte.

Ein Fahrrad zu besitzen war für viele Soldaten ein Traum, und so griffen sie zu, sobald sich eine Gelegenheit dazu bot. Dieses maschinenartige Fortbewegungsmittel verschaffte ihnen eine unbekannte Mobilität. Wladimir Gelfand war inzwischen begeisterter Radfahrer, und nachdem er zu Beginn der sowjetischen Winteroffensive im Januar 1945 seine Kameraden für Plünderungen und Fahrradklau noch gerügt hatte, griff er im Frühjahr und Sommer immer wieder selbst zu: »In einem Raum ... stand ein Fahrrad. Ich trug es hinaus, weil ich zunächst annahm, einer der Soldaten hätte es gestohlen, doch selbst danach, als ich festgestellt hatte, daß alle da sind, brachte ich es nicht zurück – es war zwar riskant, aber ich brauchte so ein Fahrrad doch recht dringend.«[67] Doch es sollte nicht lange in seinem Besitz sein. »Gleich am nächsten Tag hat der Stabschef das Fahrrad kassiert. Alles wegen Mursambajew. Der wollte es mir wegnehmen, und ich stritt mit ihm, wir gerieten dann richtig aneinander. Unter dem Vorwand, einen Befehl auszuführen, mischte sich der Major ein, befahl, das Fahrrad zur Seite zu stellen, und die MG-Schützen haben es dann weggebracht.« Da der Leutnant nicht ohne Fahrrad auskam, lieh er sich eins aus – gegen ein Pfand von zweitausend Mark, oder er tauschte es gegen ein anderes Beutestück, sein Grammophon.

Anfang Juli übernahm die U. S. Army das Kommando in ihrem Sektor, in dem auch Nikolassee, Zehlendorf und Wannsee lagen. Die meisten Deutschen waren sich sicher, dass es nun keine Vergewaltigungen und keine willkürlichen Erschießungen mehr geben würde. Der einzige kleine Wermutstropfen war, dass die US-amerikanische Militärverwaltung es ihren Soldaten und Offizieren zunächst streng untersagte, Kontakt zu Deutschen aufzunehmen. Hatten die Russen, obwohl sie selbst nicht viel besaßen, deutschen Kindern immer etwas zu essen gegeben, war von den Amerikanern nichts dergleichen zu erwarten, erinnert sich Ilse Kleberger. »Bei den Offizierskasinos standen um die Zäune dauernd hungernde Kinder herum. Die amerikanischen Offiziere aber haben, wenn sie üppig gegessen hatten, den Rest in die Mülltonnen geschüttet, wie das in Amerika üblich ist. Das war oft ein sehr guter Rest, und den hätten sie den Kindern geben können.«

Doch bald lockerten sich die Anweisungen, schon sah man die ersten deutschen »Ami-Liebchen«, die anfangs von den Berlinern verachtet wurden. Aber das änderte sich rasch, als immer mehr Deutsche ein herzliches Verhältnis zu den Amerikanern gewannen. In Nikolassee hatte sich eine Gemeinschaft von Quäkern niedergelassen, die Deutsche zur Demokratie erziehen wollten. »Die luden junge Leute, auch mich, in ihr Haus ein, eine sehr schöne alte Villa. Dort haben wir diskutiert, und da wurden wir auch bewirtet.«

Familie Kran war mit unbekannten Menschen in der großzügigen Wohnung eines Offiziers untergekommen, der in Kriegsgefangenschaft war. »Wir hatten da eine richtige Wohngemeinschaft, mit jungen und alten Leuten. Es waren mehrere Familien, die dort zusammen gelebt und schließlich auch zusammen gewirtschaftet haben.« Im extrem kalten Winter 1945/46 wurde das Zusammenleben auf die Probe gestellt. Das Kanonenöfchen heizte ein einziges Zimmer, in dem sich alle Bewohner den Tag über aufhielten, wo sie zusammen kochten und aßen. Auch gewaschen wurde hier. Aus dieser Gemeinsamkeit entwickelten sich herzliche Freundschaften.

In dieser Atmosphäre des Aufbaus ließen die Depressionen der Eltern nach, für Albträume war kein Platz. »Ich war einfach nur froh. Der Krieg war vorbei, und jetzt glaubte ich, dass wir irgendwie wieder auf die Beine kämen.« Ilse Kran beendete ihr Medizinstudium, arbeitete in einer Berliner Privatklinik, heiratete einen Mediziner. Skeptisch waren die beiden jungen Leute nur in Bezug auf ihren künftigen materiellen Besitz. »Ich erinnere mich, als ich jung verheiratet war, da waren wir einmal bei einer Amerikanerin eingeladen, und die holte uns mit einem Auto ab. Da sagte ich zu meinem Mann: ›Ein Auto werden wir in unserem Leben nie wieder haben, das wird nicht möglich sein. Aber was soll's!‹ Und dann hatten wir relativ schnell doch wieder ein Auto!«

Ostberlin und die Orte am östlichen Stadtrand blieben sowjetisch besetzt, auch Vogelsdorf. Ingrids Mutter hatte in einem kultivierten russischen Offizier, der fließend Deutsch sprach, einen Beschützer gefunden. Ingrid Holzhüter erinnert sich gut an ihn: »Der Mann hieß Paul, sicher mit Vornamen. Er hat meine Mutti oft besucht und immer auch für mich eine Kleinigkeit mitgebracht. Von außen betrachtet war das eigentlich ein relativ normales ›Liebesverhältnis‹. Dass meine Mutter dabei sicherlich nicht glücklich war, das weiß ich heute. Aber sie hat das damals zu unserem Schutz getan.« Trotz der Liaison mit dem Offizier war Frau Krupke vor den russischen Soldaten immer noch nicht hundertprozentig sicher. »Ein paar Rotarmisten versuchten dennoch, sich zu meiner Mutter Zugang zu verschaffen. Da haben wir wieder ganz laut geschrien, und dann hat ein Deutscher, der auf der Kommandantur gearbeitet hat, Hilfe geholt. Der Offizier hat einen der Soldaten fürchterlich verdroschen. Einer von den Männern konnte sich aber befreien und hat dann mehrmals um sich geschossen.« Frau Krupke hatte weniger Angst um Ingrid und um sich selbst als davor, dass ihr kleiner Sohn von den Kugeln getroffen würde. Um ihn zu schützen, brachte sie ihn zu Verwandten nach Berlin.

Während viele Vogelsdorfer von den Russen ausquartiert wurden, blieben Ingrid und ihre Mutter in dem kleinen Ort. Das Mädchen lernte bald auch nette Russen kennen. »Das war die andere Seite, alte Männer ohne Zähne – für mich als Kind waren sie uralt – haben mir sogar einen Eierkuchen gebacken.« Die Soldaten hüteten die konfiszierten Kühe und Pferde, die in der Vogelsdorfer Kirche standen. Ingrid bekam von dem einen Hirten Milch, der andere hob sie manchmal auf ein Pferd und sie durfte reiten. Wenn ein Versorgungslaster vor der Tür hielt, kletterte sie manchmal aufs Trittbrett. »Die Fahrer haben mir dann manchmal eine Zwiebel geschenkt, wenn ich gucken wollte, wie das ist, wenn Leute sich satt essen. Ich hatte damals nur ein Kleid mit einer Schürze, so eine Art Dirndl, und ich hieß bei denen Rotkäppchen, wegen meiner rotblonden Haare.« Das Märchen ist auch in der Sowjetunion verbreitet, und wenn die *krassnaja schapotschka* zu den Soldaten kam, erhielt sie immer etwas zu essen, manchmal sogar ein Stückchen Zucker, das sie langsam im Mund zergehen ließ.

»Wir haben schrecklich viel Hunger gehabt, wir haben schrecklich gefroren. Zu essen zu haben war nach dem Krieg ein ganz, ganz wichtiger Teil unseres Lebens.« Ihren in der Nachkriegszeit entwickelten »Eichhörnchentrieb« hat Ingrid bis heute nicht ganz unter Kontrolle. »Später habe ich diese Erfahrung aber in meiner Entwicklungshilfearbeit nutzen können, weil ich sehr gut nachempfinden konnte, wie das ist, wenn man den ganzen Tag nur auf Nahrungssuche ist.«

Nicht vergessen, aber verkraften

Ende des Jahres 1945 befand sich Ilse Wolf noch in Westdeutschland. Da sie von der Operation, dem Schwangerschaftsabbruch im siebten Monat, stark geschwächt war, durfte sie zur Rekonvaleszenz von November 1945 bis Frühjahr 1946 ins Lager der UNRRA, der United Nations Relief and Rehabilitation Administration, in Frankfurt-Zeilsheim. Dort befanden sich rund dreitausendfünfhundert Displaced Persons, Menschen, die aus deutschen Konzentrations- und Kriegsgefangenenlagern befreit worden waren, sowie ehemalige Zwangsarbeiter. Sie wurden medizinisch behandelt und körperlich wieder so weit hergestellt, dass sie in ihre Heimat zurückkehren konnten. Ilse Wolf hatte es wiederum Captain Wrights Vermittlung zu verdanken, dass auch sie hier versorgt wurde.

Erst im Frühjahr 1946 konnte die junge Frau sich wieder auf den Weg nach Berlin machen. Die letzte Etappe der Reise in einem Alliiertenzug war eine Tortur. »Ab Braunschweig saß ich in einem stinkenden Heringsfass, meine Sachen waren in einem anderen Fass, schön abgedeckt, damit die Russen mich bei ihren Kontrollen nicht finden konnten. Erst in Berlin-Lichterfelde konnte ich, fürchterlich stinkend, wieder raus.«

Während sie in Cuxhaven und in Frankfurt war, ließ Captain Wright ihre Eltern und ihren Sohn mit Lebensmitteln versorgen. Er hatte Gefallen an der attraktiven Deutschen gefunden. »Der hätte mich geheiratet, ich fand ihn auch sehr nett, aber ich wollte nicht nach Südengland, ich wollte in Deutschland bei meiner Mutter bleiben.« Andere Berlinerinnen verließen ihre Heimat, zogen mit den ehemaligen Besatzungssoldaten oder -offizieren nach Großbritannien oder in die USA und gründeten dort eine Familie.

Oder aber sie gingen wie Irmgard Ebert Anfang der fünfziger Jahre nach England, um dort ihr Geld zu verdienen. Ihren 1949 unehelich geborenen Sohn ließ die junge Krankenschwester in Obhut der Großeltern und der Fürsorgerin zurück. »Der Vater des Kindes, meine Jugendliebe, war Lehrling und hatte nichts, 1949 konnten wir nicht heiraten. Wovon hätten wir leben sollen?« Im Naafi-

Club (Navy, Army and Air Force Institutes) am Theodor-Heuss-Platz ließ sich Irmgard mit einem Zweijahresvertrag anwerben. Bei der Frage, ob sie ein Kind habe, schummelte sie ein wenig. »Der Junge war nicht in meinem Pass eingetragen, und so haben sie mich genommen. Ich kam nach Southport bei Liverpool. Ausgerechnet in ein Kinderhospital. Das tat sehr weh, die fremden Kinder zu sehen. Ich habe dann für meinen angeblichen Neffen Kleidung und andere Dinge gesammelt und die Päckchen nach Berlin geschickt.«

Einmal im Jahr gab es vier Wochen bezahlten Urlaub. Dann flog Irmgard von Manchester nach Berlin. Aber sie verfolgte stets das politische Geschehen in ihrer Heimatstadt. 1951 wurde sie in Unruhe versetzt. »Da hieß es, bald könne ich nicht mehr nach Berlin zurück. Ich hatte große Angst, dass wir für immer getrennt würden, und habe versucht, mit Hilfe einer Engländerin meinen Sohn aus Berlin herauszuholen. Aber das ging nicht, obwohl sie alle Kosten für ihn übernommen hätte.« 1952, nach zweieinhalb Jahren in England, kehrte Irmgard für immer zurück.

Nach ihrer Rückkehr arbeitete Ilse Wolf weiterhin bei den Briten, inzwischen machte sie keine Leibesvisitationen mehr, sondern schrieb beim Militärgericht das deutsche Protokoll. Dann lernte sie ihren zweiten Mann kennen, heiratete und bekam zwei weitere Kinder. Ihr Leben verlief nun in ruhigen Westberliner Bahnen. Und doch war etwas anders an ihr.

»Mein Sohn wunderte sich immer: Wenn wir in die DDR zu Verwandten fuhren und irgendwelche Russenkonvois sahen, dann wurde ich immer stiller, konnte nichts mehr sagen. Irgendwann habe ich ihm erzählt, wie das gewesen ist ... Und wenn ich einen Russen sehe, auch noch heute, dann werde ich immer noch steif. Ich werde diese Angst nie los. Wir hatten ja keine Psychologen. Ich habe das alles selbst verarbeiten müssen. Aber es ist mir gelungen, als ich das vor wenigen Jahren im Fernsehen erzählt habe. Ich kann inzwischen darüber sprechen, heute habe ich es geschafft.«

Albträume hatte Dora Pötting nur in der ersten Zeit. Als der Großvater im Juli 1945 an Unterernährung starb und sie wie so viele Berliner die Brennnesseln von der Friedhofsmauer holte, um sich und die Mutter am Leben zu erhalten. An Männern hatte sie lange Zeit keinerlei Interesse. »Dieses brutale Erlebnis in der Nacht mit dem Russen hat mich nicht losgelassen. Ich habe 1950 – fünf Jahre später – meinen Mann kennengelernt, es hat sehr, sehr lange Zeit gedauert, bis ich die Abwehrhaltung in mir überwunden habe. Das muss ich meinem Mann sehr zugute halten, er hatte Geduld. Er hat nichts erzwungen, und das tat gut. Wir haben über unsere Erlebnisse gesprochen und er hatte großes Verständnis. Wir hatten beide nichts, und das hat uns wohl zusammengefügt.«

Im Unterschied zu Dora Pötting erlebten Tausende Frauen große Enttäuschungen, wenn sie es wagten, sich ihren Freunden, Verlobten oder zurückgekehrten Ehemännern anzuvertrauen. Gerd, der Freund der Tagebuchschreiberin Marta Hillers, reagierte gereizt und abwehrend, als sie ihm mit all dem Sarkasmus, den sie entwickelt hatte, berichtete, was ihr zugestoßen war. Angewidert sagte der Kriegsheimkehrer: »Ihr seid alle schamlos wie die Hündinnen geworden, ihr alle miteinander hier im Haus. ... Es ist entsetzlich, mit euch umzugehen. Alle Maßstäbe sind euch abhanden gekommen.«[68]

Viele Männer kehrten ihren Partnerinnen den Rücken, sie suchten sich »saubere«, »unverbrauchte« Frauen. Noch heute hört man Männer von »unseren Rekordfrauen« sprechen, wenn sie von den Vergewaltigungen in dieser Zeit sprechen.

Marta Hillers war mutig, sie erzählte nicht nur, sie ließ ihren Freund die Tagebuchaufzeichnungen lesen. Der gab ihr die Hefte aber bald wieder zurück, da er sich nicht zurechtfinde in all dem »Gekritzel ... mit den Steno-Zeichen und den Abkürzungen. ›Was soll das zum Beispiel heißen?‹ fragte er und deutete auf ›Schdg.‹ Ich mußte lachen: ›Na, doch natürlich Schändung.‹ Er sah mich an, als ob ich verrückt sei, sagte nichts mehr. Seit gestern ist er wieder fort.«[69] Ob er jemals zu ihr zurückkehrte, bleibt offen. Marta Hillers' Tagebuch endet am 22. Juni, dem Jahrestag des hitlerdeutschen

Angriffs auf die Sowjetunion, dem Beginn des »Großen Vaterländischen Krieges«. Es schließt mit den Worten: »Ob Gerd noch an mich denkt? Vielleicht finden wir doch wieder zueinander.«[70]

1985 versuchte Dora Naß, anhand der Feldpostnummer den Hauptfeldwebel Boris zu finden, der ihnen die Schutzbriefe ausgestellt hatte. »Ich wollte ihm oder der Familie Dank sagen und dass ich nie Feindschaft für ein anderes Volk empfinden werde. Die wurden ja genauso gezwungen wie unsere Menschen, das sind die Gesetze des Krieges.« Doch wohin sie auch schrieb, seine Adresse konnte sie nicht in Erfahrung bringen.

Wenn Dora Naß heute am Brandenburger Tor, in der Georgenstraße, Ecke Friedrichstraße, oder vor dem Gelände des Anhalter Bahnhofs steht, von dem nur das Portal erhalten blieb, rollt bei ihr ein Film ab. »Habe ich das geträumt oder ist das damals wirklich geschehen?«, fragt sie sich dann. Zu Hause genügt ein Blick in einen der dicken Leitz-Ordner, in denen sie Dokumente, Zeitungsartikel und Fotos aus der Kriegs- und der Nachkriegszeit gesammelt hat, und sie weiß: Ja, es ist alles so gewesen. Aller Schrecken und auch die Hilfsbereitschaft. Von Deutschen und von dem russischen Hauptfeldwebel Boris. Sein Foto ist in einer Plastikhülle abgeheftet. Merkwürdigerweise trägt es das Datum vom 2. Juli 1945. Dabei hat Dora Naß in Erinnerung, dass Boris dieses Bild zusammen mit dem zweiten Schutzbrief am 6. Mai übergab. Hat er sich im Datum geirrt oder hat er sich verschrieben? Oder sollte er noch einmal Wochen später, zwei Tage bevor die Rote Armee aus Kreuzberg abzog und die Amerikaner kamen, in die Gartenanlage zurückgekommen sein? Da lebte Dora längst in der Wilhelmstraße. Hatten sie sich doch noch mal gesehen? Ungeklärte Fragen. »Für Dora zur Erinnerung von Boris« steht in russischer Sprache auf der Rückseite des Fotos, das einen sehr jungen Soldaten zeigt.

Die meisten Mütter hofften, dass die Zeit die Wunden an den Körpern und Seelen ihrer Kinder schneller heilen würde als ihre eigenen und dass ihre Töchter und Söhne rasch vergessen würden, was sie erlebt hatten. Das gelang nicht, die Kriegskinder leiden noch heute. Und Jahr für Jahr werden ihre Erinnerungen drängender. Die Worte – »Ist doch alles nicht so schlimm, alles wird wieder gut« –, die sie von ihren Müttern hörten, sollten trösten, doch sie passten nicht zu den Menschen, die sie aussprachen. Blickten die Kinder auf, so sahen sie in die Gesichter verängstigter und verzweifelter Mütter, die weder sich selbst noch ihren Söhnen und Töchtern zu helfen vermochten. Sie konnten nicht über das sprechen, was sie zu bewältigen, zu vergessen suchten.

Nur den wenigsten Traumatisierten gelang es, sich das Erlittene von der Seele zu reden. Und wenn Marta Hillers in ihr Tagebuch schrieb: »Diese kollektive Massenform der Vergewaltigung wird auch kollektiv überwunden werden. Jede hilft jeder, indem sie darüber spricht, sich Luft macht, der anderen Gelegenheit gibt, sich Luft zu machen, das Erlittene auszuspeien«[71], so traf das auf sie und ihresgleichen, selbstbewusste, erfahrene und weitgereiste Großstädterinnen, vielleicht zu. Die große Mehrheit der Frauen, der Berlinerinnen aber war nicht in der Lage, so offen und schonungslos über die »Schändungen« zu sprechen wie Marta Hillers und ihre Freundinnen: »›Wie oft geschändet, Ilse?‹ – ›Viermal, und du?‹ – ›Keine Ahnung, hab mich vom Train zum Major hochdienen müssen.‹«[72]

Die Mutter von Ingrid Krupke sprach nie über das, was die russischen Soldaten ihr angetan hatten, nicht einmal mit ihrer Tochter, die seit dem Überfall, den sie als Neunjährige erlebt hatte, traumatisiert war. Die Wahrnehmung, »dass Sexualität immer mit Gewalt verbunden war, und das Erlebnis mit diesem Menschen, der auf diese Weise mit mir Spaß hatte, haben mir mein Leben lang die Sexualität verdorben.« Auch wenn Ingrid später einen Jungen mochte, war es sogleich aus, wenn dieser Anstalten machte, aus einer Freundschaft ein bisschen mehr werden zu lassen. »Ich konnte das nicht. Mir ist schlecht geworden.«

Ingrid fand oft in Männern gute Freunde, besonders in Gesellschaft von Homosexuellen fühlte sie sich sicher: »Da konnte ich frei sein, ich konnte die umarmen, das hat nichts nach sich gezogen. Als ich später verheiratet war, hat das, was ich erlebt hatte, immer noch eine Rolle gespielt. ... Das hat meinem Mann sicherlich nicht immer nur gefallen. Hätte der mich nicht geliebt, wäre er sicherlich beizeiten davongegangen.«

Doch die beiden gründeten eine Familie, und Ingrid fand sich zurecht, wie fast alle Kriegskinder. Und Ingrid Holzhüter engagierte sich. Die Berlinerin setzte sich in der Arbeitsgemeinschaft Sozialdemokratischer Frauen, später im Abgeordnetenhaus und im Bundestag für die Liberalisierung des Paragraphen 218 ein, für den Schutz von Prostituierten und die strafrechtliche Verfolgung der Vergewaltigung in der Ehe.

Ihr Engagement in der Friedensbewegung führte Ingrid Holzhüter Mitte der 1990er Jahre während des ersten Tschetschenienkrieges nach Moskau, wo sie ein Treffen russischer und tschetschenischer Mütter besuchen wollte. Sie war überrascht, dass sie dort von ihrer Vergangenheit eingeholt wurde: »Als ich in den Saal kam, wo ich eine Rede halten sollte, da sah ich die ganzen dekorierten Veteranen im Publikum sitzen. In dem Moment habe ich gedacht: ›Jetzt dreh ich mich um und renne weg.‹« Ihre guten Erfahrungen mit den alten Russen waren wie weggeblasen, sie sah nur Männer, russische Männer, und von denen ging Gefahr aus. »Da kam alles wieder hoch, meine Ängste, selbst die, die keine reale Grundlage hatten, sondern aus dem entstanden waren, was man mir erzählt hatte.« Trotz ihrer Panik hielt Ingrid Holzhüter ihre geplante Rede, die ins Russische übersetzt wurde. »Und dann haben die alten Männer geweint. Sie haben mir übersetzen lassen, dass Deutschland und Russland doch immer befreundet waren, und dass dieser Krieg so viel kaputt gemacht hätte, was auch sie nicht gewollt haben.«

Erst als Erika Krupke im Sterben lag, sprach sie das Thema Russen und Vergewaltigung wieder an. Nicht der Tochter gegenüber. Sie vertraute sich ihrem Pfarrer an. Ingrid Holzhüter musste dann den Raum verlassen. Ihr schien es, als seien diese Gespräche eine Art Beichte. »Ob meine Mutter Angst hatte, dass ich die Achtung vor ihr verliere, oder ob sie gedacht hat, ich habe die Vergewaltigungen nicht mitgekriegt, weil ich noch so klein war – ich weiß es nicht. Ich glaube aber, dass der Inhalt dieser Gespräche viel damit zu tun hatte. Vielleicht ging es auch um eine Abtreibung.« Ob ihre Mutter einen Schwangerschaftsabbruch hatte, weiß Ingrid nicht, aber Frau Krupke gehörte zu den Frauen, die sich stets selbst an allem die Schuld geben, vielleicht auch daran, dass sie eine große Anziehungskraft auf Männer ausübte. Vielleicht warf sie sich vor, ihre Schönheit nicht ausreichend verborgen zu haben. Sie war sehr streng erzogen worden, außereheliche Kontakte zum anderen Geschlecht waren für sie undenkbar gewesen. »Vielleicht hat meine Mutter auch gewusst, dass mich das Thema Vergewaltigung sehr belastete. Sie hat an mir sicherlich entsprechende Anzeichen entdeckt.«

Ingrid Holzhüters Fazit aus den eigenen Erfahrungen, ihrem wachen Blick auf das Weltgeschehen und den vielen Gesprächen mit Frauen ist wenig hoffnungsvoll: »Frauen zur Beute zu machen, das war schon immer so, in allen Kriegen. Es ist immer noch so, auf dem Balkan und in Afrika. Und auch im Frieden wird das uns Frauen und Männer immer trennen. So wie bei Goethe.« Sie zitiert ein paar Zeilen aus »Sah ein Knab ein Röslein steh'n«.

6. Mecklenburg

»Was nach dem Krieg passierte, müssen Sie vergessen«

Steil abfallende Ufer, ein paar Reihen Bäume, dahinter stattliche Villen mit Blick auf den Glambecker See. An einer Seite das mehr als zweihundert Jahre alte Gymnasium Carolinum, daneben die Feuerwehr und das Strandbad. Das Wasser ist tief, ein schöner Badesee nahe der Innenstadt von Neustrelitz.

Anfang Mai 1945 spielte sich hier ein Drama ab: Aus Furcht vor den Russen, aber auch nach durchlittenen Gräueln gingen Hunderte mit Ziegelsteinen beschwert in den Freitod, ertranken vor den Augen der Anwohner, wie auf einer Bühne. Auf dem nahe gelegenen Friedhof wurden sie mit anderen Unglücklichen, die sich erschossen, erhängt, vergiftet oder die Pulsadern aufgeschnitten hatten, in Massengräbern beigesetzt. »Dem Andenken der 737 Bürgerinnen, Bürger und Kinder, die bei Kriegsende 1945 in Neustrelitz in den Tod gegangen sind. – In der Welt habt ihr Angst, aber seid getrost, ich habe die Welt überwunden«, steht auf einem schlichten Gedenkstein. Ein Wort aus dem Johannesevangelium.

Doch nicht alle, die sich im Frühsommer 1945 das Leben nahmen, sind hier beerdigt, eine unbekannte Anzahl von Männern, Frauen und Kindern wurde in den Gräbern ihrer Familien bestattet, sodass die Gesamtzahl der Menschen, die damals in Neustrelitz in den Freitod gingen, weitaus höher gewesen sein wird. Auch in anderen Dörfern und Städten Mecklenburgs setzten Hunderte ihrem Leben ein Ende: Im benachbarten Neubrandenburg waren es mindestens sechshundert, Burg Stargard verzeichnet hundertzwanzig, Penzlin zweihundertdreißig, Tessin hundertsieben, Malchin fünfhundert und Demmin über neunhundert Selbstmorde. In den meisten anderen Orten wurden die Zahlen nicht dokumentiert.

Karin Otts Mutter half seit Januar 1945 bei der Versorgung der vielen Flüchtlinge, die vor allem aus Ostpreußen kamen. Sie teilte Essen und warme Kleidung aus, versuchte, die Frauen, Kinder und alten Leute, die aus dem Osten des Deutschen Reiches nach Neustrelitz gefunden hatten, zu trösten und ihnen Mut zuzusprechen. Dabei war sie erschüttert und verängstigt, wenn sie von den Vergewaltigungen und Grausamkeiten hörte, die sowjetische Soldaten den deutschen Zivilisten angetan hatten. »Diese Angst vor den Russen hatte alle Frauen in unserem Stadtviertel ergriffen«, erinnert sich Karin Ott. »Meine Mutter sagte immer zu uns Kindern: ›Wenn die Russen kommen, wird es ganz, ganz schrecklich!‹ Wir wussten damals nicht, was Frauen vergewaltigen heißt. Aber wir wussten, was es heißt ›Man wird standrechtlich erschossen‹. Und wir wussten auch, was es heißt ›Man wird ausgeplündert‹.«

Zu der Angst vor den Russen kam für Frau Ott die Furcht vor einer Explosion der Munitionsbestände, die unweit ihres Hauses im Wald lagerten. Die Familie wohnte in der Nähe der Kasernen am nördlichen Stadtrand. Eine Furcht, die neue Nahrung fand, als das Munitionslager im nahe gelegenen Fürstensee am 27. April von deutschen Soldaten gesprengt wurde. Da standen die Truppen von Marschall Rokossowskis 2. Weißrussischer Front ungefähr fünfzehn Kilometer nördlich von Neustrelitz, ganz in der Nähe von Neubrandenburg. Manchmal hörte man das Grollen der Artillerie bis in die Stadt. Der Krieg rückte näher und damit das Kriegsende.

Ein Hinweis war die Auflösung der Konzentrations- und Kriegsgefangenenlager in der Umgebung. Karin und ihre Schwestern beobachteten Ende April, wie sich ganz in der Nähe ihrer Wohnung erschöpfte, ausgezehrte russische Kriegsgefangene im Wald ausruhten. Die Kinder durften ihnen Brot bringen. Und waren erschrocken, als die Männer es ihnen aus den Händen rissen. Wie konnte man so hungrig sein? Dann sahen sie, wie Kolonnen von Menschen in Sträflingskleidung langsam über die Grenadierstraße Richtung Penzliner Straße zogen. Als sie hingehen und nachschauen wollten, wer das war, hielt ihre Mutter sie zurück: »Wir wissen nicht, was das für Menschen sind, vielleicht sind auch Verbrecher darunter.«

Heute weiß man, dass es Frauen, darunter auch Rotarmistinnen, aus dem nahe gelegenen KZ Ravensbrück waren, die von der SS auf einen der sogenannten Todesmärsche getrieben wurden. Bis zum 3. Mai wurden sie von den sowjetischen Truppen eingeholt und befreit. Den dreitausend im Hauptlager zurückgelassenen Kranken sollte die Rote Armee am 30. April die Freiheit wiedergeben.

Lange bevor der erste Soldat der Roten Armee in Neustrelitz gesichtet wurde, ergriff Weltuntergangsstimmung die Stadt. Todesangst und Gedanken, dem eigenen Leben lieber selbst ein Ende zu setzen, als die Gräueltaten der Russen über sich ergehen zu lassen, beherrschten die Menschen. Wer konnte, hatte sich beizeiten Zyankali oder Veronal besorgt. Oder aber er hatte – trotz des strengen Fluchtverbotes, das unerbittlich durchgesetzt wurde – die Stadt verlassen. Dass Soldaten sich leichter dazu bewegen lassen, eine Stadt mit Menschen zu verteidigen als eine Stadt ohne Menschen, ist ein militärischer Grundsatz, der seit Jahrtausenden gilt.

Knapp hundert Kilometer von Berlin entfernt hatten die Neustrelitzer Parteigrößen alles getan, die Bevölkerung möglichst lange in Sicherheit zu wiegen. »Wir lassen die Russen nicht nach Berlin, und sie kommen auch nicht nach Neustrelitz«, hieß es immer wieder. Sogar das neue Schuljahr hatte wie stets Anfang April begonnen. Noch in der Wochenendausgabe[73] der *Landeszeitung* vom 28./29. April versuchte die NS-Führung unter der Parole »Das Herz in beide Hände – Ein Wort an die Neustrelitzer« die Ängste der Bevölkerung mit Durchhalteparolen zu beschwichtigen. Doch nun, da es schon beinahe zu spät war, verließen fast alle Einwohner die Stadt. Die einen verbargen sich in den mecklenburgischen Wäldern, die anderen folgten dem schier endlosen Treck über die verstopften Wege und Landstraßen oder versuchten, sich mit dem Boot über die großen Seen zu retten. Die Flucht gelang schließlich vor allem den hohen Parteiangehörigen, die anderen mussten bis zum letzten Moment in der Stadt ausharren oder nach dem Ende der Kämpfe recht bald dorthin zurückkehren.

Auch Karins Mutter wäre gerne vor der letzten großen Offensive der Roten Armee, die am 16. April an der Oder begonnen hatte, geflohen. Doch sie konnte Neustrelitz nicht verlassen, da sie ihr viertes Kind erwartete. Christiane wurde am 19. April 1945 geboren. Erst als die Schwester einer Nachbarin mit einem Treck aus Angermünde kam, wagte auch Frau Ott mit ihren vier Kindern die Flucht. Die kranke Karin, mit elf Jahren das älteste ihrer Mädchen, und die zweijährige Heidrun setzte sie auf den Treckwagen. Sie selbst machte sich mit ihrer Neunjährigen, Rita, und dem Neugeborenen, das im Kinderwagen lag, zu Fuß auf den Weg.

Es ging Richtung Nordwesten mit dem groben Ziel Waren an der Großen Müritz. »Wir waren noch nicht einmal an den Kasernen vorbei, da hatten wir meine Mutter schon verloren ... Ich saß auf einem Wagen mit Leuten, die ich nicht kannte, und der Gespannführer war ein wildfremder Pole.« Doch auf dem Gut Steinwalde trafen sie sich wieder. Karins Mutter und die Schwestern hatten den Treck überholt, als sie ein Stück des Weges von einem Lastwagen mitgenommen worden waren. Nun ging es nicht mehr weiter, denn wenige Hundert Meter vom Gut entfernt standen sowjetische Panzer. »Als die Gutsfrau uns sah, sagte sie sogleich: ›Die Wöchnerin‹ – das war meine Mutter – ›mit den vier kleinen Kindern, die geht in unser Wohnzimmer!‹ In dem Raum waren schon viele andere Leute.«

Und dann waren die Russen da. Mit starken Taschenlampen in der Hand gingen die Soldaten an den verängstigten Frauen entlang, die meisten nahmen sie mit. Karins Mutter, die das Neugeborene auf dem Schoß hatte, blieb verschont. Nicht alle Frauen würden zu den bang Wartenden zurückkehren, bald waren Schreie zu hören: »›Helft mir! Helft mir, ich ertrinke!‹ Das sind die schlimmsten Worte, die ich in meinem Leben je gehört habe«, erinnert sich Karin Ott. Was genau geschah, ob einige der misshandelten Frauen nach den Vergewaltigungen ins Wasser gingen, ob sie aus Angst in den See liefen, ob die Russen sie trieben oder ob sie von anderen in Panik mitgerissen wurden, erfuhren die Otts nicht. »Ich höre nur bis zum heutigen Tag: ›Reicht mir den Krückstock, reicht mir den Krückstock, ich ertrinke!‹«

Etwa zur selben Zeit erreichten die sowjetischen Kampftruppen

Neustrelitz. Eine Gruppe mutiger Frauen soll versucht haben, das Schlimmste abzuwenden und unter der Losung »Neustrelitz wird nicht zerstört« die kampflose Übergabe der Stadt zu erwirken. Dass am Vormittag des 29. April 1945 etwa zweihundert Frauen, darunter »mutige Hitlergegner«, zum Rathaus zogen, wie die DDR-Zeitschrift *Für Dich* noch im Sommer 1985 schrieb, erscheint heute unwahrscheinlich. Keiner der Zeitzeugen berichtet von einer solch großen Gruppe. Vielleicht waren es einige Dutzend. Sicher ist, dass von der Kirche auf dem Markt eine weiße Fahne wehte, die hatten Claus Schröder und seine Mutter gehisst. So konnte zwar die Zerstörung der Stadt verhindert werden – nur das Schloss, ein Pavillon, das Theater, das alte Palais, das Kollegiengebäude und einige Häuser am Markt gingen durch Brandstiftung verloren –, nicht aber Plünderungen, Morde und Vergewaltigungen.

Es dauerte nur ein, zwei Tage, bis die Nachricht, dass Neustrelitz von den Russen eingenommen worden war, auch das Gut Steinwalde erreichte und Frau Ott mit ihren Kindern zu Fuß zurückkehrte. Wann genau die Stadt von der Roten Armee besetzt wurde, darüber gehen die Angaben auseinander. »Meine Mutter sagte immer: ›Die Russen kamen an meinem Hochzeitstag‹«, meint Karin Ott. Das war der 29. April. Bereits am 3. Mai waren die Otts wieder in ihrer Wohnung.

Auf ihrem Fußmarsch hatten sie noch eine weitere Begegnung mit den russischen Eroberern: »Meine Mutter hatte in dem Kinderwagen ihre Schmuckrolle versteckt. Es hieß dann ›Uri, Uri!‹. Sie verneinte, doch dann richtete einer von ihnen sein Gewehr auf meine Mutter. Da hob meine Mutter die Steppdecke des Kinderwagens hoch und nahm die Rolle heraus. Das Schlimmste für sie war, dass sie ihren Trauring abgeben musste. Als der Soldat den Schmuck hatte, schlug er meine Mutter mit dem Gewehrkolben, so dass sie mit dem Kinderwagen in den Straßengraben stürzte.«

Als Karin nach Hause kam, saß ihre große Schildkrötpuppe noch auf ihrem Bett. Genau an der Stelle, wo sie stets auf das Mädchen wartete und es immer als Erste begrüßte, wenn es aus der Schule kam. »Aber die Russen hatten meiner Puppe die Augen ausgestochen.« Einige Tage vergingen ohne besondere Vorkommnisse. Nur die Schreie der Frauen, die in den Kasernen vergewaltigt wurden, ließen die Otts immer wieder aufschrecken.

Das Virus Selbstmord

Eine derjenigen, die tage- und nächtelang von den Russen dort missbraucht wurden, war Gisela Tabbert, die Tochter eines Neustrelitzer Metzgers. Auch sie ertränkte sich im Glambecker See. Als die Familie vom Freitod der Achtzehnjährigen erfuhr, beschlossen ihr Vater Arthur Tabbert, ihre Mutter Ella und ihre Schwester Gertrud Radloff, die ein Kind erwartete, sich noch am selben Tag das Leben zu nehmen. Sie beratschlagten lange, auch mit den anderen Frauen, die sich in dem Keller in der Nähe des Carolinums befanden. »Dieser Gedanke, sich umzubringen, griff wie eine ansteckende Krankheit um sich. Nur wenige waren noch zu klaren Überlegungen fähig. Sie schnappten sich ihre Kinder und flohen aus dem Keller.«, weiß Christiane Witzke von ihrer Mutter. Diejenigen, die blieben, wählten denselben Weg wie die Tabberts und banden sich Ziegelsteine an den Leib, um sicher zu sein, in den Tiefen des Glambecker Sees zu versinken. Während Arthur Tabbert und seine hochschwangere Tochter Gertrud ertranken, konnte die Mutter gerettet werden. Sie sei zu dick gewesen, um unterzugehen, erzählte man sich in der Stadt.

Auch ein paar Häuser weiter saßen junge Frauen in einem Keller, in den sie sich vor den Russen geflüchtet hatten. Aus Angst vor erneuten Vergewaltigungen hatte sich eine der Freundinnen eine Pistole besorgt. Mit der wollte sie erst die anderen Mädchen, dann sich selbst erschießen, falls ein Russe den Weg zu ihnen in den Keller fände. »Meine Mutter saß auch dort unten«, erzählt Gudrun B. »Sie war Anfang 1945 vor den Russen aus Landsberg in Ostpreußen zuerst nach Berlin und schließlich nach Neustrelitz geflohen.« Nun war die junge Frau von den Russen eingeholt worden, und ihre Ängste hatten sich bestätigt. »Meine Mutter hatte mit allem abgeschlossen, nach einer Massenvergewaltigung hatte sie jeden Lebensmut verloren und wollte sterben. Doch in den nächsten Tagen gingen alle Russen an ihrem Keller vorüber, und sie konnte wieder neue Kraft sammeln.«

Einige Wochen nach der Kapitulation schlug sich Fritz Karl Radloff, der zu den letzten Verteidigern des Reichstags gehört hatte, von Berlin nach Neustrelitz durch, um dort seine Frau Gertrud und sein neugeborenes Kind zu suchen. Doch als er sein Ziel erreicht hatte, musste er von einem Nachbarn erfahren, was geschehen war. Dass die Familie wie Hunderte von Neustrelitzern in die Wälder geflohen war. Dass man dort so lange in Regen und Kälte ausgeharrt hatte, bis man glaubte, zurückkehren zu können. Dass dies falsch gewesen sei, weil die Russen über die Frauen hergefallen seien und sie so lange missbrauchten, bis sie nur noch im Freitod einen Ausweg gesehen hätten. Ähnliche Geschichten hatte Fritz Radloff bereits in Berlin gehört, aber dort hatte sich die Ansteckung mit dem Bazillus Selbstmord auf Familien beschränkt.

Erst als der Glambecker See den Leichnam seiner Frau im August 1945 freigegeben, er Gertrud identifiziert und beerdigt hatte, ging der junge Mann in den Westen, wo er in Aachen Jahre später wieder eine Familie gründete. Die Ereignisse in Neustrelitz vertraute er nur seiner Frau und seinem Tagebuch an, das die Kinder nach seinem Tod im Jahre 1989 fanden. Als sie die Eintragungen lasen, lüftete sich endlich das Geheimnis, das mit dem Wort »Neustrelitz« verbunden gewesen war – der Vater hatte es manchmal wie andächtig seinem kleinen Sohn zugeflüstert.[74]

Knapp hundert Kilometer von Neustrelitz entfernt, in Goldberg, erlebte die junge Diakoniekrankenschwester Jutta von Dewitz den Einmarsch der Roten Armee. Mitte März war sie aus dem pommerschen Misdroy, das auf der Insel Wollin in der Nähe von Swinemünde liegt, nach Mecklenburg geflohen. Statt nach Neustrelitz, wo sie ihre Ausbildung zur Krankenschwester gemacht hatte, kam sie mit einem Transport von tausendfünfhundert Flüchtlingen in die Kleinstadt Goldberg. Bereits bei ihrer Ankunft wusste sie: Hier würde sie nicht auf Dauer bleiben. Als sie bei bis dahin vom Krieg verschonten Familien für die Kinder, die sie in ihrer Obhut hatte, und für sich um das Nötigste bat, bekam sie zur Antwort: »Wii heve niggs, ji kriege niggs, mokt dat jie dorhen kohmt, wo jie herkohmen sünd. – Wir haben nichts und ihr bekommt nichts. Macht, dass ihr dahin kommt, wo ihr hergekommen seid.« Immerhin besaß Goldberg ein Krankenhaus, in dem Jutta von Dewitz gleich Arbeit auf der Tbc-Station fand.

Wenige Wochen später scheiterte der Versuch der Bürger, die Stadt kampflos an die Rote Armee zu übergeben, weil die SS die überall gehissten weißen Fahnen herunterschoss. Die sowjetische Artillerie nahm Goldberg unter Beschuss. Am 2. Mai 1945 kamen die ersten Sowjetsoldaten zum Krankenhaus.

Ein paar Monate später schilderte sie die Ereignisse in ihrem Tagebuch: »Plötzlich sehen wir die ersten braunen Gestalten über die Mauer springen ... Ich hebe die Hände hoch, doch sie winken ab, zum Zeichen, daß sie mir nichts tun werden. Nun zeige ich auf das Wort ›Seuchen‹, und Anatol verdolmetscht, daß hier alles Tuberkulöse liegen. Das Wort ›tuberkulös‹ wirkt Wunder. Ein Blick auf die Kranken und ihre abgezehrten Gesichter, und sie verlassen die Station. Das war also die erste Begegnung mit den Russen, mit den Barbaren, von denen uns gesagt war, daß sie alle Frauen und Kinder niederschlügen!«[75] Wenige Stunden später erschien ein weiterer Russe auf der Station. Er fand Gefallen an der jungen Frau und wurde zudringlich – Jutta konnte ihn nur mit Unterstützung ihrer spuckenden und hustenden Tb-Kranken abwehren. Von nun an wollte sie »auf der Hut« sein, denn die Russen waren besonders hinter ihr her, der jungen Schwester in der auffälligen blauen Diakonietracht. Von den deutschen Männern, »die sonst eine große Klappe haben«, war keine Unterstützung zu erwarten.

Als immer mehr Russen kamen, die alle Schwestern und die nicht infektiösen Patientinnen vergewaltigten, versteckte sich Jutta von Dewitz unter den Tuberkulosekranken. Auf die Frage eines Russen »Krank?« antwortete sie mit »Tuberkulose« – und wurde von einem

Deutschen, dessen Tochter von Russen vergewaltigt und nur dank einer sowjetischen Militärstreife befreit worden war, umgehend korrigiert: »›Medizinschwester!‹ erwiderte Poppe, ›Gesund?‹ – ›Ja, gesund!‹ – ›Dann vorkommen!‹ Nun gibt es kein Entrinnen mehr. Ein Deutscher verkauft eine Deutsche!« Jutta von Dewitz wurde kurz verhört, schließlich in eines der oberen Stockwerke gebracht. »Armes Volk, das den Feind im Lande hat und seiner Willkür und Grausamkeit ausgesetzt ist«, schrieb sie später, und weiter: »Kann je wieder gutgemacht werden, was zerstört wurde? Was ist aller äußerer Verlust, alle Zerstörung gegen das, was uns Frauen angetan wurde?«

Fortan klangen ihr alle russischen Laute wie das Gebrüll von Bestien. Die Krankenschwester erlebte wilde Plünderungen und hörte immer wieder davon, dass Menschen ihrem Leben selbst ein Ende setzten. Aus Verzweiflung und weil sie glaubten, nicht länger die Kraft zu haben, die Qualen durchstehen zu können. Auch sie selbst war manches Mal am Ende ihrer Kräfte, wenn sie miterleben musste, wie ein »siebenjähriges Kind gebracht wurde, das schon am hellen, lichten Tage überfallen und vergewaltigt worden war«. Oder wenn sie wenig später von einem gemeinsamen Selbstmord erfuhr, bei dem sich neunzehn Menschen getötet hatten. Immer mehr Geschlechtskrankheiten und Schwangerschaften wurden diagnostiziert, bereits Ende Juni die ersten Abbrüche vorgenommen. Obwohl sie verboten waren.

Schon bald setzte die sowjetische Militärregierung eine Kommandantur ein, bei der Deutsche sich beklagen konnten, wenn es zu Übergriffen von russischen Soldaten gekommen war. Damit hatte Goldberg eine Sonderstellung. Im ländlichen Umland hatten die Menschen keine Möglichkeit, von offizieller Seite Schutz zu erhalten. »Besonders schlimm haben die kleineren Dörfer zu leiden, wo das Wort ›Kommandant‹ keine Wirkung ausüben kann und die Horden nach wie vor ihr wüstes Treiben fortsetzen.«[76]

Auch in allen größeren Städte wie Neustrelitz wurden sowjetische Militärkommandanturen eingerichtet, trotzdem nahmen die Vergewaltigungen kein Ende, setzten sich vielmehr Wochen und Monate nach dem 8. Mai fort. Erst im Jahr 1946 waren es nur noch wenige Einzelfälle.

Elli A., die Mutter von Gudrun B., wähnte sich in Sicherheit, als sie eine Stelle in der Kommandantur erhielt, die im Stadtzentrum, im ehemaligen Hotel Mahnke, eingerichtet worden war. Man hatte der Sekretärin nicht nur Brotkarten, sondern auch Geleitschutz zwischen der Wohnung und ihrem Arbeitsplatz versprochen. Gleich an einem der ersten Abende stürzte sich jedoch der Soldat, der sie sicher nach Hause bringen sollte, auf die junge Frau. Er misshandelte und vergewaltigte sie, bis sie blutend liegen blieb. »Es ist schlimm, was mir passiert ist«, versuchte sich Elli A. damals zu trösten, »aber es war die logische Folge. Wir haben den Krieg angefangen, und wenn wir ihn nicht angefangen hätten, wäre auch mir und uns nichts passiert.«

Sie interpretierte die Übergriffe als Rache für das, was deutsche Soldaten und SS angerichtet hatten. Was an der Ostfront geschehen war, hatte sie bereits während des Krieges von einem Neffen erfahren. Der junge Wehrmachtssoldat hatte sich auf seinem Heimaturlaub damit gebrüstet, Zivilisten in Russland erschossen und andere lebendig verscharrt zu haben. Hätte dies irgendjemand behauptet, Elli hätte es nicht glauben können. Ein deutscher Soldat tat so etwas nicht, davon war man lange Jahrzehnte in beiden Teilen Deutschlands fest überzeugt. Bis Mitte der 1990er Jahre Archive geöffnet wurden und Beweise zutage kamen.

Die über fünfzigtausend im russischen Staatsarchiv GARF aufbewahrten »Akten der Außerordentlichen Staatlichen Kommission zur Feststellung und Untersuchung von Vergehen deutsch-faschistischer Okkupanten und ihrer Helfershelfer betreffen Verbrechen an der sowjetischen Zivilbevölkerung«.[77] Sie belegen alle nur erdenklichen Delikte. Neben »Mißhandlungen und Ausraubung von Zivilisten« – weshalb die Soldaten der Fronttruppe in der Sowjetunion als »Raubsoldaten der deutschen Armee« bezeichnet wurden[78] – ist auch von Vergewaltigung und Zwang zur Prostitution in Wehrmachtsbordellen die Rede. »In diese Häuser wurden die Mädchen und Frauen aus den Dörfern gebracht. Wer sich weigerte, im Bordell zu bleiben, wurde erschossen.«[79]

Von der Massenpsychose, die im Mai 1945 ganz Neustrelitz ergriffen hatte, erfuhren Frau Ott und die Frauen der Wehrmachtssoldaten und -offiziere in ihrer Siedlung an der Grenadierstraße nur wenig. Doch was sie selbst erlebten, reichte aus, dass eine nach der anderen sich die Pulsadern öffnete. Karin Ott erinnert sich, dass ihre Mutter »von Frau B. sprach, die wohnte uns schräg gegenüber. Sie hatte zuerst sich selbst, dann ihrem kleinen Sohn Joachim die Pulsadern geöffnet. Als er nicht gleich verblutete, versuchte sie, ihn im Waschbottich zu ertränken.« Man erzählte in der Straße, dass Frau B. keine Kraft mehr hatte, ihrem Jungen zu helfen, als er mit dem schweren Holzbottich auf dem Kopf durch die Waschküche rannte, immer im Kreis, bis er tot war. Sie selbst überlebte ihren Selbstmordversuch, weil die Russen sie fanden und retteten.

In den Kasernen und Offizierswohnungen gab es bald so viele Tote und Verletzte, dass die Russen sich gezwungen sahen, einzuschreiten. Sie begannen, von Haus zu Haus zu gehen, um nachzuschauen, ob alles in Ordnung war, und die Frauen gegebenenfalls zu verarzten. Auch bei den Otts schauten sie nach dem Rechten: Frau Ott und ihre Töchter mussten dem Offizier und seinem Begleiter ihre Unterarme zeigen. »Da unsere Pulsadern noch nicht geöffnet waren, gingen die beiden beruhigt wieder weg. Und dann verlor meine Mutter den Mut ...« Weinend erzählt Karin Ott weiter: »Sie kam mit einem Briefchen ganz neuer Rasierklingen, das waren die Rasierklingen meines Vaters. ›Jetzt kann ich nicht mehr‹, sagte sie zu uns, sie hatte eine Rasierklinge in der Hand. ›Jetzt schneide ich euch die Pulsadern auf!‹ Ich bin vor ihr auf die Knie gefallen und habe gerufen: ›Mutter, nein! Mutter, nein! Wenn unser Vater wiederkommt, dann hat er keine Kinder mehr!‹ Meine Schwestern waren noch zu klein, um etwas zu sagen. ›Nein, Kind, ich kann nicht mehr‹, wiederholte meine Mutter immer wieder, und ich flehte sie an: ›Mutter, bitte, bitte, lass uns am Leben!‹ Und dann habe ich ihr die Rasierklingen aus der Hand gerissen und sie zu beruhigen versucht: ›Unser Vater kommt wieder, bestimmt ...‹«

Wie groß war die Verzweiflung, wie gering die Kraft? Hatte Karins Mutter bereits keine Milch mehr für ihr Neugeborenes, spürte sie, dass Christiane verhungerte? Oder war es eine starke Wochenbettdepression, die sie zum Äußersten, dem Mord an ihren Kindern, trieb? Karin Ott hatte nie das Bedürfnis, diese Fragen zu klären. Sie hatte überlebt, ihre Mutter und ihre Schwestern auch. Das allein zählte.

Frauen und Kinder in unmittelbarer Nachbarschaft der Familie aber starben. Ihre leblosen Körper wurden auf einen Karren geworfen, der unter dem Fenster der Ott'schen Wohnung stand. »Ich erinnere mich noch heute, dass der Leichnam einer Frau dalag, deren Mann bei der Waffen-SS war. Sie ging immer in der damaligen Trachtenkleidung mit weißen Kniestrümpfen und roten Schuhen.« In der Straße lebten nur noch Frauen und Kinder, die Männer waren noch nicht aus dem Krieg zurückgekehrt. Karin, die Elfjährige, sollte helfen, diesen Leichenkarren zum nahen Friedhof zu ziehen. Zum Glück war ihre Mutter in diesem Augenblick wieder stark genug, ihre Tochter zu beschützen. So musste sie nicht mit zum Friedhof, sondern stand am Wohnzimmerfenster und schaute herunter auf den Leichenkarren mit den Frauen und Kindern. »Dieses Bein von dieser Frau ist mir mein Leben lang nachgelaufen. Dieses Bein mit dem roten Schuh und dem weißen Strumpf ...«

Einen Tag später – es wird Mitte Mai gewesen sein – mussten die Otts und alle ihre Nachbarn ausziehen. Die Russen übernahmen die Kasernen und wollten selbst in die Offizierswohnungen einziehen. Fast fünfzig Jahre später, nach Abzug der russischen Truppen im Jahre 1994, wurden die Gebäude abgerissen, heute wird auf dem Gelände ein Krankenhaus errichtet. Außer ein paar Offiziershäusern erinnert nichts mehr an die große Garnison.

Ein sowjetischer Offizier kam auch in die Wohnung der Otts. Karin musste ihm auf dem Klavier noch ein paar Stücke vorspielen, dann forderte er die Familie auf, die Wohnung innerhalb von zwei Stunden zu verlassen. »Meine Mutter war noch so geistesgegenwärtig und hat das gesamte Bettzeug aus dem Fenster geworfen, wir Kinder sollten auch unsere Wäsche auf den Hof werfen.« Später sammelten sie ihre Kleidung auf und brachten alles in die Wohnung, die ihnen zugewiesen worden war.

Die Frauen und Kinder, die in der Wehrmachtssiedlung wohnten, waren aus Sicht der Sowjets Angehörige von Kriegsverbrechern. Da wurde nicht nach persönlicher Schuld gefragt, vielmehr galt die Auffassung, dass jeder Berufssoldat der deutschen Wehrmacht ein Täter sei. »... der Berufsmilitär in tadelloser Haltung, aufrecht, hochmütig, vollkommen zugeknöpft, mit schönem, aber unangenehmem Gesicht, der nach russischer Vorstellung ›nordische Typ‹, der grausame, unbeugsame Staatsdiener«[80] war dem sowjetischen Publikum auf der Kinoleinwand immer wieder vorgeführt worden.

Karins Vater war bereits Berufssoldat im »Hunderttausendmann-Heer« gewesen, das der Versailler Vertrag dem Deutschen Reich zugestanden hatte und das schließlich in die Wehrmacht übernommen worden war. Mehrere Wochen vor Kriegsende hatte Frau Ott zum letzten Mal etwas von ihrem Mann gehört. Erst Jahre später würde sie erfahren, dass er in Düsseldorf gefangen genommen wurde und in das berüchtigte Rheinwiesenlager bei Remagen kam. Aus der amerikanischen Gefangenschaft wurde der Offizier ins ehemalige Konzentrationslager Sachsenhausen überführt, das nun das Speziallager Nr. 7 war. »Stalin hatte mit den anderen Alliierten vereinbart, dass alle Offiziere, die ihren Wohnsitz in den sowjetisch besetzten Gebieten hatten, an die Russen ausgeliefert werden müssten. Deshalb ist mein Vater zwar von den Amerikanern entlassen, aber nach Erfurt gebracht worden. Eine wildfremde Frau kam dort auf dem Bahnhof zu ihm, die sagte: ›Geh'n Sie nicht mit, geh'n Sie nicht mit, Sie kommen nicht wieder.‹ Doch mein Vater war Soldat alter Schule und tat, was man ihm befahl.«

In Sachsenhausen sollte Gerhard Ott umerzogen werden. Dabei war er nie in der Partei gewesen, hatte nie einer Partei beitreten dürfen, so schrieb es das Wehrgesetz vom 21. Mai 1935 in Paragraph 26 vor.[81] Von seinem Aufenthalt in dem ehemaligen Konzentrationslager berichtete Karins Vater nichts, galt doch Sachsenhausen genauso als Schweigelager wie das Kriegsgefangenenlager am Asowschen Meer, in dem er von 1947 bis 1949 interniert war.

Nachdem sie ihre Wohnung hatten verlassen müssen, wollte Frau Ott mit ihren Kindern keinen Tag länger als nötig in der Nähe der sowjetischen Soldaten bleiben. Nicht fern vom Stadtzentrum wurde ihnen schließlich eine Wohnung zugewiesen. Betty Ott hoffte auf ein Ende der Übergriffe, doch bald kamen die Russen auch in dieses Haus.

Da Karin als Kind sehr mongolisch wirkte, »ich war pechschwarz und hatte Schlitzaugen«, war jede Begegnung mit den Rotarmisten für sie mit Angst verbunden. Monatelang lebten Karin und ihre Mutter in der Furcht, die Russen könnten das Mädchen für das Kind einer Zwangsarbeiterin halten und in die Sowjetunion mitnehmen. Auch nach Kriegsende klopften die russischen Soldaten Nacht für Nacht an die Scheibe und sagten: »Komm, Frau, komm!« »Ich habe manche Nacht im Windschutz zwischen dem Filzvorhang und der Tür verbracht, damit sie mich nicht sehen konnten. Doch meine Mutter und später auch meine Großmutter haben nie die Wohnungstür geöffnet.«

Eine junge Nachbarin auf der oberen Etage hatte einen russischen Freund. Immer wieder wurden dort wilde Feste mit viel Alkohol gefeiert, und oft ging es bis tief in die Nacht. Als dann im Herbst jeden Morgen die Äpfel aufgesammelt werden mussten, die in der Nacht vom Baum gefallen waren, schickte Frau Ott Karins kleine Schwester Heidrun hinunter. Sie war die Einzige, der die Männer nichts taten. Selbst die betrunkenen Russen, die unten im Hausflur ihren Rausch ausschliefen, nachdem sie nachts die Treppe heruntergefallen waren, ließen sie in Ruhe.

In den ersten Nachkriegswochen ernährten sich Karin, ihre Schwestern und die Mutter von den wenigen Vorräten, die sie hatten retten können oder in verlassenen Häusern und Wohnungen fanden. Auch ließen sie Obst und Gemüse aus den Schrebergärten mitgehen. Die kleine Christiane bekam mal Wasser, mal Milch, mal Brei, manche Tage auch nichts.

Es war schon Frühsommer, als Frau Ott die Kleine eines Tages auf den Tisch legte. Sie war an Brechdurchfall erkrankt und sehr geschwächt. »Ich sagte damals ganz stolz zu meiner Mutter: ›Christiane hat gerade ein bisschen getrunken ...‹ – ›Nein, Kind‹, sagte meine Mutter, ›deine Schwester stirbt.‹ Sie hatte den Säugling vor uns auf dem Tisch aufgebahrt, wir standen dabei, als unser Schwesterchen starb.«

Frau Ott schickte die Mädchen los, Blumen zu suchen. Außer zwei Stängeln Tränender Herzen konnten sie nichts finden. »Und da sagte meine Mutter zu uns: ›Gebt sie eurer Schwester mit‹, und wir haben ihr die Blumen unter die Ärmchen geschoben.« Zehn Pfund hatte Christiane bei ihrer Geburt gewogen, ein kräftiges Kind. Nun war sie verhungert, kaum zwei Monate alt. In einem kleinen Sarg wurde sie auf dem Friedhof in Neustrelitz beerdigt. »Bis an ihr Lebensende hat meine Mutter am 19. April, dem Geburtstag von Christiane, sehr gelitten.« Jahrzehntelang ließ Betty Ott das Grab pflegen. Bis es eingeebnet wurde, zusammen mit den anderen Kindergräbern aus der Kriegs- und Nachkriegszeit.

Im Herbst 1945 erlitt Karins Mutter einen Magendurchbruch, und die nun Zwölfjährige stand mit einer Zweijährigen und einer Neunjährigen alleine. »Wir haben versucht, uns von dem, was in den Mülltonnen lag, zu ernähren. Wir haben kleine Bäume gefällt, wie wir das bei den Erwachsenen gesehen hatten, und haben das Holz klein gemacht, damit es in den Ofen passte. An einem Mühlenbach fanden wir Kohlen im Wasser, da war den Russen wohl eine Lore umgekippt. Mit Christianes Kinderwagen haben wir die nach und nach geholt.« Aus Kartoffelschalen buken sich die Kinder Kuchen, meistens jedoch hungerten sie.

Jeden Sonntag ging Karin mit den kleinen Schwestern an der Hand in die Kirche. Sie hoffte, dort werde sich jemand finden, der ihnen helfen würde. »Als ich herauskam, wurde ich einmal gefragt, wo denn unsere Mutter sei. Ich sagte, sie sei im Krankenhaus und dass wir nicht wüssten, wie es ihr ginge, denn man ließ uns wegen der Infektionsgefahr nicht zu ihr. Dann hat sich eine Frau mit einem Jungen um uns gekümmert. Sie ist so lange zu uns gezogen, bis unsere Mutter wieder zurück war. Das wenige Essen, das es gab, haben wir untereinander aufgeteilt.«

Karin suchte sich Arbeit – und fand sie in einer Gärtnerei in der Nachbarschaft. »Die Besitzerin suchte jemanden, der ihre Tochter betreute, und da bin ich hingegangen. Sie ist heute noch mein Patenkind und inzwischen dreiundsechzig.« Die Zwölfjährige versorgte das Mädchen von morgens bis abends. Als Lohn bekam sie angestoßenes Gemüse und Obst für sich und ihre Schwestern. Damit konnten die Kinder überleben. Schließlich musste es auch noch für die Großeltern reichen, die nach Neustrelitz kamen, nachdem die Polen sie aus Stettin ausgewiesen hatten. Wann die Schule wieder begann, kann sich Karin Ott nicht erinnern. Ihr erstes Halbjahreszeugnis erhielt sie Mitte April 1946.

Im Sommer 1945 kehrte die Diakonieschwester Jutta von Dewitz nach Misdroy und Swinemünde zurück. Die Russen hatten angeordnet, dass alle Flüchtlinge Mecklenburg zu verlassen hatten. In Ostswine baute sie aus dem Nichts gemeinsam mit Schwester Thekla ein Seuchenkrankenhaus auf. Da die beiden Frauen fast ohne Hilfe waren, mussten sie sich auch um die Bestattung der vielen Toten in Massengräbern kümmern. Neben der Schwäche durch den Hunger waren es Seuchen, denen vor allem Alte und Kinder zum Opfer fielen. Jutta von Dewitz überlebte nur knapp eine Diphtherieinfektion, die in der Kriegs- und Nachkriegszeit für viele Menschen das Todesurteil bedeutete. Da ebenso Typhuskranke in ihrem Haus behandelt wurden, warnten Schilder in russischer und deutscher Sprache vor dem Betreten des Gebäudes. Seuchen flößten den Russen damals höchsten Respekt ein, und so hielten sie sich auch hier fern.

Jutta von Dewitz beobachtete den Abtransport von Reparationsgütern über den Hafen Swinemünde in die Sowjetunion. »Der Deutsche war recht- und machtlos geworden«, notierte sie. Sogar Briefkontakte enthielten die Eroberer den Besiegten vor. »Leider sind wir noch immer ohne jede Nachricht von unseren Angehörigen, nicht einmal, daß man ahnt, ob sie noch leben.« Die Postsperre ließ nicht die kleinste Information durchsickern.

Als die Nachricht »Der Pole kommt!« sich wie ein Lauffeuer durch den Ort verbreitete, setzten sich alle ab, auch die Beamten. Jutta von Dewitz solle ihren Posten ebenfalls verlassen, verlangte der leitende Arzt des Krankenhauses. »Doch was ist mit den Kranken?«, schrieb sie in ihr Tagebuch. »Ich betrachte es als Schweinerei, wenn eine Schwester ihre Kranken im Stich läßt, noch dazu, wo es sich bei uns um völlig hilflose Menschen handelt.« Jutta von Dewitz blieb.

Nachdem die Polen Anfang Oktober 1945 die Insel Wollin in Beschlag genommen hatten und es sogar zu Gefechten mit den Russen gekommen war, unternahmen sie alles, um auch die letzten Deutschen über die Demarkationslinie in die sowjetisch besetzte Zone zu vertreiben. Im Frühjahr 1946 verließ auch Jutta von Dewitz die pommersche Heimat. Im Gegensatz zu den meisten ihrer Angehörigen ging sie nicht in den Westen. Sie sah ihren Platz bei den Armen und Kranken in der DDR. Im Carolinenstift in Neustrelitz hatte sie zu Beginn des Krieges ihre Ausbildung zur Krankenschwester gemacht, in den Kreis Mecklenburg-Strelitz kehrte sie nun zurück. Dort galt sie bis zu ihrem Tod im Jahr 1993 als »Mutter Theresa von Stargard«.[82]

Narben, die bleiben

Viele Male wurde Elli A. das Opfer von Vergewaltigungen. Als die junge Frau Ende 1945 schwanger wurde, gelang es ihr, das ungewollte Kind in eben diesem Carolinenstift abtreiben zu lassen. Sie wollte kein »Russenkind«, sie wartete auf die Rückkehr ihres Jugendfreundes. Dessen Liebesbriefe hatte sie aufbewahrt, sie trösteten sie, wenn sie wieder einmal ängstlich und bedrückt war.

Es war bereits Herbst 1946, als sie mit ihrer Mutter in den Wald wollte, um dort Pilze zu suchen. Die beiden Frauen waren mit einem einspännigen Pferdewagen unterwegs. Auf einem Feldweg wurden sie von Russen angehalten. »Meine Mutti haben sie mit einem Maschinengewehr bedroht, von dem Wagen geholt und in den Wald geschleppt«, erzählt die Tochter, Gudrun B. »Einer hat sie mit dem Gewehrkolben bearbeitet, ihr ein Taschentuch als Knebel in den Mund gesteckt und sie wieder vergewaltigt. Bis heute kann sie nicht durch den Wald gehen, aus Angst davor, überfallen zu werden.« Als eine Militärstreife auf einem Pferdefuhrwerk vorbeikam und die Mutter kontrollierte, berichtete sie den Soldaten, dass ihre Tochter verschleppt worden war. »Der Täter wurde gefunden und verurteilt. Wie hoch die Strafe war, wissen wir nicht.« Den blutverschmierten Ausweis, den Gudruns Mutter bei sich trug, besitzt sie heute noch.

Mit den ersten Vergewaltigungen am Kriegsende begannen Ellis Angstzustände. Die Anfälle kamen meist nachts, mit der Zeit wurden sie immer heftiger. Dann zitterte die junge Frau und das ganze Bett mit ihr. Damit das Zittern aufhörte, der Körper sich beruhigte, goss sie sich Wasser aus einem Eimer, der stets neben ihrem Bett stand, über den Oberkörper. Das half bis zum nächsten Angsttraum. »Wenn sie diese Anfälle hatte, erschien es ihr manchmal, dass es besser wäre, tot zu sein«, erinnert sich ihre Tochter Gudrun.

Zu DDR-Zeiten wollte man aus Rücksichtnahme auf den »Großen Bruder« nicht offiziell anerkennen, dass die Vergewaltigungen durch sowjetische Soldaten Ursache für diese Anfälle waren. Die Ärzte, an die sich Gudrun B.s Mutter wandte, wiesen die junge Frau in eine psychiatrische Anstalt ein. Elli A. kam in eine geschlossene Abteilung, in der ausschließlich verwirrte Patienten untergebracht waren. Man zog ihr alle Zähne, weil die angeblich die Ängste verursachten, doch die Anfälle blieben. Von den Ärzten erhielt Elli A. immer nur die gleiche Auskunft: »Wir wissen nicht, woher Ihre Beschwerden rühren.« Und sie waren der Ansicht: »Was nach dem Krieg passierte, das müssen Sie vergessen, das ist schon sehr lange her.« Ein einziger Arzt versuchte ihr zu helfen, sie von der Arbeitspflicht zu befreien. Man schickte Elli zu einem Gutachter, doch der lehnte den Antrag ab, erklärte sie für gesund, da sie 1948 ihre Tochter Gudrun auf die Welt gebracht habe. Doch immer wieder musste sie in die Klinik – Gudruns Mutter geriet in die Mühlen der DDR-Psychiatrie.

Der Vater starb sehr früh, bereits im Jahr 1952, da war das Mädchen vier Jahre alt. »Damals habe ich gehofft, meine Mutter würde noch einmal jemanden kennenlernen. Das geschah dann auch. Ein Lungenarzt interessierte sich für sie, und die beiden gingen oft im Schlossgarten spazieren.« Diese Beziehung brach jedoch sogleich auseinander, als der Mann mehr wollte. »Ich suchte jemanden zum Anlehnen, Reden und Spazierengehen, aber zu sonst nichts«, erklärte Elli A. ihrer Tochter.

Als Gudrun und ihre Mutter in die Nähe der Kasernen zogen, wo seit 1945 viele Angehörige der Sowjetarmee wohnten, konnte Elli A. dort nicht Fuß fassen. Schon den Klang der russischen Sprache ertrug sie nicht. »Damals hat meine Mutter angefangen zu trinken, wäre beinahe zur Alkoholikerin geworden. Selbst als wir mitten in die Stadt, in die Schloßstraße, zogen, hörte sie nicht auf damit. Dann habe ich zu ihr gesagt: ›Mutti, ich schäme mich, dass du trinkst.‹ Von Stund' an hat sie aufgehört.«

Auf der Suche nach ihrem Mann Gerhard schrieb Karin Otts Mutter in der Nachkriegszeit jede Woche die gleichen Zeilen an das Rote Kreuz. Dass sie und drei der Kinder noch lebten und dass sie in Neustrelitz seien. »1948 bekam meine Mutter die erste Karte vom Asowschen Meer. Wer die geschrieben hatte, weiß ich nicht mehr. Damit wussten wir dann endlich, dass unser Vater noch lebte. Mehr als ein Jahr sollte noch vergehen, bis mich meine Schwester am 17. Oktober 1949 aus der Schule holte und sagte: ›Komm nach Hause, komm nach Hause, es ist ein Wunder passiert, unser Fäti ist da!‹«

Seine Heimkehr verdankte der Vater einem glücklichen Zufall. »Im Spätsommer 1949 sollte ein Transport nach Deutschland gehen. Das Kontingent musste immer erfüllt sein, aber einer fehlte. In dem Moment kam mein Vater über den Platz. Und dann musste er sich zu der Gruppe der Heimkehrer stellen. Einfach so. Und so kam er zu uns zurück.« Gerhard Ott war gesundheitlich stark angeschlagen. Die Familie versuchte, sich in dem neuen deutschen Staat einzurichten, doch der Vater vermochte nicht, richtig Fuß zu fassen, seine Stelle beim Rat der Stadt wurde ihm »wegen politischer Unzuverlässigkeit« bald wieder gekündigt. 1953 flohen die Otts nach Westberlin, vier Jahre später folgte Karins Verlobter.

Neustrelitz, ihre Heimatstadt, haben sie ebenso wenig vergessen wie die Angst vor den Russen. Wenn sie russische Laute hören, erschaudern Karin Ott und ihr Mann noch heute. Karin denkt dann an die Schreie der ertrinkenden Frauen, sie sieht Bilder in einer endlosen Schleife vor ihrem inneren Auge ablaufen: den Strahl einer starken Taschenlampe, wie er auf ihr Gesicht fällt, die Schildkrötpuppe mit den zerstochenen Augen, die Rasierklingen in der Hand der Mutter, den roten Schuh auf dem Leichenkarren, die sterbende Christiane auf dem Tisch – und zarte Tränende Herzen.

Obwohl sie nach der Wiedervereinigung Deutschlands wieder auf die Beine kam, konnte Elli A. nie ein normales Leben führen. Zu DDR-Zeiten hatte es für sie keine Therapie gegeben. Von den Verletzungen an Körper und Seele, die ihr durch die Vergewaltigungen zugefügt worden waren, wollte niemand etwas hören. Im Osten Deutschlands wurde dieses Thema, das so vielen Frauen auf der Seele brannte, verschwiegen und tabuisiert. Insbesondere in Neustrelitz, wo bis 1994 eine große Garnison der russischen Streitkräfte stationiert war. Achtundzwanzigtausend Soldaten waren hier kaserniert, mehr als die Stadt Einwohner hatte. An einem solchen Ort war Kritik am »Großen Bruder« unerwünscht.

Elli A. ist bis zum heutigen Tag in psychiatrischer Behandlung. Inzwischen kann sie dank neuer Medikamente zu Hause leben, die Zeit der langen Aufenthalte in Nervenheilanstalten ist vorüber. Ängste und Tränen sind geblieben, doch die kann sie ertragen. Nur einfach so, ganz unbeschwert im Wald spazieren gehen – das kann sie bis heute nicht. Es muss immer das Handy dabei sein. Das beruhigt die Mutter, denn man könnte im Notfall Hilfe herbeirufen. »Irgendwie, eigentlich völlig unverständlich, ist sie ein positiver Mensch geblieben«, sagt ihre Tochter heute. »Meine Mutter ist hilfsbereit, sie unterstützt andere Menschen im Haus, obwohl sie selbst kaum laufen kann. Sie glaubt an etwas, nicht an Gott, der war in ihrem Leben nichts Positives, Schönes. Sie hatte während des Krieges den Glauben: ›Ein Christ muss kein Kirchgänger sein, er muss Gutes tun, ohne etwas dafür zu erhalten.‹ Und diesen Glauben hat sie auch heute noch. Ich ziehe den Hut vor ihr.«

Anmerkungen

1 Resolution 1820 (2008), verabschiedet auf der 5916. Sitzung des Sicherheitsrats am 19. Juni 2008.
2 Wirklichkeit und Traum: Gerhart Hauptmann 1862–1946, Ausstellungskatalog, Wiesbaden 1987, Faksimile S. 242 f.
3 Manfred Altner, Gerhart Hauptmann in Dresden und Radebeul, Dresden 2003, S. 89.
4 Thomas Mengel, Das Schicksal der schlesischen Frauenklöster während des Dritten Reiches und 1945/46, Köln 1986, S. 151.
5 Siehe dazu auch die These von Beevor, damit sei der Anspruch der einfachen Soldaten auf deutsche Frauen mitbegründet. Anthony Beevor, Berlin 1945. Das Ende, München 2002, S. 42.
6 http://gpw.tellur.ru/page.html?r=books&s=beevor Anlage zur Rezension von O. A. Rjewski, dem Leiter der Abteilung für Militärgeschichte und Geopolitik des Instituts für Geschichte der Russischen Akademie der Wissenschaften, des oben genannten Buches von Anthony Beevor.
7 Zitiert nach: Rolf. O. Becker, Niederschlesien 1945. Die Flucht, die Besetzung, München 1979, S. 149 f.
8 Peter Jahn, Museum Karlshorst (Hrsg.), Mascha, Nina und Katjuscha – Frauen in der Roten Armee 1941–1945, Berlin 2002, S. 63.
9 http://images.zeit.de/text/1949/46/So-begann-die-polnische-Verwaltung
10 Jürgen Schubert, mundtot. Nachkriegsbiographie eines nicht gewollten Besatzerkindes, Frankfurt am Main 1999, S. 120.
11 Schubert, a. a. O., S. 123.
12 Schubert, a. a. O., S. 123.

13 Schubert, a.a.O., S. 133.
14 Schubert, a.a.O., S. 137.
15 Leonie Biallas, Komm, Frau, raboti, Selbstverlag, Hürth 2004.
16 Adolf Hitler, Rede vom 30. Januar 1945, Aufnahme des DRA.
17 Lew Kopelew, Aufbewahren für alle Zeit, Hamburg 1976, S. 124.
18 Die Bande von Nestor Machno kämpfte im Bürgerkrieg gegen die Sowjetregierung und tötete einige Hunderttausend Menschen.
19 Tatjana Gorjajewa, »Wenn morgen Krieg ist ...« Zum Feindbild der sowjetischen Propaganda, in: Karl Eimermacher, Astrid Volpert (Hrsg.), Verführungen der Gewalt, München 2005, S. 457.
20 Kopelew, a.a.O., S. 122.
21 Alexander Solschenizyn, Schwenkitten '45, München 2007, S. 108.
22 Nach Beevor, a.a.O., S. 43, und Kopelew, a.a.O., S. 127.
23 http://militera.lib.ru/research/sokolov1/05.html
24 Zitiert nach: Guido Knopp/Ingeborg Jacobs, Die verlorenen Kinder, München 2001, S. 260 f.
25 Pavel Pollian, »Westarbeiter«, in: Eimermacher, Volpert (Hrsg.), a.a.O., S. 1289.
26 Hans Deichelmann, Ich sah Königsberg sterben, Minden 1995, S. 36 (= Prof. Johann Schubert), S. 23–26.
27 Wilhelm Starlinger, Grenzen der Sowjetmacht, Würzburg 1955, S. 23.
28 Deichelmann, a.a.O., S. 36 (= Prof. Johann Schubert).
29 Starlinger, a.a.O., S. 24.
30 Alfred Eisfeldt, Victor Herdt (Hrsg.), Deportation, Sondersiedlung, Arbeitsarmee, Köln 1996, S. 470.
31 Starlinger, a.a.O., S. 25.
32 Starlinger, a.a.O., S. 29.
33 Gerhild Luschnat, Die Lage der Deutschen im Gebiet Königsberg 1945–1948, Frankfurt am Main 1996, S. 127.
34 Luschnat, a.a.O., S. 127.

35 Preußische Allgemeine Zeitung/Folge 5 vom 5. Februar 2005.
36 Alexander Solschenizyn, Ostpreußische Nächte, Darmstadt 1976, S. 7 f.
37 Deichelmann, a. a. O., S. 52.
38 Starlinger, a. a. O., S. 18 f., 66.
39 Deichelmann, a. a. O., S. 220.
40 M. B. Smirnow (Hrsg.), Sistema isprawitel'no-trudowych lagerej w SSSR, Moskau 1998, S. 499 f.
41 Starlinger, a. a. O., S. 25.
42 Anonyma, Eine Frau in Berlin, Frankfurt am Main 2003, S. 71.
43 Die Straßennamen wurden aus mehr als tausendachthundert Vorschlägen ausgesucht, die die SS-Zeitung *Das Schwarze Korps* auf ihren Aufruf zur Namensuche im August 1938 erhalten hatte.
44 Peter Voegeli, Das Hakenkreuz hinter der Hausnummer, in: Der Bund (CH), Berlin (19. 04. 05).
45 *Tomskij Obsor*, 8. Mai 2005, Übersetzung aus dem Russischen I. J.
46 ZDF History, 25. November 2001.
47 Anonyma, a. a. O., S. 71 f., S. 77.
48 Anonyma, a. a. O., S. 63 f.
49 Anonyma, a. a. O., S. 71.
50 Anonyma, a. a. O., S. 53 f.
51 Anonyma, a. a. O., S. 108.
52 Anonyma, a. a. O., S. 89.
53 Anonyma, a. a. O., S. 90.
54 Anonyma, a. a. O., S. 164.
55 Anonyma, a. a. O., S. 165.
56 Helke Sander, Barbara Johr (Hrsg.), Befreier und Befreite, Frankfurt am Main 2005, S. 52.
57 Der Spiegel Nr. 32/2007, S. 42.
58 Silke Satjukow, Besatzer. »Die Russen« in Deutschland 1945–1994, Göttingen 2008, S. 285.
59 Mai 1945. Aus dem Tagebuch meines Großvaters. http://www.okm.ru:8080/cgi-bin/mwf/topic_show.pl?tid=1041

60 Wladimir Gelfand, Deutschland-Tagebuch 1945–1946, Berlin 2005, Abbildungsteil zwischen den Seiten 192 und 193.
61 Gelfand, a. a. O., S. 78 f.
62 Gelfand, a. a. O., S. 61 f.
63 Siehe dazu: Beate Fischer. Der Krieg der Frauen: Die ungeschriebene Geschichte, in: Peter Jahn, Museum Karlshorst (Hrsg.), S. 11–20.
64 Swetlana Alexijewitsch, Der Krieg hat kein weibliches Gesicht, Berlin 2004, S. 254.
65 Anonyma, a. a. O., S. 75.
66 Fredersdorf Zeittafel: http://fredersdorf-vogelsdorf-heimatverein.de/Ortsgeschichte/ortsges.htm
67 Gelfand, a. a. O., S. 102 f.
68 Anonyma, a. a. O., S. 280.
69 Anonyma, a. a. O., S. 281.
70 Anonyma, a. a. O., S. 283.
71 Anonyma, a. a. O., S. 164 f.
72 Anonyma, a. a. O., S. 224.
73 Original im Stadtarchiv Neustrelitz.
74 Siehe dazu: Dieter Radloff, Ursula Radloff-Neeteson, Unser Vater, in: Mecklenburg-Strelitzer Kalender 2004, S. 23–25.
75 Tagebuch Jutta von Dewitz, Professor Bodo von Dewitz für das Familienarchiv von Dewitz, S. 21.
76 Tagebuch Jutta von Dewitz, S. 37.
77 Gennadij Bordjugow, Wehrmacht und Rote Armee, in: Eimermacher, Volpert (Hrsg.), a. a. O., S. 1221.
78 Bordjugow, a. a. O., S. 1225.
79 Bordjugow, a. a. O., S. 1227.
80 Neja Sorkaja, Das Kino auf dem Schlachtfeld, in: Eimermacher, Volpert (Hrsg.), a. a. O., S. 782.
81 http://www.documentarchiv.de/ns/1935/wehrgesetz.html
82 Arnold Zarft, Meine Erinnerungen an Jutta von Dewitz, in: Stadt Neustrelitz, Karbe-Wagner-Archiv (Hrsg.), Karbe-Wagner-Archiv 6, Schwerin 2008.

LITERATUR

Ahlfen, General von/General Niehoff, *So kämpfte Breslau. Verteidigung und Untergang von Schlesiens Hauptstadt*, München o. J.

Ahlfen, Generalmajor von, *Der Kampf um Schlesien*, München o. J.

Alexijewitsch, Swetlana, *Der Krieg hat kein weibliches Gesicht*, Berlin 2004

Altner, Manfred, *Gerhart Hauptmann in Dresden und Radebeul*, Dresden 2003

Anonyma, *Eine Frau in Berlin. Tagebuchaufzeichnungen vom 20. April bis 22. Juni 1945*, Frankfurt am Main 2003

Becker, Rolf O., *Niederschlesien 1945. Die Flucht. Die Besetzung*, München 1979

Beckherrn, Eberhard/Alexej Dubatow, *Die Königsbergpapiere. Schicksal einer deutschen Stadt. Neue Dokumente aus russischen Archiven*, München 1994

Beevor, Anthony/Luba Vinogradova, *Ein Schriftsteller im Krieg. Wassilij Grossman und die Rote Armee 1941–1945*, München 2007

Beevor, Anthony, *Berlin 1945. Das Ende*, München 2002

Biallas, Leonie, *Komm, Frau, raboti. Flucht und Vertreibung 1945–1946*, Hürth 2004

Deichelmann, Hans, *Ich sah Königsberg sterben. Aus dem Tagebuch eines Arztes*, Minden 1995

Dewitz, Jutta von: *Tagebuch*, Professor Bodo von Dewitz für das Familienarchiv von Dewitz, 1945

Eimermacher, Karl/Astrid Volpert (Hrsg.), *Verführungen der Gewalt. Russen und Deutsche im Ersten und Zweiten Weltkrieg*, München 2005

Eisfeldt, Alfred/Victor Herdt (Hrsg.), *Deportation, Sondersiedlung, Arbeitsarmee. Deutsche in der Sowjetunion 1941 bis 1956*, Köln 1996

Ewert, Erna/Marga Pollmann/Hannelore Müller, *Frauen in Königsberg 1945–1948*, Bonn 1999

Gelfand, Wladimir, *Deutschland-Tagebuch 1945–1946*, Berlin 2005

Heer, Hannes (Hrsg.), *»Stets zu erschießen sind Frauen, die in der Roten Armee dienen«. Geständnisse deutscher Kriegsgefangener über ihren Einsatz an der Ostfront*, Hamburg 1995

Jahn, Peter/Museum Berlin-Karlshorst (Hrsg.), *Mascha, Nina, Katjuscha. Frauen in der Roten Armee 1941–1945*, Berlin 2002

Karner, Stefan, *Im Archipel GUPVI. Kriegsgefangenschaft und Internierung in der Sowjetunion 1941–1956*, Wien/München 1995

Kempowski, Walter, *Das Echolot. Abgesang '45. Ein kollektives Tagebuch*, München 2005

Kibelka, Ruth, *Ostpreußische Schicksalsjahre 1944–1948*, Berlin 2001

Kibelka, Ruth, *Wolfskinder. Grenzgänger an der Memel*, Berlin 1999

Kirstein, Emma, *»Aus schwerer Zeit«. Tagebuch Ostpreußen 1945*, Bonn 1999

Klier, Freya, *Verschleppt ans Ende der Welt. Schicksale deutscher Frauen in sowjetischen Arbeitslagern*, Berlin 1999

Klimow, Gregory, *Berliner Kreml*, Köln/Berlin 1953

Knopp, Guido, *Die große Flucht. Das Schicksal der Vertriebenen*, München 2001

Kopelew, Lew, *Aufbewahren für alle Zeit*, Hamburg 1976

Krüger, Dieter, *Militärische Ereignisse im April/Mai 1945 zwischen Haff und Müritz*, Neubrandenburg 1985

Le Tissier, Tony, *Der Kampf um Berlin 1945. Von den Seelower Höhen zur Reichskanzlei*, Berlin 1991

Lehndorff, Hans Graf von, *Ostpreußisches Tagebuch. Aufzeichnungen eines Arztes aus den Jahren 1945–1947*, München 1967

Linck, Hugo, *Königsberg 1945–1948*, Leer 1987

Lorenz, Hilke, *Kriegskinder. Das Schicksal einer Generation*, Berlin 2005

Luschnat, Gerhild, *Die Lage der Deutschen im Königsberger Gebiet 1945–1948*, Frankfurt am Main 1996

Matthes, Eckhard (Hrsg.), *Als Russe in Ostpreußen, sowjetische Umsiedler über ihren Neubeginn in Königsberg/Kaliningrad nach 1945*, Ostfildern 1999

Mengel, Thomas, *Das Schicksal der schlesischen Frauenklöster während des Dritten Reiches und 1945/46*, Köln/Wien 1986

Naimark, Norman M., *Die Russen in Deutschland. Die sowjetische Besatzungszone 1945–1949*, Berlin 1997

Peikert, Paul, *»Festung Breslau« in den Berichten eines Pfarrers*, Berlin 1974

Radloff, Dieter / Radloff-Neeteson, *Unser Vater*, in: Mecklenburg-Strelitzer Kalender 2004, S. 23–25

Salesski, K. A., *Imperia Stalina. Biografitscheski enziklopeditscheski slowar*, Moskau 2000

Sander, Helke / Barbara Johr (Hrsg.), *BeFreier und Befreite. Krieg, Vergewaltigung, Kinder*, Frankfurt am Main 2005

Satjukow, Silke, *Besatzer. »Die Russen« in Deutschland 1945–1994*, Göttingen 2008

Schubert, Jürgen, *mundtot. Nachkriegsbiographie eines nicht gewollten Besatzerkindes*, Frankfurt am Main 1999

Schultz-Naumann, Joachim, *Mecklenburg 1945*, München 1990

Smirnow, M. B. (Hrsg.), *Sistema isprawitel'no-trudowych lagerej w SSSR 1923–1960* (Handbuch), Moskau 1998

Solschenizyn, Alexander, *Ostpreußische Nächte. Eine Dichtung in Versen*, Darmstadt 1974

Solschenizyn, Alexander, *Schwenkitten '45*, München 2004

Spoerer, Mark, *Zwangsarbeit unter dem Hakenkreuz. Ausländische Zivilarbeiter, Kriegsgefangene und Häftlinge im Deutschen Reich und im besetzten Europa 1939–1945*, Stuttgart/München 2001

Starlinger, Wilhelm, *Grenzen der Sowjetmacht im Spiegel einer West-Ostbegegnung hinter Palisaden von 1945–1954*, Würzburg 1955

Volkmann, Hans-Erich (Hrsg.), *Das Russlandbild im Dritten Reich*, Köln 1994

Wirklichkeit und Traum: Gerhart Hauptmann 1862–1946, Ausstellungskatalog, Wiesbaden 1987

BILDNACHWEIS

GARF – Staatsarchiv der Russischen Föderation, Moskau: 6, 7, 9, 13, 14, 16
Memorial, Moskau: 12, 15, 17
Privatbesitz: 1–5, 8, 10, 11, 18–33

Wibke Bruhns
Meines Vaters Land

Geschichte einer deutschen Familie

ISBN 978-3-548-36748-4
www.ullstein-buchverlage.de

August 1944: Der Abwehroffizier Hans Georg Klamroth wird als Hochverräter hingerichtet. Jahrzehnte später sieht Wibke Bruhns Filmaufnahmen von ihrem Vater während des Prozesses gegen die Verschwörer des 20. Juli. Der Anblick lässt sie nicht mehr los: Sie macht sich auf eine lange Suche nach seiner und auch ihrer eigenen Geschichte. Ein einzigartiges Familienepos.

»Eine faszinierende Mischung aus privater Chronik, zeitgeschichtlichem Report und persönlicher Identitätssuche.« *Der Spiegel*

»Eine eindrucksvolle, den Leser mitreißende Vatersuche.« *Frankfurter Allgemeine Zeitung*

Alexandra Senfft
Schweigen tut weh

Eine deutsche Familiengeschichte
www.list-taschenbuch.de
ISBN 978-3-548-60826-6

Einige Jahre nach dem tragischen Tod ihrer Mutter lässt Alexandra Senfft die Vergangenheit ihrer Familie lebendig werden. Ihr Großvater Hanns Ludin war ein hochrangiger Nationalsozialist, der am Galgen starb. Es sind die starken Frauen, die in dieser Familie das Gespinst der Verdrängung gewoben haben. Und es sind die starken Frauen, die es zerreißen: die Mutter durch ihr unverstandenes Leid, die Tochter mit diesem ergreifenden Buch, in dem sie einfühlsam und mutig beschreibt, wie die unverarbeitete Vergangenheit ihre Familie belastet.

»Alexandra Senfft thematisiert ein für die deutsche Nachkriegsgeneration typisches Verschweigen und Verdrängen.« *WDR*

»Für alle, die verstehen wollen, wie Kriegstraumata in Kindern und Enkelkindern in anderer Form weiterwirken.« *Emotion*

List Taschenbuch

Christina von Braun
Stille Post

Eine andere Familiengeschichte.
www.list-taschenbuch.de
ISBN 978-3-548-60810-5

Eine Familie in Deutschland – zwischen Kaiserreich, Weimarer Republik, NS-Diktatur und Nachkriegszeit. Während die Männer »Geschichte machten«, führten die Frauen Tagebücher oder schrieben Briefe. Diese »Stille Post« ist es, der Christina von Braun in ihrem einfühlsamen Familienporträt nachspürt. Dabei gelingt es ihr auf subtile Weise, eigene Erinnerungen, innere Zwiesprache mit den Verstorbenen und die reichen Quellen des Familienarchivs zu einem facettenreichen Gesamtbild deutscher Geschichte in der ersten Hälfte des 20. Jahrhunderts zu verknüpfen.

»Meisterhaft, anrührend, ein glänzendes Werk.«
Die Welt

»Fesselnde Lektüre.« *Die Zeit*

List Taschenbuch

Dietrich Garstka
Das schweigende Klassenzimmer

Eine wahre Geschichte über Mut, Zusammenhalt
und den Kalten Krieg. www.list-taschenbuch.de
ISBN 978-3-548-60769-6

DDR, November 1956: Eine Abiturklasse reagiert auf die Niederschlagung des Ungarn-Aufstandes mit einer Schweigeminute. Die Rädelsführer werden von der Staatssicherheit gesucht, aber nicht gefunden. Gegen alle Drohungen und Erpressungen halten Schüler und Eltern zusammen. Schließlich fliehen die Gymnasiasten geschlossen nach West-Berlin ... Ein dramatischer Bericht über die Wirklichkeit der DDR-Diktatur.

»Ein spannendes Kapitel, über das nicht allzu viel bekannt ist – sehr zu empfehlen.« *Deutschlandfunk*

»Eine packende Geschichte« *ZDF*

List Taschenbuch